Adolf Bastian

Zur Kenntnis Hawaiis

Nachträge und Ergänzungen zu den Inselgruppen in Ozeanien

weitsuechtig

Adolf Bastian

Zur Kenntnis Hawaiis

Nachträge und Ergänzungen zu den Inselgruppen in Ozeanien

ISBN/EAN: 9783943850178

Auflage: 1

Erscheinungsjahr: 2013

Erscheinungsort: Bremen, Deutschland

@ weitsuechtig in Access Verlag GmbH. Alle Rechte beim Verlag und bei den jeweiligen Lizenzgebern.

Cover: Foto © Hakilon (Wikipedia)

weitsuechtig

ZUR KENNTNISS HAWAII'S.

NACHTRÄGE UND ERGÄNZUNGEN

ZU DEN

INSELGRUPPEN IN OCEANIEN

VON

A. BASTIAN.

MIT 1 TAFEL UND 2 BEILAGEN.

BERLIN
FERD. DÜMMLERS VERLAGSBUCHHANDLUNG
HARRWITZ UND GOSSMANN
1883.

Vorwort.

Die nachfolgenden Seiten haben eine Vergesslichkeit gut zu machen bei der Veröffentlichung der „Inselgruppen in Oceanien", zu denen hier ein Nachtrag geliefert wird. Aus den bei der letzten Reise von verschiedenen Punkten Polynesiens nach Europa adressirten Manuscript-Sendungen scheint eine derselben unter die zum indischen Archipelago gehörigen gerathen zu sein und da sie erst bei Durchsicht dieser für ihre Verarbeitung nachträglich zu Händen kam, konnte sie bei der bereits erfolgenden Ausgabe des Buches demselben nicht mehr zugefügt werden.

Indem sich dadurch der Abschluss einer anderen Publikation nöthig zeigte, sind einige comparativ gebotene Erörterungen hinzugefügt, und dann eine weitere Mittheilung aus den in Auckland (1862) gehaltenen Vorlesungen White's, die schon längst im Buchhandel allgemeiner Benutzung hätten zugänglich gemacht werden sollen. Ebenso habe ich ein von ihm bei meiner Anwesenheit in Wellington (1880) unter seine Freunde vertheiltes Schema maorischer Mythologie abdrucken lassen, was bei den früheren Mittheilungen (s. Heilige Sage der Polynesier S. 50) unterblieben, weil ich damals (nach der mir in Neuseeland bekannt gewordenen Sachlage) jeden Augenblick auf seine eigene Bearbeitung hoffen dürfen zu können dachte. Und auch jetzt noch denke ich so, denn undenkbar scheint mir zu sein, dass eine bei jugendlich kräftiger Frische zugleich die Züge sorgsamer Mitarbeit an dem überkommenen Erbgut wissenschaftlicher Forschungen zeigende Colonie den kostbaren Schatz der Aufzeichnungen in White's Besitz länger unbenutzt lassen sollte. Schon zu lange sind sie dem Risico möglichen Verlustes ausgesetzt geblieben, und dass jeder Verlust hier für den ferneren Gang der Kulturgeschichte (im Verständniss des polynesischen Menschen) als unersetzlicher zu betrachten sein würde, braucht den mit der ethnologischen Krisis Vertrauten nicht besonders auseinandergesetzt zu werden.

Im Uebrigen findet diese Tafel ihre nähere Erklärung aus der Heiligen Sage der Polynesier (S. 20) und würde auch für sich selbst aussprechen, was sie zu sagen hat.

Von Kore (dem Noch-Nicht[1]) steigt die Entwickelung auf zu dem im Raume fluthenden Weltall (Te Ao e tere tere noa ana), das dann, indem die durch männliches und weibliches Princip (Ying und Yang der Chinesen) gezeugten Wesen aus ihrer Enge zum Lichte streben, in Himmel und Erde gespalten wird, und, als dies gelungen, an der Spitze der jedesmaligen Göttergenealogien (der pflanzlichen, thierischen, menschlichen u. s. w.) dastehen (wie in der Tafel angegeben), während der Himmel oben in zehn Etagen[2]) getheilt ist, bis zum Sitze Rehua's hinauf, und ebenso die Unterwelt, bis zu Meto hinab. Aehnlich auf Mangaia (bei Gill). Die mexicanischen Himmel waren farbig[3]) geschieden (s. Culturländer des alten Amerika, S. 571), und Farbenwelten der Buddhisten im Weltsystem derselben (s. Der Buddhismus in seiner Psychologie, S. 365).

Wie durch Tawhiri-matea der Luftkreis, wird durch Tangaroa das Meer (aus dem die vorschöpfliche Gestalt Kanaloa's auftaucht) repräsentirt, durch Tane (als Tane-mahuta) dagegen (in Umarmung mit Awhi-Papa) die terrestrische Gestaltung, in der sich Rongo-ma-tane und Haumia-tiketike verbergen, während auf der Oberfläche Ta-mata-uenga, nach dem Lebenswasser[4]) (Wai-ora-o-Tane) lüstern, zum Rangi emporstrebt, auf dessen höchster Terrasse Rehua waltet, die Alles durchdringende Feuerkraft[5]) (durch den Namen die Reibung bezeichnend, der der belebende Funke entspringt), im Nahe-Rangi (zeitlosen Himmel) Tu-Warea's, des sorgenlos und ungetrübt dastehenden, frei jeglicher Störung, εὐδαίμων ἐστὶν ὁ ἀταράχως διεξάγων (ut dicebat Timon), πᾶσα τοινυν κακοδαιμονία γίνεται διά τινα ταραχήν (Sext. Emp.), und so die Friedensruhe

---

1) Tekivu, als Anfang, ergiebt sich (auf Fiji) anfangslos (without beginning) im absoluten Sinne (als nur relativ gültig) von Teki, a negative, und Vu, foundation (bottom, basis) or root (zum organischen Emporwachsen aus dem μή ὄν oder Noch-Nicht). Ordlibari dicunt, quod mundus non habeat principium (1212 p. d.): ποιητικὸν ἄρα καί γραμματικόν ἐστιν ὁ κόσμος (argumentirt Alexinus, quem scripsisse adversus Zenonem, et Zenoni maxime infestum fuisse, testatur Laertius). Parece, que tenian un dios à que decian Tonacatecli el qual tuvo por muger à Tonacaçiguatl ó por otro nombre Calchequecatl, los quales se criaron y estovyeron siempre en el trezeno cielo, de cuyo principio no se supo jamas, syno de su estada y criaçion que fué en el trezeno cielo (s. Icazbal), vier Söhne gebärend (bei den Mexicanern).

2) Tuafefafa, a number of heavens, one behind another (in Samoa), fafa, the Samoan hades (s. Pratt).

3) εἶδος is a colourless ἰδέα (s. Campbell).

4) The South Sea-Islanders have a tradition of a river in their world of spirits, called the „water of life" (s. Turner), if the aged, when they died, went and bathed there, they became young and returned to earth, wie bei Florida's Jugendquelle, (die auch von chinesischer Schifffahrt gesucht wurde).

5) Das Feuer im „obersten Raum" (b. Heraklit), und Oki (Oben), als Göttliches (der Algonkin). Agni est partout, au fond de tout (s. Chavée). Das Urfeuer ist von der Zeit geschaffen (im Bundehesh).

angestrebt des Chin-Yu (the „true that" or „thus"), „the state of existence, ineffable and inthinkable, to which the Buddha has returned" (s. Beal), im Nirwana oder Phra-Niphan (als Aromana des Khotaraphuxavana).

Die hawaii'sche Evolutionstheorie (in Analogie mit der japanischen) setzt (gleich der samoanischen) ein Aufblühen (Pua[1]) von Kumulipo aus, als (gnostischem) Bythos, im Rollen der Po oder Nächte[2]), mit progressivem Fortschreiten der Schöpfungsperioden, bis zum Erscheinen Lailai's (das Culturgewächs des Taro bringend, wie Losi aus den Pflanzungen des Himmels in Samoa) und ihrer Nachkommenschaft (s. Heilige Sage der Polynesier, S. 70ff.).

Ausserdem ist eine graphische Darstellung der Ober- und Unterwelt[3]) (Mangaia's) aus dem letzten Werke Gill's (Verfassers der „Gems from the Coral-Islands") entnommen, (Myths and Songs of the South Pacific), ein Buch, das den, leider nur allzu wenigen, Fackeln zur Erleuchtung des polynesischen Geisteslebens aus früheren Beobachtungen, in später Stunde eine der hellest brennenden glücklich noch zufügt. Für Hawaii sind Fornander's Arbeiten freudig zu begrüssen, „spät kommt ihr, doch ihr kommt", und auch auf dem australischen Continent ist manche Thätigkeit rege, wodurch sich den früheren Verdiensten Eyre's, Collin's, Grey's, Sturt's, Oxley's, Wilhelmi's u. A. m. die Taplin's, Smyth's, Fison's, Howitt's und ihre Mitarbeiter anschliessen. Hoffentlich bald noch mehr.

Unter den verschiedenen Besprechungen, welche die „Inselgruppen in Oceanien" vor dem Erscheinen dieses Nachtrages, bereits erfahren haben, bin ich meinem geehrten Recensenten in der Deutschen Literatur-Zeitung (Nr. 17) für die Gelegenheit dankbar, nochmals wieder auf eine Hydra von Missverständnissen zurückkommen zu können, die aufzuwuchern scheinen, je mehr dagegen protestirt wird. Der Kernpunkt dessen, was

---

1) In Fiji schliesst sich an Bula, als Leben (recover from sickness, escape death) bulabula, healthy, in a flourishing state, aufblühender Pflanzungen, und während sonst ola (auch auf Hawaii) an die Stelle getreten, hat sich in Samoa für Häuptlinge sai-fua bewahrt.

2) $\dot{\varepsilon}x$ Χάεος δ'Ἐρεβός τε μελαινά τε Νὺξ ἐγένοντο (b. Hesiod), und σκοτόεσσαν ὀμίχλην setzten, einem Tohu-wa-Bohu entsprechend, die Chaldäer. Bei den Babyloniern zeugt Apason mit Tavthe (Tiamat) den Sohn Moymis (nach Damascius), und „mummu est un collectif désignant le chaos formé du ciel de la terre et des eaux" (*Guyard*). Neben Jumar (Gott des Himmels) wird (bei den Wotjäken) Mukylcin (als Erde befruchtender Himmel) und Mumai angerufen (s. Buch). Malouli (le Mandouli dans le Proscynéma grec), le fils, qu'il a eu de sa mère (Horus), est le dieu principal de Kalabschi (b. Champollion), und so die Ineinanderzeugungen (bis zur Spaltung in Kane und Wahine).

3) In die Spindelform auslaufend, wie das jainistische Weltgebäude. Die Kuppel des offenen „Mundus", als umgekehrtes Gewölbe, war nach unten, gegen die Unterwelt gerichtet (bei den Etruskern).

mit aneinandergereihten Veröffentlichungen darzulegen gesucht wurde, fällt genau in das, was hier (und oftmals sonst) als Einwendung dagegen erhoben worden ist, denn meine eigene Ansicht ist stets dahin ausgesprochen, dass trotz der „psychischen Einheit" die „Gedankenfäden der Griechen ganz andere Gewebe erzeugt haben, als die der Polynesier", sie mögen vergleichungsweise so verschieden gedacht werden, wie die Tanne und die Palme, wie die Cellulargänge der Farren und der Myrthen, aber dennoch wirkt in beiden die „psychische Einheit" des gleichen Zellwachsthums. Und nachdem einmal erst, durch Massenansammlungen des Materials, solche Physiologie des Geistes unwiderleglich, weil thatsächlich, gesichert und anerkannt ist, dann wird damit (und dann eben erst) die Aufgabe der Ethnologie beginnen, aus den Variationen die Differenzen in ihren Ursächlichkeiten zu erklären (nach comparativer und genetischer Methode der Induction), — nicht freilich jetzt bereits, wo sie ihr unermessliches[2]) Arbeitsfeld kaum erst betreten hat,

---

1) Nach Feststellung des Axiom der Einheit durch factisches Beweismaterial, folgt dann die Aufgabe der Rechnung selbst, in Erklärung der Verschiedenheiten nach den Causalitäten der Wechselwirkungen (in gegenseitigen Relationen). So drehen sich die sinnverwirrenden Missverständnisse um Einheit und Verschiedenheit herum. Dass die eigentlichen Detailarbeiten, in relativer Erklärung der Differenzen aus zusammenwirkenden Ursächlichkeiten, die Verschiedenheiten zu betreffen haben, ist an sich selbstverständlich, und wenn es gegenwärtig in der Ethnologie noch die Einheit gilt, durch massenhaftes Accumuliren des gleichartig Entsprechenden, so handelt es sich hier um ganz exceptionelle Präliminarien, durch welche sie selbst sich den (in anderen Naturwissenschaften bereits vorgefundenen) Boden erst zu breiten hat, damit die Induction ihre Arbeit überhaupt beginnen könne. Eine traurig monotone Handwerkerplage drückt in den Vorarbeiten solcher Kärrnerei, doch, wenn ein zuverlässiges Fundament gewissenhaft gelegt sein soll, dürfen sie leider nun einmal nicht gespart werden. Das ist oft erörtert. Ethnol. B. II, S. X. Cult. d. a. A II, XXV. Völkerg. S. 118. Verh. d. B. a. G. April 1882, S. 293, u. a. O.

2) So much is written just now and has been written during the last fifty years on human archaeology, on the growth and progress of the intellect, on the origin of religion, on the first beginnings of social institutions, so many theories have been started, so many generalizations put forward with perfect confidence, that one might almost imagine, that all the evidence was before us, and no more new light could be expected from anywhere. But the very contrary is the case. There are many regions still to be explored, there are many facts, now put forward as certain, which require the most careful inspection, and as we read again and again the minute descriptions of the journey, which man is supposed to have made from station to station from his childhood to manhood, or, it may be his old age, it is difficult to resist a feeling of amazement, and to suppress at almost every page the exclamation: Wait! Wait!! (s. M. Müller). Ja, gewiss noch ein langer, langer Weg, bis zum Verständniss des Völkergedankens (im Sinne der Induction).

sondern „dermaleinst", nach Jahrhunderten vielleicht, um Ergebnisse fachwissenschaftlichen[1]) Werthes zu erlangen, im Sinne exacter Naturwissenschaft, und als solche vielleicht „unanfechtbare[2])" dann (wenn in sorgsam ehrlicher Forschung dem Ziel entgegengestrebt ist). Jetzt, wo kaum erst nur schwache Ahnungen erwachen von dem organischen[3]) Wachsthum des Völkergedankens und seinen Gesetzlichkeiten, liegen die Ergebnisse noch in fernem (frommem) Wunsch, und je mehr die Versuche, solche zu erringen, „angefochten" werden, desto besser für sie, zur Läuterung und Klärung in gegenseitiger Controlle. „Durch Kampf zum Sieg!"

Mit Aufnahme jedes Fehdehandschuh's also, zur endlichen Abwehr dieses, (als Vorwurf weder, noch als Einwurf berechtigten) Missverständnisses, meine Thesis diesmal:

Für uns subjectiv, für unsere eigene Geschichte, wiegt der Gedankenkreis des Griechen, eines im hellsten Glanze strahlenden Culturvolk's, soviel höher und wichtiger, dass der beschei-

---

1) Wie in Betreff einer Culturgeschichte gesagt wird (s. Alwin Schultz) „nur mit der Beherrschung des gesammten vorliegenden und erreichbaren Materials kann man sich an dieselbe wagen" (und die Ethnologie bezieht sich nicht auf ein paar Jahrhunderte eines Volkes, sondern auf alle Jahrhunderte aller Völker).

2) Da in Kenntniss ihrer eigenen Schwächen die Stärke jeder Naturwissenschaft liegt, bei naturwissenschaftlichen Proben auf die Psychologie vor Allem, muss auf möglichst grelles Blosstellen fortbestehender Mängel Bedacht genommen werden, und das Simuliren von Unanfechtbarkeit bleibe descendirenden Apostaten überlassen, die das Dogma der Infallibilität neidisch gemacht.

3) $\pi\acute{a}\sigma\eta\varsigma$ $o\check{v}\nu$ $\grave{\epsilon}\pi\iota\nu o\acute{\iota}\alpha$ $\pi\varrho o\eta\gamma\epsilon\tilde{\iota}\sigma\vartheta\alpha\iota$ $\delta\epsilon\tilde{\iota}$ $\tau\grave{\eta}\nu$ $\delta\iota\grave{\alpha}$ $\tau\tilde{\eta}\varsigma$ $\alpha\grave{\iota}\sigma\vartheta\acute{\eta}\sigma\epsilon\omega\varsigma$ $\pi\epsilon\varrho\grave{\iota}$ $\pi\tau\tilde{\omega}\sigma\iota\nu$ (nihil est in intellectu, quod non fuerit in sensu), $\acute{\eta}$ $\alpha\check{\iota}\sigma\vartheta\eta\sigma\iota\varsigma$ $\mathring{a}\varrho\chi\grave{\eta}$ $\pi\acute{\iota}\sigma\tau\epsilon\omega\varsigma$ (b. Cless. Al.), und „ipse intellectus" verarbeitet nach dem innewohnenden Wachsthumsgesetz die aufgenommene Nahrung (der Sinnesreize) in sprachlichen Band (des Zoon politikon). Bei den Anfängen in den Naturstämmen zeigt die Mythologie „eben in den himmlischen Reflexen bei den Stammvätern der später gebildeten Völker dieselbe vollständige und leidenschaftliche Rohheit, das Baarsein Alles dessen, was man Scham oder Scheu nennt, und beweist damit, dass Alles, was jetzt die gebildete Menschheit als mit der Natur des Menschen gleichsam verwachsen ansieht, erst das Resultat einer viele Jahrhunderte alten, aus dem Schmutz durch die begabtesten und edelsten Geister vorbereiteten, und durch das Christenthum gezeitigten geistigen und sittlichen Bildung ist" (s. Schwartz). Und in solchem Emporwachsen eben, aus zottiger Wurzel im dunkeln Schooss der Erde zum Glanze der in den Strahlen der Sonne entfalteten Ideale, manifestirt sich die organisch darin treibende Spirale des Geschichtsgangs, das in der Harmonie des Kosmos mit der Gesammtheit des Alles auch des Menschen eigenes Bewusstsein umschlingende Gesetz.

dene des Polynesier's daneben unscheinbar verschwindet. Objectiv genommen, vom naturwissenschaftlichen Standpunkt, hat der Eine genau dieselbe Bedeutung, wie der Andere (da es sich ohnedem in beiden Fällen um ein Glied der Menschheit[1]) handelt, der wir selbst angehören). Und dann, bei statistischem Ueberblick, deckt der Polynesier auf der Erdoberfläche eine Raumumfassung[2]), die über ein paar andere Continente hinwegreichen würde, so dass bei solcher Betrachtung wieder, die Halbinsel der Griechen etwas eng[3]) zusammenschrumpfen möchte. Das Facit wird dann aus dem Ineinanderrechnen der zusammenwirkenden Factoren (intensiv und extensiv genommen) definitiv zu ziehen sein.

In oben erwähnter Beurtheilung bietet sich zugleich (wie häufig genug auch sonst aufgestossen) ein Stein des Anstosses in den „Combinationen", indem man solche im Sinne von Theorien nimmt, welche ad absurdum zu führen, sie absichtlich gehäuft sind. So muss allerdings Manches absurd genug erscheinen, wenn die Illustrationen auf den den Kopf gestellt, von der Kehrseite her betrachtet werden.

Unsere bisherig sogenannte Weltgeschichte begreift die höchste Blüthe der Menschheit, aber nur ein einzelnes Entwicklungsproduct derselben, da von Aegyptern, Babyloniern, Assyrern, Persern durch Griechen und Römer eine gleiche Spirale, aus gegenseitigen Entlehnungen genährt, emporsteigt, bis zu Romanen und Germanen, also bis zur eigenen Cultur, deren historischer Verlauf für uns selbstverständlich stets der practisch bedeutungsvollste bleiben wird, aber weil uns selbst subjectiv einschliessend, am wenigsten für objektiven Standpunkt (im naturwissenschaftlichen Sinn der -Induction) sich eignend, da die hier vorliegenden Vergleichungen immer nur als relativ gegenseitig, als von und miteinander bedingt, sich ergeben.

---

1) Für die „Rechtsphilosophie" (auf Grund der „vergleichenden Rechtsgeschichte, der Völkerpsychologie und der Ethnologie") ist es „ebenso interessant zu lernen, wie die Petschenegen oder Australier Eigenthum und Strafe auffassen, als wie die Römer oder Beccaria darüber dachten" (s. Dahn). Und so in Religions- oder Geschichtsphilosophie, zur Erkenntniss des Normalverhalts zunächst, und dann etwaiger therapeutischer Eingriffe (bei Schäden der Volksseele).

2) Von Crespo bis Bishop and his clerk und von Boh bis Sala y Gomez (s. Meinicke) 88 Breitengraden und 116 Längegraden (auf die bewohnten Endpunkte zu reduciren).

3) La Grèce est petite, j'étouffe; la Judée est sèche, j'halète; laissez-moi un peu regarder du côté de la haute Asie vers le profond Orient; j'ai là mon immense poëme (s. Michelet). Aber die Essenz des kleinen Griechenland, so klein, so schmal und eng es sei, hat doch das grosse Indien genugsam durchtränkt, um jetzt noch den Effect herausschmecken zu lassen (und gerade unter dem Besten, was dem Studium geliefert ist).

Um objectiv reine Vergleichungspunkte zu gewinnen, bedurfte es vorher (seit dem Entdeckungszeitalter) einer Gesammt-Ueberschau des Globus, um nun neben jener Einen (und höchsten) Entwicklungsphase, hundert andere auf der Erde hervorspriessen zu sehen, zwar niedrigere und geringere, aber weil nach den Abgrenzungen der geographischen Provinzen differenzirt (als thatsächliche Aussagen, insofern), gleichberechtigt neben einander dastehend, und gerade in primitiver Einfachheit für die genetische Methode werthvolle Anhalte bietend, innerhalb der mit dem Fortschreiten des Cultur-Wachsthums sich complicirenden Labyrinthgänge desselben.

Hier galt es nun, wenn inductiv gebaut werden sollte, zunächst eine Ansammlung des Materials, in den, noch rettbaren, Aussagen des Völkergedanken's, und hiermit änderte sich auch von Vornherein der ganze Standpunkt, für Verwendung der comparativen Methode.

So lange die Weltgeschichte sich in ihrem fest umschriebenen Orbis terrarum bewegte, lag bei den (in Folge der Ineinanderwebung des Zusammenhang's) factisch stattgehabten Entlehnungen, die Annahme solcher stets nothwendig nahe, und aus den in mythologischen Anschauungen oder rechtlichen Institutionen entgegentretenden Aehnlichkeiten, konnte dann oft genug lehrreich zurückgeschlossen werden, wie hier ägyptische oder assyrische Elemente in griechischen Erzeugnissen versteckt sein mochten, oder Römisches in Germanischen u. A. m. Wollte es in concreten Fällen nicht recht gehen, so blieb Hoffnungsvollen immer noch die Hoffnung, einen Phönizier, Pelasger, Tusker oder sonstigen Ideenhausirer beim Ausstreuen seines Kaufmannsgut zu ertappen, obwohl sich unsere vorsichtigeren Fachgelehrten mit solchem Vagabondenthum nicht gern zu thun machten.

Als nun indess, seit Ende vorigen Jahrhundert's, die „Urweisheit der Brahmanen" Einräumung ihres Platzes in der Weltgeschichte verlangte, wurde die Aufgabe dieser eine verwickeltere, (s. Vorg. dr. Ethnlg. S. 54), und obwohl man philologisch noch eine gemeinsame Basis im indogermanischen Sprachstamme zu finden vermochte, gerieth man historisch-mythologisch, einen sicheren Boden unter den Füssen verlierend, gar bald in die schwindligen Irrfahrten der Symbolik hinein, und wie? (wenn hier gesunde Classicität nicht bei Zeiten ihr Veto gesprochen), wie? hätte es werden müssen, als auch die mächtig umfassende Cultur Ostasien's zum Eintritt unter die Mitglieder der Weltgeschichte sich meldete, und gleichfalls nun nach dem Massstab der (für das Bisherige ganz geeigneten) Schablone gemessen zu werden, die Forderung gestellt haben würde. Ja wie?, als nun auch aus den anderen Continenten, aus neu aufgetauchten, wie America und Australien nicht nur, sondern im alten Afrika auch, bei Erhellung seines bis dahin dunkeln Hintergrundes durch das Licht neuer Forschung, — als von allen Seiten her ein barbarisches Stimmengewirre gehört wurde, das mit hineinsprechen wollte und seine Beachtung verlangte (da, was dem Einen recht, dem Andern billig).

Je eher also deshalb mit der bis dahin gültigen Methode, die weil für andere Verhältnisse angelegt, für die veränderten nicht passen konnte noch durfte, je eher mit dieser bisherigen Methode gebrochen wurde, desto besser. Oder vielmehr: die hier neu hinzutretenden Studienzweige der Ethnologie (und der, mit dem Fortschreiten der Induction bis zur Physiologie, an diese sich anschliessenden Psychologie) mussten sich auch sogleich ihre eigene adäquate Methode bilden, nicht die der historischen Wissenschaften (und für diese nach wie vor gleich gültige) für sich usurpiren zu dürfen meinen, sie aus diesen zu sich herübernehmen, und auf Verhältnisse anwenden, die als völlig ungeeignet dafür, durch solche Behandlung in Verwirrung gerathend, auch verwirrend zurückzuwirken drohten.

Im geraden Gegensatz zu den nach historischem Gesichtspunkte angestellten Vergleichungen, haben die ethnologischen diesen zunächst völlig ausser Augen zu lassen. Als Erstes handelt es sich bei ihnen darum, den überall gleichartigen Wachsthumprocess des psychischen Lebens im Völkergedanken, auf Basis langer Vergleichsreihen, aufzuklären und den durchgehenden Grundelementen nach, festzustellen, sowie den Index der Fortentwicklung, unter den in den Variationen der geographischen Provinzen gegebenen Bedingungen (bis zur Culturblüthe, wenn dafür congenialer Boden und Umgebung). Erst nach Eliminiren dieser zwei Hauptfactoren —, des durch die allgemeine Gesetzlichkeit im psychischen Zellleben, und des durch die einfallenden Reize der wandelnden Umgebungswelt normirten —, nach völliger Absolvirung aller hiermit verknüpften Fragen erst, wird dann allmälig gewagt werden dürfen, historischen Beziehungen, soweit Anlass dafür geboten, vorsichtig sondirend nachzugehen, aber stets nur auf geschichtlich erkennbaren Wegen, und auf ihnen auch stets soweit nur, wie sich fester[1]) Boden unter den Füssen fühlt, weil wir sonst auf's Neue in den Abgrund wirrster Symbolik stürzen würden, und einen gefährlicheren noch, als er vormals momentan unsere classische Gelehrsamkeit bedrohte. Davor möge in Zeiten nun eine naturwissenschaftliche Durchbildung bewahren, denn der Naturwissenschaft hat sie anzugehören, jene mit der Morgenröthe eines neuen

---

1) Und möge die Ethnologie, aus den Erfahrungen mehr weniger gleichaltriger Jugendgenossen, deren Fehler zu vermeiden, sich zur Warnung dienen lassen. Aucune branche de la science moderne n'a été autant de fois refaite, dans le court intervalle de sept dernières années, que la mythologie semitico-accadienne, édifié, sur la base des inscriptions cunéiformes (1881). Nam quod in pomis itidem esse ajunt in ingeniis, quae dura et acerba nascuntur, post fiunt mitia et jucunda, sed quae gignuntur statim vieta et mollia atque in principio sunt vuida, non matura mox fiunt, sed putria, wie Accius über das dem Pacuvius vorgelegte Dichtwerk (s. Gellius).

XIII

Tages aufdämmernde Wissenschaft vom Menschen, die am Horizonte der in der „Harmonie des Kosmos" entfalteten Weltanschauung bereits ihren Reflex geworfen (freilich erst aus ferner Zukunft her, für heutige Gegenwart).

In der „Heiligen Sage der Polynesier", findet Réville: „la tendance à attribuer aux naturels de la mer du Sud des idées cosmogoniques et théogoniques transcendantes." Wenn dadurch auf Entlehnungen angespielt werden soll, so würde auch hier ein tiefgreifendes Mifsverständniss hineinspielen, wodurch sich Alles schief verschiebt. Wie sich die wandelnde Umgebungswelt im Geist der Naturstämme reflectirt, wenn vollerer Triebkraft nach ausgewachsen, in ungestörter Beschaulichkeit, (also bei den dort auch bekannten θεολογοι in Aristoteles Sinne), ist objectiv dargelegt worden, und wenn sich in solchem Gedankengang ähnliche Verknüpfungen (in ersten Ansätzen wenigstens) zeigen, wie bei den Culturvölkern, so ist zunächst nur auf die einheitliche Grundlage psychischer Entwicklung zurückzuschliessen, und organische Gesetzlichkeit (hier, wie überall in Naturerzeugnissen).

Dafür also zunächst wieder die Frage in Betreff der Religion, was als solche zu betrachten[1]) sei (wie bei den Culturvölkern nicht minder) bei den Naturstämmen zunächst (s. Buddhismus in seiner Psychologie, S. V, Culturländer des alten America, I, S. 60 u. s. w.).

Die Antwort spricht bereits aus sprachlicher[2]) Bezeichnung für den Gottesbegriff, denn in Manitu, Wakan, Atua, Kalou u. s. w. liegt das Un-Gewöhnliche ausgedrückt, das Un-, oder gern (wie in Oki u. s. w.), Ueber-Natürliche, und es kommt zunächst darauf an, wie weit der Zweifel (gleich dem im Geiste Ormuzd' entstehenden) im Staunen beunruhigt (ἀπὸ τοῦ θαυμαζεῖν).

Die grosse Masse der Gewohnheitsmenschen begnügt sich mit dem Kai (in Tonga), der Essensfrage des täglichen Brodes aus dem Penus der Penaten (s. Völkerstämme am Brahmaputra, S. XXVIII), und ein Sohn ostasiatischer Culturländer würde auf der Gemeinschichtung des

---

1) Ἀριστοτέλης δέ ἀπό δυοῖν ἀρχῶν ἔννοιαν Θεῶν ἔλεγε γεγονέναι ἐν τοῖς ἀνθρώποις, ἀπό τε τῶν περὶ τὴν ψυχὴν συμβαινόντων, καὶ ἀπό τῶν μετεώρων (Ἐπίκουρος δὲ ἐκ τῶν κατὰ τοὺς ὕπνους φαντασιῶν), εἰσί δὲ οἱ ἀπό τῶν γιγνομένων κατὰ τὸν κόσμον παραδόξων (suspicati sunt venisse notitiam deorum).

2) La mythologie (une maladie du langage) ne peut être qu'une maladie de la pensée (s. Clermont-Ganneau), und ihr Studium mag dann therapeutische Rathschläge gewähren für allerlei Schäden des Gesellschaftsgedankens (rechtlich in der Ethnologie sowohl, wie religiös, nach den verschiedenen Richtungen des socialen Lebens). „Nicht Grundlegung, sondern Anwendung der Philosophie zur Erklärung der Thatsachen des Bewusstseins, ist die Psychologie" (s. Harms), aber die Grundlegung hat vorauszugehen für die Philosophie (als angewandte Psychologie, wenn man will).

Westens in den heiligen „Tocken" (eines Holzkästchen oder Arche) vielleicht als Korai gehätschelte Thonpuppen sehen, oder aus den Platagai genannten Kinderklappern auf Maraka schliessen, im priesterlichen Gerassel bis zu Isis' Sistrum (in abyssinischer Kirche). Der Gebildete denkt weiter, seine Geistesfäden wachsen in Verlängerung aus, bis ins Jenseits hinein, und es handelt sich nun eben darum, wie weit für ihn ein Ausser-Gewöhnliches noch vorhanden (ein Wunder wenigstens, als Ueberlebsel in den Legenden), bis es sich, wenn Alles wieder ein gleiches Wunder wird (ein jeder Athemzug, die kleinste Fingerbewegung), zu des Sein's äussersten Grenzen zurückzieht, in jenen Grenzbegriff hinein, für den man dann den Namen der Gottheit, wenn anthrophomorphischer Nebenbedeutungen [1]) wegen zu vermeiden, durch das Gesetzliche (im Dharma), zu ersetzen gesucht hat.

In den Zwischenstadien spielen nun auf unbestimmt schwankender Scheidungslinie, alle jenen Ceremonien hin und her, die man in das Religiöse einbegriffen hat.

Das Leid des Lebens ist immer da, das körperliche zunächst, wogegen wie der Talisman, die geweihte Figur helfen mag (im politischen Erziehungszwang auch die angelernte Gebetsformel), und ob Religion zu nennen, wenn der Bandito sich, für Glück bei dem geplanten Meuchelmord, an seine Madonna wendet, dürfte ebenso eine Controverse bilden, wie sie sich in den Operationsweisen der Medicinmänner und Fetizero gestellt hat (zum Helfen oder zum Schaden). Am durchgehendsten auf der Erde finden wir das System des Hexenschusses (von Tanna bis Finland), das Hineinschiessen des Uebels und Wiederausziehen desselben (Ethnologische Forschungen, II. S. 320), und so lange solches System in methodischer Praxis verbleibt, liegt darin, deshalb schon, nichts Ungewöhnliches für die Practiker, nichts Un- oder Ueber-Natürliches, da sie sich im Gegentheil vielmehr, die wechselseitig einander deckenden Erklärungen geschaffen haben, wie auf der sympathischen Grundlage einer Alles durchdringenden Magie. Die Frage bleibt einfach dahin gestellt, wie weit derartige Erklärungen [2]) eine Befriedigung fortzugewähren ver-

---

1) Die Zweckmässigkeit in der Teleologie zeugt als subjective Schöpfung von der Beschränktheit eines persönlichen Gottes, während objectiv gefasst, eine Zweckmässigkeit in gegenseitiger Erklärung beobachtbarer und festgestellter Wechselwirkung, weil nothwendige nicht nur, sondern einzig mögliche Grundlage naturwissenschaftlicher Forschung, den Einklang des All mit der Gottheit Klange durchschwebt, bei Erkenntniss des Gesetzes (einer Harmonie des Kosmos).

2) ὥσπερ γὰρ ὁ τῆς βροντῆς κτύπος, καθά φησιν Ἐπικυρείων παῖδες, οὐ Θεοῦ τινος ἐπιφάνοιαν σημαίνει, ἀλλὰ τοῖς ἰδιώταις καί δεισιδαίμοσι τοιοῦτος εἶναι δοξάζεται (Sext. Emp.), nam etiam cum alia corpora inter se fuerint collisa, similiter editur sonus, ut cum circumagitur mola aut cum comploduntur manus (ex nostra hoc fit opinione). Concurrunt sublime volantes aetheriae nubes (b. Lucret.).

mögen, oder ob und wann der zum Forschen erwachende Geist nach ferneren Aufschlüssen weiterstrebt, zur Lösung des Geheimnisses (in geheimnissvollen Mysterien wieder, wenn es nicht anders geht), zum Ausgleich innerer Beruhigung, denn τὸν σοφόν (nennt Plato) τὴν ψυχὴν ἡρμοσμένην ἔχοντα (Musico similem), in der Harmonie (des Kosmos).

In diesen Beschäftigungen mit einer übersinnlichen Welt liegen nun allerlei Hülfen nahe, wie sich am leichtesten animistisch und spiritistisch ergeben, aus Forterhaltung des bereits im Leben mit der Freundes (oder Feindes-) Seele vertrauten Verkehr, auch nach dem Tode im Seelengespenst, in den „Manes quasi manentes", bis zum Ahnen-Cultus (im Chao oder Heros), und praktischer Unterstützung aus demselben, (in den Kriegen der Amakosa oder schamanischen Beschwörungen).

Hiermit regelt sich auch bequem das Opferritual, denn munera crede mihi capiunt hominesque deosque (*Ovid*), — Gaben lassen Gegengaben erwarten —, und während früher der Indianer, im letzten Grade der Verzweiflung (wenn alle anderen Stützen aus der Meda sich als morscher Stab erwiesen), seinem grossen Geist Tabak zu bieten sucht („da hast du Tabak", im Gebet), oder es auf Hawaii versuchsweise heisst: „Hier ist Fisch für dich" (H. S. d. P. S. 132), so kennt man bei den Oromatua oder sonstigen Abgeschiedenen aus der Erinnerung noch genauer ihre ideosynkrasischen Geschmacksrichtungen[1]), in Ab- oder Zuneigung, und vermag Alles, wenn die Priestercollegien sich verständig erweisen, demgemäss besser und sachgemäss einzurichten, um den Einklang (der auch auf physisches Wohlbefinden überströmt) zu bewahren, durch den Schutz der Frommen und fromme Gebete (Vlkrst. am Brahmaputra, S. XXII), im Cult der Sangha bald, bald vom fürstlichen Thron (u. dgl. m.).

Solche mit den Tritopatores aus deutlicher Sehweite verschwindenden Geisterwesen (s. Nordwestküste Amerika's, S. 4), mögen dann auch auf allerlei Naturprocesse einwirken (wie im Geisterhaus Tucopia's[2])

---

1) Me ra bula mada ga na nomu liga ni yaqona, heisst es in den Gebetsanrufungen (auf Fiji), under a belief that the gods are very fond of yaqona (s. Haazlewood), wie „of Soma" (in den Vedas), und der Rausch der Götter heiligt den der Dienerschaft, als Kahuna pele und sonst (bis zum bacchantischen Taumel).

2) In each village on Tucopia there is a large building, called in their language the „spirit house", set apart for the use of disembodied spirits, which are supposed to reside in this building. On the approach of bad weather and thunder and lightning, which alarm the islanders extremely, they flock to the spirit house, and remain there while the storm continues, making offerings of cocoa-nuts, cavaroot, and other eatables. They imagine the storm is caused by the presiding spirit, who when he is displeased goes to the top of the highest land in the island, and manifests his wrath by raising a tempest. When he is appeased by the offerings, he returns to the „hall of ghosts" (s. Dillon). Cum esset vita hominum insolens et incomposita, qui cae-

beim Gewitter), und selbst in Schöpfungsvorgängen[1]) zwischengreifen, wie ausserdem selbstverständlich der Erste Mensch (gleich Veêtini auf Mangaia) dem Indianer den Pfad in's Todtenreich gezeigt hat, weil auf diesem Wege, als Erster, vorangegangen.

Weitere Auskunft dafür lässt sich dann noch aus den ecstatischen Zuständen der Propheten gewinnen, mit denen ebenfalls (in geschäftlicher Unterscheidung der Klassen, wie bei Karen, aus Wiedergeburt in Alaska, oder sonst) als gewöhnliches Handwerkszeug des täglichen Leben (noch nicht in's Un-Gewöhnliche fallend) operirt wird, unter genau vorgeschriebenen Regeln zum Einfahren oder Austreiben (in Savoe u. s. w.), und obwohl solche Zustände, denen je nach den Entwickelungsphasen der Cultur philosophische Zergliederungen von dogmatischer Orthodoxie untersagt werden mögen, eine exceptionelle Stellung (zeitweis oder dauernd) für sich zu reclamiren streben, fallen sie doch gegenwärtig wieder in psychologischen Gesichtskreis, und meist auch in den psychiatrischen (s. Beiträge zur Psychologie, Berlin 1868, S. 115). So deshalb heisst es hier zunächst: Begründung einer naturwissenschaftlichen Psychologie, und solche, für ihre inductive Behandlung, bedarf des Materials (also eines Studiums des Völkergedankens).

---

teros superabant viribus et prudentia, adeo ut et eorum jussis omnes viverent, quo majori admirationi ac venerationi essent, sibi ipsis affinxerunt quandam excellentem et divinam potentiam unde etiam a multis Dii sunt existimati (Euhemerus, ὁ ἐπικληθεὶς ἄθεος). Auf Nukuor werden, unter den Göttern, Tupua (Selbstentstandene) und Te aitu tanata (Geister der Todten) unterschieden (s. Kubary), als Divi Manes (opertis manibus divina vis est). Dann die Atua fanau po, in „dii involuti", gleich den von den Amoxcaque getragenen Palladien, als „eingewickelte Götter", welche Wickelkinder (in der Kindheit der Völker) beim Befragen weniger Umstände machten, als die „dii consentescomplices" in Etrurien (wenn dort ein Blitzstrahl geschleudert werden sollte). Jupiter disposant à lui seul de trois foudres, on comptait pour 9 personnes divines 11 espèces de „manubiae" (s. Bouché-Leclerq). Die Dreitheilung (fulgurfulgetrum, tonitru, fulmen) wiederholt sich überall (Steinsculpt. von Guatemala, S. 4). Ait Sisyphus legumlatores primos ut metum incuterent hominibus, deos confinxisse scelerum vindices (wie Kritias), und so die Fetische für Polizeidienste verwendbar in Africa, mit der Kraft polynesischen Tabu's, während das Pamali den Uebergang einleitet von guter Sitte zur Moral (in Religionsvorschriften).

[1]) Dann steigen Terrassen der Götterhimmel empor, bald philosophisch auf- und ausgebaut (wie die buddhistischen), bald künstlerisch (gleich hellenischen), und wie sich dies, oder das mythologisch ferner damit Zusammenhängende, im einzelnen Falle weiter gestaltet, bleibt von speciellen Localverhältnissen abhängig, und nur aus solchen im Detail für jeden dieser einzelnen Fälle erklärbar. „Different countries, different fashions and, in like manner, different gods" erhielt John Jackson (in Fiji) als Antwort (vom König, als er „told him, that his gods were all false").

D̦er kosmogenische Prozess in Hawaii'scher Schöpfungslehre wird als Pua (Blühen) bezeichnet. Die Welt blüht hervor, in der allmäligen Vervollkommnung der Schöpfungsperioden, von Zoophyten, Corallen, Algen, durch Fische und Bäume, Vögel u. s. w. bis zum Menschen. — In der Kosmologie der Maori regen sich im Anfang die Urwesen in Dunkelheit verschlossen. Im Zorn (in der den Göttern, weil feindlich, verhassten ὕβρις der Tragöden) braust Tumatuen-ga empor, nach der Freiheit selbstwilliger Bestimmung strebend, mit der Forderung die Eltern (Rangi und Papa, oder Uranos und Gäa) zu tödten. Tane ma huta, als milderen Sinnes, räth zur Trennung, die vollzogen wird, während Tawhirimatea, seine Einstimmung versagend, zum Vater im Himmel emporfliegt, in jener Absonderung, wie bei der Flügelwandlung Ayaraché's in der Vierheit der Inca-Brüder oder Antong, als Stammherr (von Pulopetak), mythologisch symbolisirt. Die übrigen Kinder bleiben bei der Mutter und wandeln sich irdisch um, in Metamorphosen der Pflanzen auf diesen Inseln, weil ärmer an Thieren als Aegypten, wo sie vor Typhon's Verfolgung sich unter Thiermasken verbergen.

Bei Tawhirimatea's niedersausendem Angriff bewahrt gegen diesen mit himmlischen Bundesgenossen verstärkten Sturmgott, nur Tumatuenga allein seine rein göttliche Natur, in gleichmässiger Verbindung der Einflüsse aus Himmel und Erde, als Ahnherr dann des Menschen, und somit der Herr über die Erzeugnisse der Schöpfung für seine selbstwillige Verwendung (durch die Kraftsprüche der Karakia). — So vererbt sich die Heiligkeit in dem Erstgeborenen, den Ariki Polynesiens, wie auch auf Hawaii im Einzelnen ausgeführt.

Hierüber und Anderes, weitere Auszüge aus den Aufzeichnungen der Tagebücher, wie beim Aufenthalt in Honolulu geführt (in Ergänzung zum früheren):

Um die Göttlichkeit der höchsten Häuptlinge im Erstgeborenen (zum Heil des Landes) fortzupflanzen, durch ebenbürtige Ehen, wurde ein Zelthaus aus Tüchern aufgerichtet, wohin sich die nach der Periode gereinigte Frau begab, und der Häuptling ihr folgte, in einem Bündel seine Götter mitbringend, die ausserhalb des Zeltes aufgestellt wurden (vor dem dort versammelten Volke mit dem betenden Priester), und wenn nach der Beiwohnung, gegen Abend, beide das Haus verliessen, wurde dasselbe abgebrochen. Traten Zeichen der Schwangerschaft ein, so verfertigten die Dichter (Haku-Mele) für den neuen Häuptling Preisgesänge, die dramatisch eingeübt und auf einem Theater dargestellt wurden, bis zum Tage der Geburt, wenn die Hebamme (oder Pule keihi) den Idolen der Akua kii opferte. Der Nabel (eines Knaben) wurde vom Priester (unter Gebeten) im Heiau abgeschnitten. Nach der Beschneidung (vor den Göttern) wurden Priester zum religiösen Unterricht bestimmt, und bei Erfolg desselben wurde dem fürstlichen Spross ein Heiau gebaut, wo er in den Dienst der Götter trat. — Während der Schwangerschaft mit dem Erstgeborenen blieb die Mutter (von Hauptlingsrang) kapu und ass Nachts, was für ihren Gott oder die Götter ihres Gemahls kapu war.

In der Pio genannten Ehe leiblicher Brüder und Schwestern (im Häuptlingsrang) hiess der Niau pio (gebogenes Cocosblatt) betitelte Sohn (als Nui kona kapu) ein Gott (ke akua) und durfte nur Nachts (oder bei Tage verkleidet) ausgehen. — In der Naha genannten Ehe von Bruder und Schwester (verschiedenen Vaters oder Mutter) war der Sohn (als Niau pio) ein Kapu a noho. — In der Hoi genannten Ehe gleichberechtigter Verwandter war der Sohn (als Niau pio) ein kapu a moe. Kinder ferner Frauen niederen Ranges bildeten (als jüngere Brüder) die Iwi kuamoo (Begleiter der hohen Häuptlinge). — Kinder einer vornehmen Mutter hiessen Alii papa, mit vornehmem Vater Kaukau alii, aus edlem Vater mit gemeiner Mutter Kukaepopolo (dunkler Herkunft). Aus ungewisser Ehe stammten die Alii kuauhau (angebliche Häuptlinge). Kinder aus wegen Landbesitz begünstigten Gemeinen mit edler Frau heissen Häuptlinge aus Höflichkeit (alii lalolalo). —

In der Hoomana (Verehrung) des Fürsten für Erzeugung des Erstgeborenen musste nach ebenbürtiger (und möglichst leiblicher) Verbindung die Frau, nach dem Monatsflusse gereinigt, sich nach dem ausserhalb des Hofes (um allen sichtbar zu sein) erbauten kapu-Hause begeben, welches dann auch der Gatte betrat, seine Familiengötter ringsum aufstellend, wo mit dem Priester, der zu ihnen betete, das Volk sass. Nachdem dann bis zur Abendzeit zur Kindesfortpflanzung (he hoomau keiki) das Ehepaar zusammen im Innern verweilt hatte, wurde das kapu-Haus wieder abgebrochen. Wenn sich die ersten Zeichen der Schwangerschaft einstellten, wurden (unter allgemeiner Freude) Mele (zu Ehren des erwarteten Erben) von dem Haku-Mele verfasst und wenn gebilligt von den Tänzern (poe kula) für dramatische Vorstellungen gelernt und der Tanz und die Tanzgesänge gingen dann fort bis zur Geburt, unter Beisein der Hebammen (Pale keiki) mit Opfer an die Akua kii. Bei dem Abschneiden des Nabelstrangs wurde vom Vater ein Opfer gebracht (unter Anrufen der Götter Ku, Lono, Kane und Kanaloa) und ebenso bei der Beschneidung, nach welcher der Knabe einen Priester für religiöse Erziehung erhielt und das bis dahin verbotene Schweinefleisch essen durfte. Es wurde dann für ihn ein Heiau gebaut, wo er (wenn frei von Fehlern erkannt) unter Reinigungen (huikala) ein religiöses Leben führte (als Haipule) und nur die dort in der Nähe gekochten Speisen essen durfte (dem Gotte geweiht).

Der Häuptling entsteht als Mann, obwohl dem Geist und Gedanken nach ein Gott (hiess es in Hawaii). — Der Pou-o-manu oder Pfosten (pou) des (Gottes) Manu genannte Pfeiler wurde in dem Hause des Häuptlings auf einem Menschenopfer festgerammt. — Der Fürst zeugte Prinzen (keiki alii) mit Fürstinnen (auf Hawaii) als alii nui oder a kapua noho kona (neben geheiligten Häuptlingen oder nui kona kapu) als rein (himolele) von Herkunft.

Vor der Einweihung eines Heiau reinigten sich Priester und Häuptlinge, indem sie temporäre Häuser (hale-one oder hale paone) aus Sand bauten, dann Calabassen-Häuser (hale pohue), dann lange Häuser (hale oeoe), dann Blätterhäuser (hale palema oder hale hawai), alle diese tapuirend und wieder freigebend, und das Ganze musste an einem Tage geschehen. — Wenn nach dem Bau eines Tempels das Land gereinigt und das Schweinebild (Puau kukui) geschnitzt war, begab sich der Priester mit einem den Gott repräsentirenden Menschen (mit aufstehendem Haar) dorthin zum Beräuchern. — Im Bau eines Luakini (Tempels zum Cultus) wurde in Hawaii ein kapu auf das Bett gelegt (eine Trennung von den Frauen), bis die Gebete sich günstig zeigten (unter Darbringung eines Menschenopfers). — Nach dem Fest Makahiki kehrten die Häuptlinge zu ihren religiösen Pflichten zurück, der hohe Häuptling baute ein Heiau aus Mapele-Holz mit der grünen Rinde Lama (das Reich zu festigen) und reiste dann durch das Land, überall Heiau zu errichten, bei der Rückkehr den Unu genannten Tempel Lono's bauend, während alle Häuptlinge Heiau für Regen errichteten (unter Beihilfe des unter kapu gelegten Volkes). Während dieser Zeit brannten jede Nacht Fackeln in den Häusern des Häuptlings, unter Gebeten zu den Göttern, dass alles Schädliche und Sündhafte (um frei von Krankheit zu sein) vom Lande fortgenommen werden möchte, und dann auf den Häuptling als aufrichtigen (pono) und frommen (haipule) freudig vertrauend, begann das Volk (künftigen Gedeihens versichert) die Arbeit des Ackerbaus und Fischfangs, die Frauen das Zeugverfertigen, Färben etc. Als Frommer (haipule) wurde der Häuptling als Unterpfand des Wohlergehens geehrt und geliebt.

Bei der Ernte brachten die Landbauern die Erstlinge demjenigen Gotte dar, den sie verehrten, indem (je nach der Sekte) ein Feuer für Ku, für Lono, für Kane oder für Kanaloa angezündet wurde, unter allgemeinem Stillschweigen. Wenn nach dem Kochen der Speise die Gesellschaft im Kreise zusammensass, wurde das Idol herbeigeholt und mit dem Becher Lono's am Halse umhängt. Das Bild sollte nur zur Erinnerung dienen an den Gott, der im Himmel weilte, und der Priester bot deshalb die Speise dem Himmel (nicht dem Idol) an. Dann konnte das Mahl beginnen und später, nachdem das Feuer erloschen war, konnte die Speise (ohne fernere Rücksicht auf den Gott, welcher befriedigt war) benutzt werden.

Der Jahresgott (Akua makahiki) Lono-makua (Lono als Vorfahr) oder Akua loa (der lange Gott) wurde auf der Insel umhergetragen (am Neujahr), mit dem Akua poko (kurzen Gott) und Akua paani (lustigen Gott) reisend (zum Einsammeln der Steuern, während der Hohepriester für 5 Tage im strengsten Tabu blieb, die Augen mit Zeug verbunden), hinter den Trägern der Alla genannten Stäbe (mit dem Gesicht rückwärts blickend, auf das mit der Bezahlung durch das Hainaki genannte Priestergebet von Kapu befreite Landstück). — Bei der Kalii genannten Ceremonie fuhr der hohe Häuptling mit dem Jahresgott in einem Canoe zum Fischfang hinaus. — Nach Auskleidung des Jahresgottes schleuderte der Priester die im Netz zusammengeworfenen Speisen umher und prophezeite Hungersnoth, wenn keine herausflogen. — Mit den Oluau genannten Ceremonien wurde der Feldbau eingeleitet (unter Fortnehmen des kapu, das auf dem Lande ruhte).

War (zur Verfertigung eines Idols) der geeignete Baum im Walde gefunden, so nahm dort (mit dem Volke stillschweigend im Umkreise) der Priester (das Gebet Haalelea sprechend) seinen Stand, und der Häuptling daneben, und dieser (nach dem Opfer) tödtete das Schwein. Der Priester fragt dann den Häuptling, ob das Omen günstig gewesen? (indem er keinen Laut oder Lärm vom Volke gehört), und wenn der Häuptling es für günstig erklärte, versprach er ihm den Untergang seines Feindes und hieb darauf dem Menschenopfer den Kopf ab, um dieses, mit dem Schwein, nach dem Fällen des Baumes auf dessen Platz zu begraben (indem der Zimmermann das Bild vollendete). Beim Herabtragen des Gottes auf den Schultern des Gebetsformeln ausrufenden Volkes wurden Begegnende getödtet. Wenn es im Tempel niedergesetzt war, lief der Priester um dasselbe herum, mit einem Strick die Pfosten verbindend, bis er den Häuptling traf, der dann ein Schwein tödtete. War auf die Frage des Priesters das Omen günstig befunden, so wurde eine feste Dauer der Herrschaft versprochen.

Nach Aufstellen des neuen Idols im Tempel (unter Herabwerfen eines Menschenopfers in den Abgrund) wurde dieses bekleidet und ebenso die alten Idole umher, die bis dahin nackt standen. — Beim Cultus wurden die Idole (in Hawaii) mit rothem Zeug umkleidet, unter Singen und Trommeln, und wurden Opfergaben auf die Whattas (Altäre) niedergelegt. — Um in den Tempel ku ein neues Idol (vom Priester Lono's als jüngerer Bruder bezeichnet) einzuführen, stellte man (nachdem der Hohepriester aus dem von seinen Gehülfen getragenen

Menschenschädel Salzwasser gesprengt hatte) die übrigen Idole in einer Reihe und wurden sie, wenn der (dem Häuptling befreundete) Menschengott (nach Ablegung sämmtlicher Kleider) zu laufen begann, von ihren Hütern aufgenommen, um ihm zu folgen, links gewandt, bis zur Rückkehr, wenn das Gebet des Priesters begann.

Nach Aufstellen des neuen Idols in dem Tempel betete der Priester für gute Omen und ein Theil des Volkes beobachtete während der Nacht den Himmel, während der Häuptling im Tempel ein Schwein opferte. Der Priester fragte den Häuptling dann zweimal, ob die Ceremonie richtig gewesen, und wenn auch das Volk (auf die Frage des Häuptlings) dieses bestätigte, brach allgemein Jubel aus, weil jetzt die Herrschaft aufs Neue befestigt sei. — Beim Fest des neuen Idols (dem, mit Fahnenstreifen behängt, von dem Priester der Nabelstrang abgeschnitten wurde) ass der Hoeilii (der dem Häuptling befreundete Menschengott) die Augen der geopferten Menschen und Schweine. — Im Allgemeinen war das an die verschiedenen Götter gerichtete Gebet (an Ku, Kane, Kanaloa, Lono) ein und dasselbe, aber das für Pele war verschieden.

Wenn der Häuptling nach dem Zusammentreffen mit dem Jahresgott vom Strande sich in das Binnenland begab, war er von einem geschickten Fechter begleitet, zur Abwendung des mit weissem Zeug umwundenen Speeres, den der aus der Versammlung des Volks Hervortretende auf ihn schleuderte, in der Kanekupua (Hexenmeister) genannten Ceremonie, und nach dem Scheinkampf am Abend kehrte der Häuptling in den Tempel zurück. — Nachdem mit der beendigten Reise des Jahresgottes derselbe bis auf das Holz (um den Schmuck im Tempel zu bewahren) ausgekleidet war, wurde das Waa auka genannte Canoe ins Meer gelassen (als das nach einem fremden Lande fahrende Canoe Lono's) und damit die Schifffahrt eröffnet und der Fischfang freigegeben. Alle Art der Arbeit war fortan gestattet, und nachdem das Volk zum Bau des neuen Tempels (Heiauhou) Kukoae gepresst war, reinigte sich (bei dieser Beendigung des Festes) der Hohepriester am Tage Kaloapau.

Wenn im Monat Ikuwa das neue Jahr angesagt war, wurde alle Beobachtung religiöser Verpflichtungen gegen die Götter aufgegeben und Häuptlinge und Volk überliessen sich den Spielen, besonders dem Ume (wo Männer und Frauen ohne Rücksicht auf die Heirath sich vermischten), dem Kilu (unter Singen und Küssen) etc. — Im Monat Kaelo waren die religiösen Ceremonien unterbrochen. — Im Monat Hinaialeele konnte der Fisch Opele gefangen werden, während der Fisch Aku verboten war, und im Monat Kaelo konnte der Fisch Aku gefangen werden, wogegen der Fisch Opelé verboten war. Der Fischfang wurde von dem Priester (mit einem lalubane Wasser und einem Grasbündel) eröffnet und für frei erklärt, so dass die Canoes hinausfahren durften.

Am Bilde des Jahrgottes (Lono makua oder Akua makahiki) war

(als Kuikepa) ein Querbalken (ke la au kau kea) unter dem Kopf des Stockes (als Kreuz) befestigt, als Akua oder grosser Gott neben dem (rascher umhergetragenen) Akua poko (kurzer Gott) und dem (bei den Spielen vergnügenden) Akua pani (dem Harlequin-Gott). — Der Kultus des Gottes Lono wurde aus den Inseln Polapola (Borabora) und Kahiki (Tahiti) eingeführt (v. Dibble). — Lono donnert (Lono hekili). — Die Frau Lonomuku sprang in den Mond. — Kona bildete die Unterwelt. — Lonomai akea war der Gott des unterweltlichen Landes auf dem Boden des Meeres.

Aus den Kriegsgefangenen wurden (nach hergestelltem Frieden) dem Haku o hia, der unter der Bezeichnung von Moio nakii den Titel Moi (Majestät) erhielt, Menschen geopfert, während sonst individuell zu den andern Göttern gebetet wurde, und vor dem Awatrinken zunächst zu Ku, Kane, Kanaloa und Lono (mit Ku als vornehmstem). Bei dem zu bestimmten Zeiten der Arbeitsruhe angesetzten Fest Makihiki (mit Processionen) wurde Lono angerufen. — In der viermal im Jahre wiederkehrenden Periode Makihiki wurde für vier Tage nicht gearbeitet. — Nach dem Makihiki-Fest zog der Häuptling durch das Land, überall Heiau aufzurichten, aus dem Ohia-Baum (dass das Land roth werde), aus dem Mapele-Baum, dass es grün werde (wie die Lama-Rinde), und nachdem der Unu genannte Tempel für Lono gebaut war, damit Alles wieder wachse (iewe ai), brannten allnächtlich Fackeln (Kukui) im Hause des Häuptlings, mit Gebeten um Reinigung von Krankheit und allem sündigen Uebel. — War der Häuptling fromm (hai pule) und rechtschaffen (pono), so blühte das Land.

Die Würde des Hohepriesters (kahuna nui) vererbte in der Familie Paao's, während die Priesterschaft Paliku geringeres Ansehen genoss. Viel heiliger als Paliku war Paao, strengeren Essverboten unterworfen. — In den priesterlichen Ansiedelungen auf Hawaii (mit dem kahuna nui) wurden Knaben aufgenommen, um nach Beschneidung und Kahlscheeren des Kopfes Unterricht zu empfangen. Das wieder gewachsene Haar wurde bei der Aufnahme in die Priesterschaft (wenn nicht böse Vorzeichen eines angebrannten Schweineopfers einen neuen Unterrichtscursus benöthigten) aufs Neue abgeschoren, und indem der Candidat beim Fest Ailolo das Akaniau genannte Eingeweide vom Schwein (nur den Priestern erlaubt) gegessen, wurde er zur Funktion im Tempel zugelassen und beim Tode älterer Priester vom Häuptling in höherem Rang bestätigt.

In der Priesterschaft (Kahuna maoli oder Kahuna pule) folgte die Vererbung vom Vater her (auf Söhne und Töchter). Die von Paao (aus Kahiki) abstammenden Kahuna oder Priester (als Mookahuna) waren die Moolelo oder Historiker (s. Remy), die Kaula oder Propheten wahrsagten, wenn inspirirt. — Von den zwei Priesterklassen stammte die älteste aus der Familie Maui's, von Maui-hope, jüngstem Kinde

Hina's (das See-Ungeheuer Pii moe bezwingend), aber sie war zurückgedrängt durch den Priester Paao, der an der Nordwestküste Hawaii's (Kohala) bei Punepa landend, den Heiau von Mokini (nebst Zufluchtsstätte) baute (mit Hülfe der Po oder Nacht), indem die Stämme von allen Seiten herbeigebracht wurden (die Arbeiter eine Reihe bildend von Pololu bis Mokini). Bei Mokini finden sich die Versteinerungen von Paao's Canoe, Ruder und Angelhaken, sowie im Bergthal seine Felder (na manu a Paao), deren Bebauung Tod bringen würde.

In der Nähe des Morai von Karakakooa standen (vom Dorfe entfernt) unter einem Hain von Cocosnussbäumen die Hütten der priesterlichen Genossenschaft (an einem Teich), und in der Mitte das Harreno-Orono (Haus Orono's) genannte Tempelhaus (mit einem Idol), unter Oberleitung des Hohenpriesters Kaoo (Vater Kaireekeea's), zu Cooks Zeit (s. King). An der Spitze der Priesterschaft in den Klöstern von Kakooa in Karakakooa-Bay stand der Orono betitelte Oberpriester und dessen Sohn (auf den die Würde überzugehen hatte) erhielt fürstliche Ehrenbezeugungen. Omeeah, Sohn Kaoo's, fungirte. Im Dorf Kakooa wurden zwei zahme Raben als Eatooa verehrt. (In Tahiti kam der Atua als Vogel zum Opfer.)

Die kilo (Sterndeuter Hawaii's) theilten ihre Wissenschaft erblich mit (von Vater auf Sohn). — Der Astrologe (kilolani) bezeichnete die Zeit für den Beginn des Kampfes. — Die Propheten (kaula) wohnten in der Einsamkeit. — Die in Sprechweise Gelehrten und für Beschäftigungen Geschickten (in der Umgebung des Fürsten) hiessen Noeau oder Noiau. — Die Gebräuche wurden von alten Zeiten her (mai kinohi mai) beobachtet.

Die Gefolgschaft des Priesters war vom Liefern der Menschenopfer ausgenommen. Der vornehmste Priester hiess Eakua no Tamaahmaah (unter Kamehameha zum Hausgott). Die Priester hatten in beständigen Gebeten, rein und keusch zu leben. — Der Kahuna (Priester) Kaleihokuu stürzte den Häuptling Hakau von Waipio, um Umi einzusetzen. — Die Paliku genannten Priester kamen von dem fremden Lande Paliku. — Die Kanalu genannten Priester fungirten (für den Gott Ku) im Luakini. — Ua kapaia na Kahuna o ia aoao na Kahuna o Kanalu, no ka mea o kanaka ke Kahuna mua.

Bei Einweihung iu die Priesterschaft mussten Reinigungsvorschriften beobachtet werden, als Enthaltung von Frauen, nicht die Genitalien anzusehen, Excremente zu verbergen etc. (beim Aufsteigen durch verschiedene Grade). — Der Priester (kahune pule) fungirte für den Fürsten im Heiau (Tempel). — Durch die Priesterschaft Paao's wurden die Menschenopfer eingeführt. — In Kona fanden sich priesterliche Ländereien (als Landungsplatz Paao's). Die als Mohakahuna (der Priesterschaft angehörig) betrachteten Nachkommen Paao's gelten zugleich als Häuptlinge. — Die von Paao bei Mokini angelegten Felder durften nach ihm nicht mehr bebaut werden.

Nach Reisen bis Navau und umliegende Inseln, in Upolu gesiedelt, fuhr Paao (im Streit mit seinem Bruder Lonopele) nach Puna, den Tempel Ahaula (wie den Tempel von Molokini in Kohala) bauend, und setzte den (mit dem Propheten Makuakaumana) mitgebrachten Häuptling Pili (mit Hinaauaku vermählt) oder Pilikaaiea als Herrscher ein. — Der von Pao abgeleitete Priester (als Bewahrer der Tradition) hiess Kahuna maoli (oder Kahuna pule).

Die Sterne (hoku) wurden von Kane als Lichter an den Himmel gesetzt. — Die Constellation Hoku o ke lewaa (der die Canoe leitende Stern) war der Nordstern. — Der Orion war Nakau (der Speer), durch Veränderung den Anbruch des Morgens anzeigend. — Während der Kilo die Sterne und Wolken beobachtet, sucht der kaula die Seelen, und sein Blick durchdringt Alles, die Tiefen der Erde wie der See (für verborgene Schätze). Wenn ein Häuptling verborgen ist, erkennt der kaula den Ort durch den Regenbogen, der sich auf den Platz des Häuptlings niederlässt. — In dem dunkeln Platz Poli ukua, auf der Rückseite des Himmels, sind die Sterne befestigt. — Ma kahi o na hoku i kau ai ma ka paia kua o ka lani, ma kahi poeleele.

Zur Einweihung in die Wissenschaft von Lono-opuu-kau (für Beobachtung der Wolken) unter den Kilo genannten Priestern müssen zwei Monate Reinigungsgebräuche (mit Enthaltung von Frauen) beobachtet werden. — Die Zeit-Eintheilung wurde auf Wakea zurückgeführt (s. Dibble). Planeten heissen reisende Sterne. — Makalii (das Siebengestirn) warf die Sterne an den Himmel, so dass sie dort blieben, zuerst Lewa Kaiwela (Mars) u. s. w. Dann streute Malii Samen aus, der Himmel wird bestreut (Lu ka anoanoa Makalii, anoano ka lani), weiter den Samen des Gottes (Akua) streuend, als La (Sonne) u. s. w.

Der Tempel für den Kultus (Luakini), der Heiau Luakini, wurde durch zwei Klassen von Priestern versehen, den Priestern Ku's und den Priestern Lono's. Das für den Häuptling bestimmte Ceremoniell der Moo-Ku (aus der Linie Ku) genannten Priester (unter dem Oberpriester oder Kanalu) war strenger als das der zu den Haahaa gehörigen Priester (Paliku) aus der Linie Lono's (Moo-Lono). — Die kanalu genannten Priester Ku's fungirten im Luakini (dem Haupttempel unter den Heiau). — Der Luakini oder Waikaua genannte Tempel Ku's (in welchem Krieg erklärt wurde) konnte nur von dem höchsten Häuptlinge erbaut werden, die Unu oder Kuhoae genannten Tempel Lono's auch von andern Häuptlingen, und der Mapele genannte Tempel war allgemein für Gebete.

Vor dem Bau eines Luakini (-Tempels) wurden die kahuna puu one genannten Priester befragt, da sie mit der Art des Bodens und der Localität vertraut waren, sowie mit derjenigen Anordnung des Tempels, durch welche frühere Häuptlinge Sieg erlangt hatten. — Bei jährlichen Erneuerungen der Idole (wie in Orissa) fanden auch Umkleidungen statt (auf Tahiti) oder sonstige Beseelungen. — Den (hölzernen) Götterbildern (Au-tiki) waren auf Rarotonga rothe Federn mit einem Strick aus Permutterstücken anbefestigt, als Seele des Gottes (wie bei den Eingeweide-Göttern China's).

Beim Tempel-Cultus wurde das neue Idol (im Luakini) auf dem Mana genannten Platz (zwischen zwei Pfeilern) aufgestellt, indem der Priester fragte: pehea ka aha a kaua, und wenn der Häuptling (kealii) antwortete: ua maikai ka aha (günstig das Omen), sprach der Priester (kahuna): Paa ko aupuni (fest steht das Reich), worauf aus einem Menschenschädel Salzwasser gesprengt wurde für den wirklichen Menschengott (Akua kanaka maoli) als Gefährten des Häuptlings (kaho alii) mit dem Gebet Ahopu-Ahopu. Nachdem der Priester Ku's dann das Landgebet (nowai honua, wessen ist das Land?) und das Seegebet (ka o pokeo) gesprochen, sprach ein Priester Lono's das Gebet Kuhialaea, als Eku kaihaina hihia (erhebe dich jüngerer Bruder eingewirrt). Nach dem Gebet zum Schutz gegen Regen, Wind, Blitz etc. sprach der Priester das Tanzgebet (Hula hula) und der Häuptling opferte ein Schwein für Ku, Lono, Kane und Kanaloa.

Ausserhalb des Luakini (Tempel) stand an der Einzäunung das Haus Papa's (hale o Papa). — Lua-pau bezeichnete den unergründlichen Schlund unter dem Luakini. — Beim Bau eines neuen Tempels wurde zwischen den Mau Makaiwa (Neunäugige) genannten (Hilfsgöttern) Idolen Lono's der Moi genannte Platz für das neue Idol offen gelassen. — Der Götze stand auf der Opu genannten Erhöhung (s. Andrews). — Der Heiau war vierfach getheilt, für Ku, Lono, den Häuptling und seinen Schutzgott. — Hale-umu (umu Ofen) hiess Lono's Tempelhaus.

Nachdem bei der Ohíako genannten Ceremonie (im Luakini) das neue Idol (für den Häuptling) aufgesetzt war, schnitt der Priester mit dem Ohe (Bambusmesser) den (aus Cocosfasern gebildeten) Nabelstrang ab, sprechend: Oka ohe o ka piko o ke ai aiwaiwa lani etc., und nachdem Lono angerufen war und der Malo (Gürtel) angebunden, reinigten sich Alle durch ein Bad in der See. Beim Schlussgebet sprach der Priester: Elieli (grabe), das Volk antwortete: Kapu, der Priester wieder: Elieli, das Volk: Noa, der Priester dann: Jae (rede), das Volk: noa honua (alles frei).

Beim Eintritt des Fürsten in den Luakini (Tempel) fand der Scheinkampf (Kaua paani) statt, indem die Kaneka pua (Hexenmeister) genannten Speere parirt werden mussten. — Der Häuptling Kohao kalani (in Hilea), der das Heiau von Makanau baute, wurde bei dem Sturz des aufgeschleppten Idoles durch seinen Priester erschlagen. — Nach Vollziehung der von dem Priester (für günstige Omen) angeordneten

Ceremonien durch den Häuptling fragte jener diesen, ob Alles recht und gut ausgefallen und prophezeite Erfolg bei Bejahung.

Südlich von Karakakooa fanden sich in dem Tempelhaus um die Figur eines Maee genannten Idols (the black figure of a man, resting on his fingers and toes with his head inclined backwards) die Figuren verstorbener Häuptlinge (als Eatooas) aufgestellt neben Whattas (zu Cooks Zeit). Der umhergetragene Rohrkasten (mit Zeug bedeckt) hiess Ewharre no Eatooa oder Haus Gottes (palladienartig). (In Karakakooa-Bay wurde Koonouraekaie, als Gott des Königs Terreeoboo's, verehrt.) Bei Honuapo fand sich ein Heiau des Gottes Tairi. — Nach dem Sieg bei Nuuanu stellte Kamehameha den Kopf des Königs von Oahu auf den Heiau von Leahi. Kooua und seine Anhänger wurden auf einem Tempel von Kawaihae geopfert. Der Heiau von Honaunau wurde vom Fürsten Keave gebaut. Cook erhielt Opfer, wenn in der Einsenkung des Morai zwischen zwei Holz-Idolen sitzend (s. King), als in der Wiederkehr begrüsst (für Lono).

Für die Verehrung Ku's (nach dem Ritual Moo-ku) hatte der Häuptling einen Tempel (Heiau Luakini) aus Ohia-Holz zu bauen (mit Menschenopfer bei Beendigung). Für den Tempel (nach dem Ritual Moo-Lono) oder Waikaua (als Heiau oder Luakini) wurde das Mapele-Holz gebraucht (und nur Schweineopfer dargebracht). — Ein Tempel nach dem Ritual Moo-Ku konnte nur durch den hohen Häuptling gebaut werden (nach den Andeutungen des Kahuna pune one genannten Priesters), um für Sieg im Kriege zu beten. — Die die Lage des Tempels ausdeutenden Priester oder die Kuhi kuhi pune one wurden in einer besonderen Schule unterrichtet. — Luakini bezeichnet das höchste Haus in einem Heiau (für Menschenopfer).

Aus der Kauo-kahiki genannten Art des Ohia-Baumes wurde das Zimmerholz für die Heiaü genommen. — Aus dem Ohia-Baum wurden Idole verfertigt. — Die Mene hune bauten Heiau's bei Nacht. — Das beim Bau eines heiau (Tempel) zuletzt geopferte Schwein musste als Pua hea (hea völlig aufessen) gänzlich verzehrt werden. — Mit Umi's Pyramide verbunden fand sich ein megalithisches Monument als Thor des Tempels.

Nachdem (beim Verstecken eines Geistes unter der Rinde eines Baumes) der Priester auf die gestellten Fragen geantwortet (mit göttlicher Stimme) lässt der König den Baum umhauen (auf dem Gambier), und wenn der „Bildhauer" die letzte Hand an sein Werk gelegt, so wurde die Statue eingeweiht, man stellte sie in einer Hütte aufrecht, die dadurch tabu wurde, und der Priester kauerte davor nieder, sein Gebet verrichtend und Nahrungsmittel, sowie Stücke Zeug anbietend (s. Caret). Für die Ceremonien beim Baumfällen zum Bau eines Canoe, s. Zeitschrift der Gesellschaft für Erdkunde, 1882, S. 142.

Beim Schweineopfer durch den Häuptling (ehe der Baum für das neue Idol gekappt war) fragte der Priester den Häuptling: pehea ka aha a kaua (ist das Omen günstig), und wenn der Häuptling antwortete: ua maikai ka aha (gut das Omen) ging die Ceremonie fort (mit Vergraben des Menschenopfers unter der Wurzel), sonst wurde sie verschoben. — Die heiligen Schweine Keoroeoa's (neben der Göttin Tiha auf Maui verehrt) hatten das Ohr durchbohrt. — Der in der Schlacht zuerst Getödtete wurde den Göttern als Opfer dargebracht. — An der Felsgrotte von Wailoa, wo Kaeo residirte, wurden als an dem heiligen Geburtsplatz Kaumualii's Opfer gebracht.

Die Opfergaben wurden im Heiau auf den erhöhten Platz Nuu oder Kapaau gelegt. — Lekaleka bezeichnet das Opfer im Kultus. — Durch das Opfer Kalana wurde Verlängerung des Lebens erlangt. — Der Mu genannte Beamte musste die beim Bau eines Heiau oder Hauses benöthigten Menschenopfer verschaffen. — Lele sind Altäre für Opfer. — Die Esstafel (ipukui) des Häuptlings Kalo aikanaka bei Waialua (auf Oahu) war achteckig (als Huiu) für Opfer (der von seinem Diener Kaanokeewu gefangenen Reisenden). — Die Koa genannten Steine (im Meere gefunden) fallen mit dem Donner vom Himmel.

Haihaia bezeichnet die Gunst der Götter durch Opfergaben suchen, um sie zu hindern, Jemandes Andern Gebete zu hören. Aia (oder haihaia) bezeichnet einen Gottlosen. — Wenn der Priester das Gebet bei der Kanoe-Weihe sprach, fragte er den Eigenthümer, ob kein Geräusch gewesen, da Stille sein musste, weil sonst die Ceremonie unwirksam. Favete linguis; hoc verbum (non a favore) imperatur silentium, ut rite peragi possit sacrum, nulla voce mala obstrepente (s. Cicero).

Im Luakini wurde das Gebet Lupa lupa gesprochen. — Bei der Verehrung während des Tempelbaues richtete der Priester an den Fürst das Verlangen:

Gieb Menschen für den Gott,
Gieb Land für den Gott,
Gieb ein Haus für den Gott.

Bei dem von dem, Blätter tragenden, Priester an einem Tempel gesprochenem Gebet Helupalupa antwortete das Volk so oft Eku kai kai nahikia ausgesprochen wurde mit Ola (Leben), und auf das Wort Ja mit Ola, ola, o ku (Leben, Leben, o Ku); dann folgte das Gebet Kauila Huluhulu (haarig zerrissener Blitz). — Das Aha genannte Gebet mit geschürztem Knoten wurde unter völligem Schweigen des Volks gesprochen, damit das Reich fest zusammen halte wie der Knoten.

Nach Darbringung der Opfergaben (bei Makahiki) wurde das Gebet gesprochen, beginnend: Oukino Lono i ka lani etc. (Kukui papa, kalua mai kahiki ha paina etc.), und endend: „Aulu e Lono atala", dann wurde der Gott, als Papio, auf das Gesicht niedergelegt und darauf weiter getragen, um unter „Eweli ia oe Lono" (Heil und Gruss dir, o Lono) anderswo empfangen zu werden, bis zurückgebracht in der Nacht Kane's unter dem Aufschmücken durch Kane's Hüter (poe aka), während nach der Nacht Lono's das Kapu von Feldern genommen wurde (zur Bearbeitung), und in der Mauli's genannten Nacht Kanaloa's das neue Feuer entzündet wurde. Nach der Kalalua genannten Ceremonie konnte der Fischfang beginnen. Nach Auskleidung des Gottes, am Tage des Tempel-Neubau's (Kukoae) wurde das Canoe Lono's (Ke Lono waa) für seine Abfahrt in die Fremde (ai ma Kahiki) vorbereitet. — Bei Eintritt in den neuen Tempel wurde das Leleuli Lelewai (verzeihe, reinige etc.) beginnende Gebet gesprochen (unter Wasser sprengen auf das Volk). — Das kuili genannte Nachtgebet bei der Tempelwache wurde als Mele gesungen (unter Antworten des Volks).

Das Gebet Paro oder Pule Karano (bei Sturm) war mit Gelübden verbunden. — Das Gebet der Priester hiess: kekaloakamakamaka. — Durch das Pule anaana wurde zu Tode gebetet (anaana, an den Gliedern zittern). — Während des Aha genannten Gebets, vom Häuptling vor einem Kriege gesprochen, musste allgemeines Schweigen herrschen. — Von Kaninaula (Sohn des Lemakani) aus Kahiki gebracht, beginnt das Gebet Pule Kanaenae (beim Ava-Trinken): Eia Ke ai, e ke Akua (Hier ist Speise, o Gott), e kahuli, e kalela, e ke wahoe, e Melu koa, und weiter bis auf Lono.

Um keinen der Götter zu übergehen, richtete sich die Gebetsformel an Na-Aumakua-po (Seelengeister der Nacht); Na-Aumakua-ke-ao (Seelengeister des Tages); Mai-ka-hi-kina-aka-la, ka-na-po-ka-la, Alle von Sonnenaufgang bis Sonnenuntergang; Mai-ka-pa-o luna, Mai-ka-pa-o lalo, Alle in der Höhe und in der Tiefe; Mai ka o kai akala wai, Alle im Mittelplatz der Luft; Na kua kane, na kua wahine Alle männlich und weiblich (si deo, si deae). Varro (b. Etruskern) qui sunt introrsus atque in intimis penetralibus coeli deos esse censet, quos lo quimur, nec eorum numina nec nomina sciri (s. Arnobius).

Oke kahuna pule na kii, he kanaka ia i hanau kahuna ia mai, na ka makua kahuna mai ke kahi kahuna, he mea koho wale ia mai e ke kahuna he kahi kahuna e ka ke kahuna keiki e hanau mai ai, aole e ai i ika ai noa, e ka waiu o ka makua hine wale no kana ai e ai ai, aole no ka ai maoli ho ke kalaimoku aoao. — „Der Priester der Götter konnte eine Person sein von einem Priester, seinem Vater, als Priester gezeugt, oder von einem andern Priester, der von seinem Vater her Priester war, als Priester gewählt, aber der von einem Priester geborene Priester durfte keine gewöhnliche Speise essen, nur die Milch der Mutter, keine gewöhnliche Speise." — Beim Umgang eines hohen Häuptlings wurden auch am Tage Fackeln vorgetragen. — Um in die Priesterschaft eingereiht zu werden, wurde (nach längerer Enthaltung von Beischlaf und schwelgerischen Genüssen) ein Seebad genommen und dann im Tempel (nach Waschen der Hände mit Cocosnusswasser) ein Seebad genommen.

Neben dem Ikulani, als höchsten Grad in der Priesterschaft, fanden sich die Ikuhai (für Opfer) und die Ikunu, die, während der Priester den Fürsten auf festlichen Umzügen begleitete, als Vertreter in den Tempeln blieben. Der Priester war stets in weisse Tapa gekleidet (und bei Leichenbegängnissen schwarz), die Häuptlinge roth, während gelb die heiligste Farbe war.

E tupu te fau, e toro te tarero, e mou te taata, der fau (hibiscus) wird wachsen, die tarero (Coralle) sich ausbreiten, aber der Mensch wird zu Ende gehen, als Spruch der Priester in Tahiti (Ellis). Wenn nach dem Kriege ein Menschenopfer gebracht war, wurde gebetet: Tutavae aua i te po, Roo nui arena homai te ao (Kehre der Gott des Krieges zur Nacht zurück, weile Roo, der Gott des Friedens, im Licht.) Und ähnlich bei Maori.

Gott Kane (vom Lande One lauena nach Hawaii gekommen) wurde als der höchste Gott im Himmel betrachtet und angerufen, wenn andere Götter nicht helfen konnten. — Der Regenbogen (A-nue-nue) bildete den Pfad, auf dem Kane und Kanaloa vom Himmel zur Erde wanderten, zugleich als Malo (für Kane und Kanaloa) benutzt. — Zu der Götterklasse Kane-nui-akea gehörten: Kanekii, Kanehakia, Kanelele, Kaneikamakaukau, Kanekohala, Kaneikaalei, Kaneikokea, Kanepaina, Kanepohakaa, Kanemakua, Kaneholopali, Kaneikapualene, Kaneikapuahakea. — Kane heisst He akua nana ka wai ola (Gott des Lebenswassers). — Neben den 4 Hauptgöttern wurden 4000 oder 40000 Götter gezählt (v. Dibble).

Kanepuaa war Gott des Feldbaues. — Der Gott Kanenuiakea beauftragte den Propheten (kaula), eine Weissagung (wanana) über den Untergang des Reichs zu verkünden. — Gott Hiaka wohnt auf den Hügeln. — Gott Nunu erscheint mit blitzendem Gesicht. — Lono war Gatte Pele's. — Gott Haulili schützt die Lippe. — Ahukai (Versammler des Meeres) ist Zwillingsbruder Kanaloa's (Bruder Kane's). — Der Gott Hai findet sich unter den Poe kuku kapa (Zeugschläger). — Lono akihi war der Aalgntt. — Hina und Hinahele waren Götter der Fischer. — Haumea war Mutter des Kriegsgottes Kekauakahi.

Die Vogelfänger verehrten Kuhuluhulu-manu, die Feldarbeiter Kukaro, die Fischer Kuula (ihre Frauen die Göttin Hinahele), die Zauberer (poe anaana) Ku, Koae, Uli und Kaaleanuiahina, die Vergifter Kalaipahoa, die Aerzte Maiola, Kapualakai und Kaukahoolamai, die Tänzer (poe hula) Laka, die Diebe (ka poe aihue) Makua aihu, die Soldaten Lonomakaihe, die Sterndeuter Kuhimana, die Räuber Kuialua, die Netzmacher Kamahoa alii, die Canoebauer (und Holzhauer) verehrten die Götter Kupulupulu, Kualanawao, Kumokuhalii, Kupepuaoloa, Kupepeiaopoko, Okukaieie, Kupalalake und Kukauhialaka (und ihre Frauen die Göttin Lea). — Beim Zeugverfertigen verehrten die Frauen die Göttin Lauhuki, beim Färben des Zeuges den Gott Lauhaua. — Die Göttinnen Pele und Hiaka wurden von Frauen verehrt. Gott des Feuers war Kanemoelehui, Gott des Wassers Kanukawaiola, Gott der Winde Laamaomao, Gott des Ostens Keaokiai, Gott des Westens Keaokalo, Gott des Nordens Keaoloa, Gott des Südens Keaohoopua. — Die Götter Ku, Lono, Kane, Kanaloa wurden von den Häuptlingen unter Vermittelung der Priester uud Götterhüter (Kahu akua) angerufen. — Wie Papa und Hoiaku, als Vorfahren, wurden die Götter Kapo und Pua verehrt (Ololupe von Häuptlingen). — Den Abgründen stand der Gott Kaneholopali vor, der Felsen Gott war Kanepohakaa, der Heerstrassen Gott Kanomoonla. Die Häuser schützte der Gott Kanulokohali, die Hausthüren der Gott Kanenohonio (Limentinus u. s. w.). — Jeder Häuptling verehrte seinen besonderen Gott, im Vertrauen, dass derselbe seinen Feind in der Schlacht tödten würde. — Die in der Luft (Lewa) wohnenden Götter wurden als Vögel gedacht.

An den Fischteichen wurde der Gott Haumakapua verehrt. — Gott Lolupe führte die Seelen der von den verstorbenen Häuptlingen schlecht Sprechenden nach einem Ort der Qual, die Lobpreisenden nach einem Ort der Wonne. — Der verstorbene Häuptling wurde als Akua aumakua (vertrauenswerther Gott) verehrt, nachdem die ausgegrabenen Knochen in dem von dem Nachfolger erbauten Tempel (Heiau hou oder Hale poki) beigesetzt waren. — Die Propheten erhielten ihre Prophezeiungen (wanana) von Gott Kane muiakea. — Die Häuptlinge verehrten die Götter Ku, Lono, Kane, Kanaloa, Kumaikaiki, Kumakanui, Kumakela, Kumakaakaa, Kuholoholoikaua, Kukoae, Kunuiakea, Kukoilimoku, Kuwahaila o hapuni. — Gott Kanehoalani weilt im Himmel, Kaneluahonua auf Erden, Kahakuo auf den Bergen, Kanehulikoa im Meer. — Die Götter (Ku, Kane, Kanaloa, Lono) lebten in Hawai nei (obwohl im Himmel).

Ua hoomana ia no nae ka mano, a me ke kanaka make, a me ka lani, a me ko ka honua. Einige verehrten (hoomana) den Hai (Mano) oder todte Menschen, dann den Himmel, die Erde (während andere ohne Götter waren, aole he akua). — Als Schutzgötter bestimmter Localitäten wurden verehrt:

  Kanehoalani, als über dem Himmel waltend
  Kaneluahonua „ „ der Erde   „
  Kahakuo   „ „ den Bergen „
  Kanehulikoa „ „ der See   „

Viele Götter wurden als lokale Schutzgeister verehrt. — Die im Himmel wohnenden Götter waren unsichtbar, doch machte sich Jeder ein Bild seines Gottes in solcher Form, wie er ihn im Himmel zu wohnen dachte; wer seinen Gott in der Erde lebend dachte, nahm von dort die Substanz des Idol, und so beim Wasser; wenn in der Luft vom Vogel. Wer seinen Gott männlich glaubte, machte sein Bild demgemäss, und so wenn weiblich. — Beim Cultus wurden die Idole vor der zum Gebet versammelten Menge aufgestellt, um in diesen Bildern den wahren Gott im Himmel (he akua oiaio ma ka lani) zu verehren. — Die (von den Häuptlingen nicht verehrten) Volksgötter der Gemeinen (besonders diejenigen, die in den Bergen Holz für Canoebau und andere Zwecke hauten) waren Kupulupulu, Kualanawao, Kumokuhalii, Kupepeiaoloa, Kupepeiaopoko, Okukaieie, Kupalalake, Kukauhialaka (und die Göttin Lea wurde von den Frauen der Canoebauer verehrt). — Die Zauberer (poe an aana) verehrten die Götter Ku, Koae, Uli und Kaalea nui ahina, die Vergifter verehrten den Gott Kalaipahoa (als Kamuhaka).

Die Götter Kane und Kanaloa kamen über die See (aus Kahiki) nach Hawaii, Nahrungspflanzen bringend (mit Ku und Lono verehrt). — Kane schuf Hulihonua, als ersten Menschen, und aus der Seele oder Aku (während des Schlafens) die erste Frau Keakahulilani. — Als grösste Götter wurden Ku, Lono, Kane und Kanaloa in Hawaii verehrt. — Neben Kane und Kanaloa ward Kanekehili angerufen.

Während der Fluth landete Kahiko-luamea, der (mit Kekane) den Sohn Wakea gezeugt, auf einem Holzblock schwimmend, an dem Berg Mauna kea. — Kea (Wakea) ist der Gott unten. — Wakea wird (wie von dem Priester Lihauula) von dem Diener Makula begleitet. — Gott Uli diente den Zauberern. — Bei der Geburt Aikanaka's wurde (vom Dichter Keaulumoku) ein Mele verfertigt (unter Anrufung der Gottheit Uli), dass mit diesem hohen Fürstenkinde der Nabel des Landes geöffnet sei. — Kaneimakaukau war Gott der Künstler (neben dem Gott Ahulu). — Der Kriegsgott wurde in dem Heiau (Tempel) Ahuena (in Kairua) verehrt. — Tairi war als Kriegsgott verehrt, Kalaipahoa als „poison-god" (Karaipahoa), und Idole „in the house of Keave" (bei Honaunau). — Neben dem Gott Hiaka (auf dem Hügel wohnend) wurde der Gott Haulili angerufen. — Der Häuptling Laka, weil den Tanz liebend, wurde als Gott der Tänze angerufen (nach dem Tode) — In dem Timorodea genannten Tanz (auf Tahiti) zeigte das Mädchen die Bewegungen beim Beischlaf, besonders in Versammlungen der Arreoys, deren Kinder, wenn geboren, erdrosselt wurden, während Frauen als Whannownow (Kindergebärerinnen) verächtlich bezeichnet.

Von Papa (glatte Fläche) oder Opapa (Frau Akea's) stammen die Linien (papa) der Vorfahren (Na Papa ka haku akea o Lono). — Ausserhalb des Luakini (Tempel) stand an der Einzäunung das Haus Papa's (hale o Papa). — Na Papa ka haku akea o Lono. — Wegen der Eifersucht von Wakea's Concubine fuhr Papa (Wahinui oder Haumea) nach der Felsinsel Nuumehalani, um sich in der dortigen Quelle zu erfrischen. — Papa bezeichnet eine flache Oberfläche (Erdschichtung oder den Grundfels). — Papau bezeichnet flaches Wasser (wie bei Ebbe). — Papa pau` bezeichnet das schliessliche Ende (im gänzlichen Tode).

Haumea stammt von der Vatersseite von Patika, von der Mutterseite von Pali hai. — Haumea's Wohnung wurde als Nuumea oder Nuumea-lani bezeichnet, weil in Terrassen (Nuu) zum Dach (lani) aufsteigend, und die höchste Terrasse hiess Haiuli. — Haumea, in Mehani (auf Makea) lebend, mit Kamehanalani (als Aku oder Gott) vermählt, kam nach Kalihi auf Oahu. — Während der Dunkelheit des Himmels wohnte Haumea in dem (Nuu Manoanoa genannten) Terrassenhaus. — Kukauakahi naquit de la tête de Papa et devint dieu (s Remy) Ha hanau mai o kukauakahi ma ke poo mai o Papa a lilo i akua (nach dem Moolelo Hawaii).

Die (heiligen) Haie wurden von den Kapuna Oahu's an bestimmten Stellen des Ufers (wo sie ihre Löcher angebohrt hatten) gefüttert, unter Träufeln von Awa in den Mund. — Die Tochter des den Hai verehrenden Kapuna wurde mit einer doppelten Reihe Zähne (in Nachahmung der vielen des Hai) geboren, von denen später die vordere ausfiel. — Aipuhi ist der Hai-Gott. — Der kahu mano (Hüter des Haigottes) erschien mit schlüpfrig eingeschmierter Haut und verschleiertem Gesicht, Opfergaben fordernd, um nicht von Haien gefressen zu werden. — Wenn den Meeresschrecken Apu kohai sehend, kehren die Fischer zurück. Durch das Seeungeheuer Uhuma kaikai wurden Böte umgestürzt, bis durch Kawelo als Häuptling (Kalani) getödtet. — In Ranai wurden die Seegötter Raeapua und Kaneapua verehrt. — In Molokai wurde Moaalii (Gott der Eidechsen) verehrt als Hai. — Die Eule (Pueo) erhielt göttliche Verehrung (vielfach als Gespenstervogel).

Nach den Ahua a Umi (Haufen Umi's) oder Pyramiden (der Schlachtfelder) liess Umi in Kailua Steine behauen (na pohaku kalai a Umi). Sein Sohn Keawe, der das Hale a Keawe baute, erwarb durch Heirath die Herrschaft über Maui und Oahu. — In dem von Umi gebauten Tempel fanden sich vier Compartments in Kreuzform. — Der Kahuna (Priester) Kaleihokuu von Laupahoehoe tödtete den Häuptling Hakau von Waipio, um seinen Adoptivsohn Umi (Bastard des Königs Liloa) einzusetzen. — In Kamehameha's Hiau wurden die Götter Kahoalii und Kaili verehrt. — Der Gott Kaili (Dieb) wurde von Umi eingeführt. — Kamehameha I. weihte seinem Kriegsgott, der ihn zu Siegen geführt, den von ihm erbauten Haupttempel der unterworfenen Inseln. — Auf Tahiti galt Temeharo (Sohn Tane's) als Schutzgott der königlichen Familie (Pomarei). — Die Insel Lanai oder Ululaau war von der Göttin Pahulu geboren. In dem Pahonua (Asyl) von Kealia Kapu, als heiligem Grund, auf Lanai, wurde ein steinerner

Fischgott verehrt bei dem von Göttern bewohnten Kulanakauhale der Stadt.

Maui atalanga steigt zur Sonne empor, um ihre Strahlen einzufangen, während auf Neuseeland Maui (wie der Schlangenfänger der Odjibway) seine Netze stellt. Wie in Hawaii durch den Vogel, bringt Maui den Maori das Feuer aus der Unterwelt. — In Raiatea tödtet Maui den Octopus, der auf der Erde den Himmel festhält (so dass diese auffliegt), während (auf den Gilbert) die Tentakel beim Stützen des Himmels helfen (durch Tiki). — Haumia-tikitiki war Gott der wilden Nahrungspflanzen, (s. Dieffenbach) auf Neuseeland, wohin Tiki (weiblich) den Kumara (aus Tawai) bringt (s. Grey).

Gott Uli wurde von der Geheimlehre der Königsfamilie bevorzugt. Gott Hapuu gab den Priestern Offenbarungen und Malui dem König. — Machea (mit Frau Kahakapolani) besuchte den Himmel. — Die Atheisten wurden als Poe aia bezeichnet (hai-hai-a auf hai-hai führend). — Gott Taroa-Taihe-toomoo zeugte (als Gott der Erdbeben) mit dem Fels Te-Napa die Tochter Tettoo matatayo, sowie den Sohn Tane (zu dem gebetet wurde) und andere Eatooa, von denen der erste Mensch (Eothe) gebildet wurde (in Tahiti). — Im Traum wird (in Nukahiva) das glücklich phantastische Land Tiburones besucht (westlich).

E kai make, a papau ae la ka Pele ma Oahu, alaila lele oia i Maui, a papau hou iho la ma Haleakala, lele hou oia i Kilauea. — Als Pele's Herrschaften in Ohau abflachten, sprang sie nach Maui hinüber, und als solche wieder in Haleakale abflachten, sprang sie ferner über nach Kilauea. — In Hopakuela (nahe dem Himmel geboren) erhielt Pele (ihren Gatten suchend) von ihrer Mutter Kahinalii Macht über die See in der (Kaia Kahinalii genannten) Fluth. Der kahu Pele (Hüter Pele's) erschien mit lang aufstehendem Haar und rothen Augen, Untergang von Haus und Feld drohend, wenn nicht durch Opfergaben gesühnt.

Pele kam nach Kauai (der erstgehobenen Insel) und dann über Oahu nach Hawai. — Den Idolen im Heiau (Tempel) Pele's (bei Kilo) wurde von Reisenden geopfert. — Von den den Vulcan Besteigenden wurden Opfer für Pele in den Krater geworfen (wie in den des Bromo auf dem Tengger-Gebirge). — Beim Besteigen des Vulcan Apo bringen die Bagabos dem Dämon Mandarangan Menschenopfer (auf Luzon).

Der Jemand schützende Gott hiess sein Gott oder Akua noho (noho wohnen, dableiben), und dieser wurde gewonnen durch Aufstellung eines Akua kii beim Tode eines Verwandten, um den Seelengeist zum Dortbleiben zu bewegen; als Unihi pili oder Aumakua. Ausserdem wurde der Hai (mano) zu den Akua noho, als (local) residirenden Göttern (Ortsgöttern) gerechnet, und viele andere Götter (der poe akua noho) wie Opua (niederhängende Wolken), Po (Nacht) oder Ka-po, Kiha-wahine (Frau des Niesens), Keawenui kauohilo (Keawe der Träger), Ohia (aus dem Ohia-Baum wurden Idole verfertigt), Keoloewa (Keo weiss), Pele (He ahi ai honua, ein die Erde verzehrendes Feuer) und Hiaka, Schwestern, als Vulkangötter. Der Gott Aku-aulu inspirirte. Der Gott Aku-ahanei vergiftete. Zu den Akua-hoounauna (oder auf Botschaften gesendeten Göttern) gehörten Keawenui kauohilo, Kapo, Kapua, Kamakukou u. A. Der Gott Akua-hai-amio sprach schweigend ($\pi\nu\tilde{\varepsilon}\tilde{\upsilon}\mu\alpha$ $\tilde{\alpha}\lambda\alpha\lambda o\nu$ $\varkappa\alpha\acute{\iota}$ $\varkappa\omega\phi\acute{o}\nu$). Die Götter Lono's heissen Maka-iaa. Kuula zeugte mit Hinahele den Gott der Fischer, als Ai ai a ku ula. Lau war Gott der Winde. Die Winde kamen von den Wolken (na maka o ka makani). — Der auf einem Fels in Kauai lebende Gott Pahulu wurde durch Kaululaau, Häuptling von Maui, getödtet. Die Göttin Pahulu gebar Lanai (heakua hapai Lanai). — Akua-aumakua waren die Geister langverstorbener Helden. — Der Akua hoounauna heisst ein gesendeter Akua oder Gott.

Einige der Akua noho dienten, um Einigkeit zwischen Ehegatten zu bewahren. — Unter den Akua noho kam Opua in die Häuser, um zu rauben und zu tödten, und viele starben erdrosselt (i ke pani). — Die Akua noho wurden von Ungläubigen versucht, indem sie um Auskunft befragt wurden über Dinge, die in das Kleid eingeknotet waren (und bei falscher Antwort verlacht). — Die unter den Akua noho Lügen sprechenden hiessen poohuna (das Haupt in den Wolken verhüllt). — Wer in der Nähe beim Wohnplatz eines Akua noho wohnte, fürchtete dessen kahu (Hüter), der indess auch durch Ungläubige gesteinigt werden mochte. — Neben den Akua noho (residirenden Göttern) fanden sich die Akua hahea (hea rufen), die von der Spitze des Hausdaches riefen.

Der Opua genannte Gott gehört zu den Poe akua noho. — Die Göttin Hiiaka liess (unter den Akua noho) Blut aus dem Kopf ihres kahu oder Hüters hervorströmen. — Owa war das Wort, womit der Räubergott Kukuaokalalau beständig zum Ergreifen der Beute anspornt. — Na akua i ka po o na aumakua i ke ao (Götter der Nacht, Götter des Tages). O Kiha i ka po, e Liloa i ka po, o Umi i ka po, o Mea i ke ao (Andrews).

Der den einzelnen Mensch (Mann oder Frau) begleitende Geist (Akua-noho oder inwohnender Gott) wachte über dieselben. — Wurde nach dem Tode ein Gottesbild (Akua kii) aufgesetzt und blieb der Geist des Verstorbenen in der Nähe weilen, so fungirte er als Schutzgott (Unihi pili oder Aumakua). Die Chamorro setzten dafür Töpfe hin, zu häuslichen Zwecken, während der Schamane, in der Oede, nach seinen Ahnen ruft (die den Amakossa im Kampf voranziehen). Der Dämon begleitet den Menschen als $\mu\varepsilon\tau\alpha\gamma\omega\gamma\acute{o}\varsigma$ $\tau o\tilde{\upsilon}$ $\beta\acute{\iota}o\upsilon$ (bei Menander), als Folgegeist (spiritus familiaris u. s. w.). — Unter den Akua noho wurde Keepo und sein Hüter (kahu) gefürchtet. — Unter den

Akua noho redete die Voohuna (das Haupt im Wolkenhimmel verborgen) falsche Lügen (wahahee maili).

Manche verspotteten die Akua noho (weil nicht gesehen, an ihnen zweifelnd) und schnitten Fratzen hinter ihrem Kopftuch, oder fragten die Hüter, einen Gegenstand in Zeug aufwickelnd, was das Bündel enthalte, und dann über die verkehrte Antwort lachend. Auch wurden die Hüter oft vertrieben oder gesteinigt. — Einige der Hüter verwandten die Akua noho für Liebestränke oder die Einigkeit zwischen Mann und Frau zu erhalten (oder herzustellen). — Die Akua kahea (rufende Götter) riefen zu den Bewohnern von dem Dach des Hauses (der Kobold vom Möbelwagen, beim Umziehen).

In dem Kuula genannten Tempel (Heiau) verehrten die Fischer (lawoia) verschiedene Götter, und jede Klasse enthielt sich in der Kleidung derjenigen Farbe (schwarz, gelb, roth), die für die einzelnen Götter kapu war. — Unter den Göttern werden die Akua laau (Blättergötter), Akua hiiaka, Akua moo (Eidechse), Akua kalaipahoa (Giftgott), Akua ka po (Nachtgötter), Akua kulumanu (Federgötter), Akua unihi pili (Knochenstücke aufgebunden), Akua Pele, Akua iliili (Kieselgötter), Akua mano verehrt. Doch beim Häuptlingsfest ermahnt der Kahuna nui, nicht auf die kleinen Götter (liilii) zu hören, sondern auf seine Worte, über das, was dem Akua kane und Akua wahine zu opfern, (im Heiau zu den Akua betend).

Vor Unternehmungen wurde der Gott Uli, als Recht und Unrecht unterscheidend, befragt, und im Streit wird er der berechtigten Partei den Sieg geben, als Uli nana-pono (als wahr), aber Uli nana-hewa (als lügend), wenn die unrechte Partei unterstützend. — Der Lügengeist war Poohuna ke aouli, den Kopf verborgen in der Bläue (des Himmels) oder als Gott im Himmel verborgen (was deshalb schwierig zu verstehen). — Der Poohuna gehörte zu den Lüge-Göttern. — He wahahee maoli kekahi akua, no kapaia he poohuna, i ke aouli, he wahahee ke ano oia inoa.

Die Gottheit Pua wohnte in den Kahupua genannten Personen und konnte von diesen (zum Schädigen) ausgesandt werden. — In der Ho pio o pio (mit Auhauhui) genannten Zauberei oder Anaana (zum Tödten) wurde der Gott Pua angerufen. — Die Akuapua genannte Krankheit (zum Delirium führend) war von Zornigen ausgesandt. — Mit ihrem Bruder Kalaipaho (und mit Kapo) kam Pua aus fremden Landen nach Hawai, wo sie sich in Bäumen niederliessen, die giftig wurden. Lupercus heisst als Gott und als Priester so viel, wie Averruncus luis oder luae (s. Unger). — Neben dem Anbau von Taro (Caladinm esculentum) und Kumara (sweet Potato) wurden Farnwurzeln (Pteris esculenta) aufgegraben (von den Maori).

Unter der Form von Eidechsen wurden die Götter Kehawahine, Aka, Kalamaimu, Alimu, Alimamoano von weiblichen Häuptlingen verehrt. — Am Fuss des Pale auf Oahu wohnte der Reptilien-Gott Ke-aku-moo. — Bei den Maori fängt Maui die Sonne in der Schlinge, zur Regulirung (wie bei Odjibway). Ta-vwots (the little rabbit) hurled his Pa-rum-o-koi and striking it full in the face, shattered et into innumerable fragments (die Sonne, die seinen Rücken verbrannt hatte) bei den Utah (s. Powell).

Der Vogel Akekee auf dem Berge Walaleale (auf Kaui) wurde als Gott des Berges verehrt. Der Rothschnabel bringt das Feuer vom Himmel (das Rothkehlchen schützt vor dem Feuer des Blitzes). Der Vogel Luratut (a variety of kingfisher) flew up to Moro, the sky, where he discovered Puluga, seated besides his fire, he thereupon seized and attempted to carry away in his beak a burning log (s. Man), den Menschen Feuer bringend (auf den Andamanen). — Kika wahine war Göttin der Eidechsen. — Gott Kahuilalani gab Ueberfluss an Speisen. — Während des Krieges von Kau führt Kamehameha den Gott Hainukulani (neben Kukailimoku). — Gott Ku hiess Kunui akea. — Kamahaina (Kind der Rede) ist mit Haii (Aussprechen) vermählt, Looa (das Erlangte) zeugend. — Der Gott Moi wurde im Luakini verehrt. — Bei der Hoopiopio (mit Auhauhui und hiu) genannten Zauberei (Hoounauna, anaana) wurde Gott Pua angerufen.

Der Kaula hat die Kraft, Seelen zu sehen, von Natur, während der Makaula diese Macht erworben hatte. — Die Kakaola oder Seele eines Lebenden wurde von dem Kilo-Priester in Schaaren (Oio) oder einzeln (als Kinowailua) gesehen. — Die Seelen Lebender wurden einzeln, als Kakaola, oder in Gesellschaft, als Oio, gesehen. Kinowailua waren die Seelen Verstorbener. — Als Ka uhane kino wailua wurde der Geist eines noch lebenden Menschen in Riesengestalt gesehen. — Der Haili (Geist) erscheint als Hailiaka (aka Schatten). — Oio ist eine Versammlung der Huakai (Seeschaum), die Geister (oder Uhane) zusammenzurufen.

Im Regen zerbricht sich Kulanihakoi (wie das Wassergefäss des Mädchen bei den Quichua). — There is a world below end five worlds above this one (in Oraibi) und in der nächsten lebend, sprenkelt Muinjwa mit Federbusch aus den Himmelsseen den Regen (s. Powell), und so die Wasser oben (aus semitischer bis arischer Mythologie).

Die Poi-uhane (oder Seelengreifer) greifen die Seelen mit der Hand (wie bei den Taculli). — Wenn die uhane bei dem begrabenen Kino (Körper) verbleibt, kommt sie Nachts zu schrecken, und wenn vom Makaula gesehen, folgt derselbe zum Grabe, um auszufinden, und dann werden die Knochen aufgegraben und verbrannt. — Kino war der Körper als Unterschied von der uhane oder Seele. — Okoa ke kino, okoa ke uhane (okoa, verschieden). — Manawa, der Magengrund, war Sitz des Gefühls. — Die Augen-Ecke (wo die Bilder sich abzeichnen) heisst Luha-Uhane oder Grube (Platz) der Seele.

Von den zwei Seelen in Hawaii verweilte die Eine stets beim Körper während die Andere denselben zeitweis verlassen kann, zu helfen oder zu schaden (s. Jarves), in Birma, als Schmetterling schweifend (das Emblem der Psyche). — Kaonohi okala wurde für seine Verbrechen in ein Gespenst (lapu) verwandelt und verurtheilt, sich von Schmetterlingen zu nähren. A o kau inou he Lapu, o kau mea a ai ai, ona pule lehua: dein Name soll Gespenst sein, deine Speise Schmetterlinge (Andrews), und so der Schmetterling gespenstisch (wie in Litthauen).

Mehr noch als die Todtenseelen (Uhane make) wird die ausserhalb des Körpers umherwandernde Seele eines noch Lebenden (Uhane ola) als schreckend gefürchtet. Oft glaubt man, einen Bekannten zu sehen, der indess beim Näherkommen verschwindet, und sich dadurch als der Seelengeist des Vermutheten erweist. — Sehen die Kapuna (Priester) die Seele eines Lebenden ausserhalb des Körpers umherwandeln, so suchen sie dieselbe zu greifen und pfropfen sie dann mit heiligem Gras (das für Geister undurchdringlich ist) in ein Gefäss (Kilu) auf. Der Mensch ist damit in ihrer Macht, da sie jeden Augenblick die Seele (Uhane), deren Fortzug ihm unbewusst ist, tödten können, und sobald es ihm mitgetheilt wird, beeilt er sich, seine Seele zurückzukaufen. — Kaho aka ist die Seele eines noch Lebenden, vom Priester gesehen. — Kino a kaula waren die Seelengeister Lebender, von dem Priester gesehen (Kahuna Kilo Kilo) als Kino-wailua oder (wenn in Oio oder Gesellschaft) als Kakaola. — Wailua war der vor dem Tode gesehene Seelengeist. — Der Akalau genannte Geist erschien nur den von ihm Auserwählten, während er anderen unsichtbar blieb. — Die Todtenseelen ergreifen Besitz (wie die Akua noho).

Die Priesterärzte heissen kahuna lapaau. — Den Gott oder (bei Krankheit der Frauen) die Göttin verehrend, ass der Arzt im Kochhaus die dem Kranken verbotenen Speisen und schlief dort, auf gute Zeichen wartend. — Kranke Häuptlinge hatten in Hawaii das Lonopuha oder Kolea moku genannte Heiau zu bauen, um geheilt zu werden. — Zu den Kilo oder Zauberärzten gehörten die (erblichen) Kahuna anaana (deren Kopf, wenn gefährlich, vom Häuptling mit einer Steinaxt abgeschnitten wurde) und die Kahuna lapaau oder Kiko-kilo. Neben den Kräuterärzten (Kahuna lapaau) finden sich die Kahuna ahaue (Aerzte des Geistes), Kahuna makani (Aerzte der Winde), Kahuna hoonohonoho (der Krankheitsgötter), Kahuna aumakua (Aerzte der Alten) und Kahuna Pele (Aerzte der Vulkane). — Die Söhne Hina's gruben die Pali (Abgründe) von Hulaana. — Gelehrte hiessen Naauao (erhellte Eingeweide). — Bei Fasten reizen die Hawaiier zum Brechen, indem sie den Finger in den Hals stecken, um neu mit Essen zu beginnen (Remy), vomunt ut edant (s. Seneca).

Die Kahuna rapaau mai (Aerzte) üben die durch Koreamoku von

---

*) Wie bei Gesser-Chan. Seelenbüchsen zum Aufpropfen sind auch mit letzter Sammlung aus den Haidah ins Ethnologische Museum gelangt.

den Göttern gelernte Kunst, mit Kräutern zu heilen. — In Krankheiten wurden (beim Opfer) die Götter gebeten um Verzeihung (hala wale) der Uebertretungen und Unreinigkeiten (haumea) wenn stehend zu essen, wenn die Götter beleidigend (aia), wenn mit dem Munde sündigend (waha hewa), wenn fluchend; durch das Opfer möge der Zorn (Pili) besänftigt werden und die Gesundheit zurückgegeben, in Gunstbezeugung (e maliu) für die Verehrung. — War eine zum Delirium führende Krankheit durch fremden Zorn verursacht, musste die Akua pua genannte Ceremonie geübt werden (pua aufblühen). — Durch Kuniahi (bratendes Feuer) werden von den Anaana (Zauberern) die Verursacher der Krankheiten entdeckt (mit Kune ahi oder Opfergaben). Der Zauberer tödtete durch Abfall (auch in Tane). — Halhal bezeichnet simuliten Wahnsinn Desjenigen, der dadurch der Todesstrafe zu entgehen sucht, weil er einen Andern durch Bezauberung krank gemacht hat.

Der Kilo prophezeite von den Sternen (vom Hundsgebell, dem Krähen der Hähne etc.), der Kilo-kilo beobachtete die wechselnden Erscheinungen der Wolken (kilo, forschend ansehən); durch die Kilo kilo uhane genannte Wahrsagekunst wurde über das Schicksal der Seele (Uhane) verkündet (nach dem Tode, ob gesichert oder zu Qual bestimmt). — Der Kilomakani wahrsagte aus dem Wind. Der Kilolani beobachtete den Himmel. Kilowahine waren Frauen als Astrologen. — Die Kilo (Propheten) wahrsagten in Hawaii (neben Priestern und Zauberern). — Wie der Prophet Kawelo in Kaa (auf Lanai) hatte der Prophet Wala auf Molokai ein stetes Feuer auf seinem Altar brennen, bei dessen Ausgehen Hunde und Schweine verschwinden würden.

Die Stimme der heiligen Eule (Pueo) galt als Vorzeichen für Rettung in Gefahr. — Ehu sind die Vorzeichen am Morgen- oder Abendhimmel über den Ausgang einer Schlacht. — Der Prophet Kaneakaluu in Kauai sagte dem Häuptling Keliikuku in Pura die Zerstörung seines Reichs durch Pele's Fluth voraus. — Der Nana-uli prophezeite aus Betrachtung (nana) des Himmels (uli) das Wetter. — Der Riesenvogel Kikahakai-wainapali wurde für Stürme beschworen (wie auf Faröer etc.). — In der Genealogie Laka bis Hakea wurde Erde und Himmel in einem Götterkrieg verbrannt.

Auf der Stirn des von Kamehameha (neben den Fabelvögeln O Halulu und O Hiapa) verehrten Gottes Kaili sprossten Federn hervor wunderbarerweise (als Vorzeichen des Sieges).

Der Akua hoounauna wird durch seinen kahu oder Diener (mit dem kahuna) zum Einfahren geschickt, um krank zu machen, wogegen der Akua noho, wenn er durch Gebete Jemand besessen hat, hervorspricht und Wunder wirkt. — Wird ein Todtkranker zu einem kahuna gebracht, so sucht dieser dessen Akua noho und solcher kommt, wenn abwesend, rasch zurück, so dass der kahuna bei der Ankunft des Kranken bereits von seinem Akua noho besessen ist und so augenblickliche Heilung (im Wunderwirken) ertheilt, indem der Akua noho den Akua hoounauna austreibt (im Fechten). — Der Kranke brachte dem Gott der Arzenei (Maiola) Opfer, die Priester zu befragen (nach David Malo). — Gott Leleaioio verursacht Körperschmerzen, Mundverzerrungen (nukee), Lahmheit (oopa) etc.

Der Kahuna hoounauna schickte seinen Dämon, um durch Krankheit zu tödten (rascher als durch Gebet), und der Kahuna kala ward zur Heilung gerufen (durch Prickeln mit dem Bambus den Dämon erweckend und, indem der Kranke aufsitzt, zum sprechen zwingend). — Zu einem Kranken gerufen prickelt ihn der Kahuna mit Bambusstacheln, so dass der im Verborgenen schlafende Dämon (der durch Betasten ausgefunden ist) unter Aufsitzen des Kranken aufkommt und spricht. Vom Kahuna befragt, sagt er, dass er von seinem Diener (kahu) ihm gesendet, weil eifersüchtig auf den Reichthum seines Feindes und erhält zum Weggehen Opferspeise angeboten, nimmt sie aber erst an, wenn Awa zugefügt ist. Dann fällt der Kranke wieder in Schlaf, gähnt aber auf (unter Zucken der Füsse) und der Dämon (nachdem er die nöthigen Arzeneien angegeben) geht im Gähnen fort.

Der nach dem Gange der Natur im Alter Sterbende wurde begraben, der in der Jugend Weggeraffte verbrannt. — Nach dem Balsamiren oder faloa (unter Herausnahme der Eingeweide und Auffüllung mit Sand) wurde der mit den Knien auf die Brust gebundene Körper in Zeug gewickelt und Nachts begraben. — Die Reinigung (huikala) der Leichenträger konnte nur durch die Kahuna pule heiau (die Betpriester des Tempels) vorgenommen werden (nicht von dem kahuna anaana) mit Seegras (limu kala) und Tumeric (olena), sowie Seewasser, das „Leleulie! Lelewai, he uli, he uli, he wai, he wai, lele etc." beginnende Gebet sprechend (bei Hunakele oder Geheimbegraben), im Lele Polele ($\alpha\lambda\iota\nu o\varsigma$ u. s. w.).

Nachdem das Schwein des Kranken zum Kahuna anaana gebracht war (Eia ha puaa e Uli, hier ist das Schwein, o Uli etc.) und dieser die Bewegungen des Schweines beobachtet, liess er die Thieropfer (neben dem Kopf des Kranken bei einem kleinen Stein) verbrennen und sah (nach den Gebeten) die Seele (kahoaka) des Missethäters (der die Krankheit verursacht) mit gesenktem Haupte herkommen (weil bald dem Sterben verfallend). — Verwandte reservirten Arm- und Beinknochen (um unter den Kissen zu bewahren), Haare, Fingernägel, Zähne, Kleider etc. eines Todten.

Die Häuptlinge wurden in dem Morai oder Heeeeerees begraben. — Ueber der Leiche eines Vornehmen wurde von Einem das Gesicht verzerrenden mit Federmütze (den Kopf aus dem Innern des Hauses hervorstreckend) geklagt. — In den Ecken des Heee-eere oder Begräbnissplatzes eines Häuptlings wurde das Opfer als Tangata und waheene taboo begraben. — Hunakele war das geheime Begräbniss der Häuptlinge (bei Nacht). — Die Seelen Lebender, von dem Makaula (in Schaaren) gesehen, heissen Tio (wie Kakaola), die Seelen Verstorbener heissen Kino wailua. — Der Makaula genannte Zauberer konnte Seelen sehen und mit den Händen fangen (zu Tode drücken oder im Essen eingeben). — Der Todtengräber wurde vom Priester mit Seewasser und Seegras gereinigt.

Hatte ein Zauberer die Seele eines Lebenden in seinem Hause gesehen, theilt er es diesem mit, um unter Anzündung eines Feuers den erzürnten Hausgott zu versöhnen, damit die Seele nicht entfernt bliebe. — Jungverstorbene wurden vom Priester verbrannt, wogegen der erwachsene Häuptling (weil dem Naturgange nach verstorben) beerdigt wurde. — Die nach der Herausnahme der Eingeweide mit Salz gefüllte Leiche wurde (die Knie nach oben) mit Stricken aufgebunden.

Bei der Trauer um den Fürsten schlagen sich die Hawaiier die Vorderzähne aus. — Nachdem das Fleisch der Fürsten und Häuptlinge gegessen war, wurden die Knochen verborgen. — Nach Wiederausgraben der Leiche eines Fürsten wurden Arm- und Beinknochen in einem Bündel (mit dem Schädel darauf) zusammengebunden und verehrt. — Um das Begräbniss des Häuptlings Kualii von Kailua (auf Oahu) zu verbergen, wurden seine zerriebenen Knochen von seinen Freunden gegessen (1550), wie bei Kalantier, Batta u. s. w.

Nur mit Erlaubniss konnte der königliche Begräbnissplatz oder Hare o keave (keave's Haus) betreten werden (bei Honaunau). — Die Todten (für einige Wochen mit Speise versehen) wurden in Höhlen beigesetzt oder (für Pele) in die Lava geworfen. — Die um die Leiche flatternde Seele ging zum Vorfahren Wakea, oder musste (wenn Tabu-Bruches schuldig) in den Abgrund Milu hinabspringen. — Am Nordende Hawaii's, am Westende Maui's und am Südende Oahu's lagen die Plätze, um (wenn nicht in das Reich Wakea's aufgenommen) nach Milu hinabzuspringen. — Die Seelen bewohnten einzelne Hütten von dem grossen Hause Tairua (in Tahiti) zur Versammlung (nach Anderson). — Die in der Schlacht Gefallenen, wenn ihre Leichen den Feinden entrissen waren (auf der Marquesos) wurden nach einer fernen Insel versetzt (s. Porter). — Nach Begraben des Körpers wurde der Schädel des Häuptlings in den Ewharre note Orometua genannten Kasten im Morai aufbewahrt (in Tahiti).

Die Seelen der Häuptlinge gingen nach Tarirua terai (oben), der Gemeinen nach Tarirua ahokoo (unten) in Tahiti (οἱ κατω, οἱ ἀνω). Und ähnliche Scheidung (wie bei anamitischen Seelenfesten) auf dem Gambier: Neben Po-Kino (im brennenden Ofen oder Pfuhl, aus dem sich Keiner mehr retten konnte, der am Abhange des kothigen Abgrundes in's Gleiten kam) fand sich Po-Porotu (als Paradies der Götter in unterirdischer Gegend, die durch ein dem Mond ähnliches, bleiches

Gestirn erleuchtet wurde). Bei Unterlassung der Tirau (Leichenfeier) hatte der Schatten des Verstorbenen von Berg zu Berg, von Abgrund zu Abgrund zu irren, bis für immer in dem Po-Kino versinkend, statt nach Po-Porotu zu gelangen (s. Cart). Bildete sich vertrauter Connex mit dem Jenseits (wie oft bei Schamanen), konnten Lieblingsseelen ausgewählt werden, wie berathend begleitender Dämon, zum Privatgebrauch (des Spiritus familiaris). Wie Finow durch den Geist Moomooi's (des früheren Königs) wurde durch den Geist des von ihm getödteten Fürsten Toogoo-Ahoo sein Sohn besessen (s. Mariner).

Die Traditionen Hawaii's knüpfen sich an Okumulipo, Opaliku, Ololo, Opanue, Okapolihi. — Eia malalo iho ka hoike ia ana o ka mahoe hou ana o ke kuamoo ma o Opuupuu he kane. A ma ona la i moe hou aku ai ke kuamoo a kumalipo. — Die Zwillinge (mahoe) stammen von Opuupuu (in der Abkunft von O kumalipo). — Der Kuauhau fand sich im Stammbaum unterrichtet, der Ahnen oder (b. Maori) Tupuna. — Die Genealogien wurden auf Tapa-Zeug durch Zeichen (für Männer und Frauen) ausgedrückt (mit Andeutungen für die Heirath). Die Zeichentafeln auf Rapanui beziehen sich auf alte Gebete der Traditionen (wie in den Kekeenowin die Nugamoon-un).

Nach der Puanue genannten Genealogie wurden die Pfeiler des Himmels und der Erde von einer Frau geboren, von Kumukumukekaa (als Mutter) mit Paiaalani vermählt. Kamaieli, welche die Fundamente der Erde schuf, war mit Kumuhonua vermählt. — Die Inseln wurden durch Wakea gebildet (oder durch Papa hervorgebracht). Die Kapus der Götter waren verschieden, wie ihre Charaktere. Von dem Uranfang (mama pa mai) entstanden Grosseltern und Eltern und von diesen die Bewohner Hawaii's.

Von Kumulipo bis Lailai werden 9 Generationen Hanauna gerechnet. Von Lailai bis Papio 400 Hanauna. Von Papio bis Puanue 420 Hanauna. Von Puanue bis Opaia kalani 84 Hanauna. Von Opaia kalani bis Kumuhonua 67 Hanauna. Von Kumuhonua bis Wakea 31 Hanauna. Von Wakea bis Hanalaaiki 43 Hanauna. Von Hanalaaiki 24 Hanauna bis auf Ih. — Ih (mit Kawalu) zeugte Ahu, dann folgten: Kapaihi-a-Ahu, Heulu, Keawe-a-Heulu, Keohohiwa, Aikanaka, Keohokalole, Kalakaua (König von Hawaii).

Nach der Kumulipo genannten Genealogie lebte als erster Mensch in Hawaii die Frau Lailai (in Lalowaia), die sich mit dem vom Himmel gekommenen Kealiiwahilani (wegen seiner Schönheit) vermählte. — Nach den Paliku genannten Genealogien stammte Haumea oder Papa (Frau Wakea's) von einem Felsabgrund (Pali) als Ahnen der Bewohner Hawaii's. — Mit seinem Bruder Ulu war Nana-Ulu aus der Brodfrucht entstanden.

Nach der Ololo genannten Genealogie lebte zuerst die Frau Lailai und dann der Mann Kahiko, der sich mit Kupulana kehau vermählt und die Kinder Lihau ula und Wakea (Gatte Haumea's oder Papa's) zeugt. — Lailai und Kealii wahilani wohnten in Lalowaia, wogegen Kahiko und Kupulanakehau in Kamawaelaalani wohnten und Wakea und Papa in Loloimehani. Nachdem Wakea und Papa getrennt waren wohnte Papa in Nuumehelani.

Kalana, der mit seiner Frau Hanakaweo die drei Maui (Maui mua, Maui waina und Maui kiikii) zeugte, überliess sein Reich in Hawaii an seinen aus dem Ei geborenen Sohn Maui Akalana, der (durch Anlegung des beim Baden gefundenen Gürtels) von Hinakeahi geboren war, während Maui mua zum Herrschen nach Maui zog, Maui waina über Molokai nach Oahu und Maui kiikii (der die Sonne einfing) nach Kauai. — Durch Maui Akalana wurde das Feuer (zum Gebrauch der Menschen) aus der Stirn des Alae-Vogels gerieben.

Unter den erst erschaffenen Menschen lebte Maui in Waianae. — Von Haloa (durch Haumea in Numəa geboren) stammt Waia, und unter dessen Nachkommen war Nanaululu, der Vorfahr von Kalana, Vater Maui akalana's (Vater des Nanamaoa), der die Inseln (von Maui bis Kaula) aufwiegelte und zur Sonne aufsteigend, ihren Lauf verlangsamte. — Maui, Sohn Hina's, rieb die geröthete Nase der Henne (oder des Alae) für Feuer.

Maui atalanga suchte die Inseln des hawaiischen Archipelago durch Schleppen an seinem Canoe zu vereinigen (bis der Haken riss), während Gefion mit vier Stieren Seeland abpflügt, als Mutter Skiold's. Von Scald (sacer) oder Scalda (sgalto) leitet sich Skald (poeta) in scellan (schallen). — Die Dolmen (neben den Gräbern des Tui-tonga) heissen Haamosa-Maui oder Maui's Last (s. Hervey). — Matcito (n. Oraibi) raised the firmament on his shoulders to where it is now seen (s. Powell), von Maui emporgestossen (als Atlas). — Hina störte den Fischfang Maui's, so dass das aufgezogene Land in Inseln zerbrach.

Als aus Wakea's Nachkommenschaft der Häuptling Laamai (Vater Laubalaa's) aus Kahiki nach Hawaii kam, war er von dem Priester Paao (sowie seinem Gehilfen Paliku) begleitet (neben dem Häuptling Mohikeha, der sich in Oahu niederliess). Pao (Vater Kahua Kamani's baute (in Pana landend) den Heiau Waha-ala, dann (in Kau) den Heiau von Ponalua, sowie (in Kona) den Heiau von Hikiau und (in Kohala) den Heiau von Mokini. — Der Gründer der Paliku genannten Priesterschaft war aus dem fremden Lande Paliku gekommen.

Welawahilaninui zeugte mit Oe den Sohn Kahiku (durch Kupulana kehau) Vater Wakea's, der mit Papa vermählt den Sohn Wakea zeugend, und mit Hoohuhakalani vermählt, deren Sohn Waeo zeugte mit Huhune den Sohn Haloa (Vater Waio's). Aus seinen Nachkommen landete Laamai Kahiki in Hawaii. — Die Kauwa (Diener) wurden auf die Missheirath Papa's (nach der Trennung von Wakea) zurückgeführt, und die Häuptlinge hielten die Genealogienlisten als ipu wai auau (Waschschüssel), um stets rein gewaschen zu sein von dem Gestank (Palani) der Kauwa. Die auf der Stirn gebrandmarkten Kauwa heissen Laepuni oder Kauwahikoni. Die kaikaina (jüngeren Brüder) hiessen kauwa der kaikuaana (älteren Brüder).

Kane hanau i ke aa au Poele, dann werden: Kii und Kane mit dem Hee (Octopus) Haunawela geboren, sowie (die Pfeiler als Brüder) Moanaliha und Kawaomaaukele, als Kupolo lii li he Kanaka ola ola (der langlebende Alter) sein langes Leben begann.

Nachdem die Insel Hawaii aus dem Ei des Riesenvogels entstanden (s. Tyermann), kamen Bewohner (mit Hund, Schwein und Huhn) aus Tahiti, und die ersten Menschen gelten (auf Maui) durch Haumea erschaffen (mit den Göttern Tane und Tanaroa), während die Häuptlinge auf den Heros Akea (Wakea) zurückgeführt wurden. Von der prähistorischen Rasse erhielten sich Schattenumrisse in den Hea (weisse Menschen), die im Innern Hawaii's lebend, Nachts an die Küste kamen, (Fremde zu schrecken). — Die Bewohner Hawaii's heissen (weil eingewandert): Mai ke lewa ma (aus der Fremde gekommen), oder Mai ke kua mai o ha moku (vom Deck eines Schiffes gekommen) als von Windwärts (wogegen lewa von oben bezeichnet), Mai ke lewa ma bezeichnet das Herabkommen von oben oder von den Göttern (wie von einem Schiffsdeck). — Die Inseln (Moku puni) zerfielen in Moku (Oloko) dann in Okana (Kalana oder Poko), Ohupuaa, Ili, Moo, Pauku, Kihapai, Koele, Hakeeone, Kuakua.

Von Wakea (von Kahiko mit Kupulanakahau gezeugt) und Papa (von Kukulaniehiu mit Kahakauakoko gezeugt) wurde (als Abortus) Haloa geboren (aus dem die Kalo auf Hawaii entstanden). — Mahuka, Vorfahr Oahu's, zog im Kriege fort. — Der fremde Häuptling Olopana kam nach Hawaii und kehrte zurück. — Niheu (Vorfahr Kualii's) zertrat im Kampf mit seinem Bruder Kana die Hügel bei Pelekunu. — Lilo übertrug seine Macht auf seinen Sohn Ku. — Nachdem die cannibalischen Brüder Kahanu nuia lewa lani und Kawelo ai kanaka (Söhne Newa's) aus der Fremde in Kauai und dann in Oahu gelandet, errichtete Kalo tikanaka einen Ofen (in Waialua).

Die Hawaier (ko Hawaii) bewohnen die Inseln, als Ka pae aina o Hawaii oder opia moku Hawaii. — Hawai bezeichnet Wasser (wai) auf einen heissen Stein zu spritzen, um den Dampf zu vermehren (im Ofen). Ha (vier) ist schnaubendes Athmen. — Auf Oahu findet sich die Kahele Moa genannte Höhle (mit Moa-Knochen). — Maori middens abounding with moa remnants, bones with integuments still clinging to them, feathers and egg-shells, Maori traditions of the habits of the bird, and of the mode, in which it was hunted, and Maorie memories that even in the XVIII century its feathers were worne as ornaments, have commended themselves as satisfactory to common sense (s. Rusden). —

Vom Fabelland Wauwai (oder Kuaikelani) heisst es: He ainha nalowale, ma ka, manao wale noo na kanaka (in Hawaii). Puaneane, für immer (ahiki auka a kau loa aku i ka puanene).

Als Papa, Wakea verlassend, mit ihm in Aikane lebte, wurde Kekeu geboren, der mit Lumilani das Kind Noa zeugte, und dieser mit der jungen Papa den Sohn Pueonuiweluwelu, mit Noni verheirathet, als Vorfahren der Aikane, die als Kauwa, oder geborene Sklaven, Palani (Stinkende) hiessen (während die Genealogienlisten, als Ipu wai aua oder Waschschüsseln, die Alii oder Häuptlinge durch den Nachweis der Abstammung reinigten). — Tereboo (von Maui stammend) setzte neben seinen Sohn seinen Neffen Kamehameha in Hawai ein, während in Maui gekämpft wurde. Die Insel Lanai war von Maui abhängig. — Der mit Paao aus Upolu gekommene Häuptling Pili wurde (in Hawai, wo die fehlenden Häuptlinge von Kahiki geholt wurden) als Fürst eingesetzt.

Aus der Abstammung von Haloa zeugte (mit Kaheka) Kalaunuiohua die Söhne Kuaiwa, Kahoukapu, Hukulani und Mananuea, und unter seinem Nachfolger Kuaiwa, Vater (durch Kamuleilani) Kahaukapu's, kam Lono nach Hawaii (während die Schiffbrüchigen in Kulo gefunden wurden). — In der Abstammung von Paliku war Liaukuhonua (Bruder von Puuka honualani und Ohomaila) Sohn Papaheenalu's. Unter Minaku's Brüdern Kuikuihaa (als Priester) und Kahuna lapaau (als Arzt), wurde durch Kukulu (den jüngsten Bruder) der Fisch Pakakukui nach Hawaii gebracht (zur Zeit Papa's). — In einem Canoe aus Kahiki kommend, landete Moikeha bei Makanoni in Puna (auf Hawaii) und siedelte (über Oahu nach Kauai schiffend) in Kapaa mit der dortigen Frau Hinalu die Brüder Hookamalii, Haulanuiiakea und Kela zeugend, durch welche er seinen in Kahiki zurückgelassenen Sohn Laamaikahiki herüberholen liess. — Der Fürst Aikanaka (Sohn Huliemanailani's) gilt als Kannibale. Unter den von Kaulu auf seinen Reisen besuchten Orten werden Vavau, Upolu, Kahiki, Melemele u. s. w. genannt.

In den Mele oder heiligen Gesängen Hawaii's wurden Gebete an die Insel Kahiki gerichtet, als Wohnsitz der Vorfahren. — Die Länder Kahiki honuakele, Ananaimalu, Holani, Hawaii, Nauhiwa wurden in den Gesängen, die Länder Upolu, Wawau, Kukapuaiku, Kuaihelani in den Legenden, die Länder Uli-uli, Melemele, Pola pola, Haehae, Maokuuhulu und Hanakalauai in den Gebeten erwähnt. — In den Gesängen Tahiti's wird von Hawaii gesprochen (O Hawaii kea uka u. s. w.).

Von Wakea bis zum Tode Haumea's (Papa's) rechneten sechs Generationen in Ololoimahani, dann folgten neunzehn Generationen, und in der zwanzigsten wurde Kapawa zu Kukaniloko (in Waialua) auf Oahu geboren (als Vorfahr der Bewohner der Sandwich-Inseln). Kahikinui lebte zu Kahikinui auf Maui, ebenso Hawaii auf Hawaii, dann Oahu auf Oahu und Kauai auf Kauai.

Den Sternen folgend kamen von Kahiki (nach den Sandwich-Inseln) Pao (der sich in Kohala niederliess) und Makuakaumana (der nach Kahiki zurückkehrte), während König Lonokawai (in der 16. Generation seit Papa) in Hawaii herrschte. Wegen der Verschlechterung der Häuptlinge in Hawaii begab sich Pao von Kohala nach Kahiki zurück und brachte von dort den Häuptling Pili, der als Fürst in Hawaii eingesetzt wurde. Das Canoe (oder Waa), worin Pili überfuhr, hiess (als Pahi oder Doppelcanoe) Kanaloanuia und in seiner Begleitung schwammen die Fische Opelu (bei gutem Wetter auf der Oberfläche gleitend) und Aku (in Stürmen auf und niedertauchend) als Kapu (oder heilig gehalten). Paao landete im Canoe zu Kapua in Kona. — Auf Raiatea hatte der Prophet Maui die Ankunft eines Naa ama ore (Schiff ohne Ausleger) aus der Fremde prophezeit (Ellis), und so hiessen die europäischen Schiffe te vaa a Maui (wie auch ein e vaa taura ore prophezeit war).

Als Moikeha (während der Regierung Kalapana's) nach den Sandwich-Inseln zurückkehrte, liess er sich in Kauai nieder und vermählte sich mit Hinau ulua, den Sohn Kilo zeugend, der später von dem, Kealaikahiki (die Strasse nach der Fremde) genannten West-Vorgebirge Kahoolawe nach einem fremden Lande (Kahiki) absegelte und bei der Rückkehr (aus Kahiki) von Laa maikahiki begleitet war, der die Kaekeeke (Bambus-Röhren) als Musik-Instrumente und die aus Cocosnussfaser (Aha hoa waa) gefertigten Stricke mitbrachte. — Die nach der Besiegung zum Tode Bestimmten in Hawaii erhielten auf Rath eines Häuptlings Canoes erbaut zur Auswanderung, als Maori (s. Rusden).

Von Ceron's Expedition (von Cortez nach den Molukken gesandt) scheiterte ein Schiff bei Keei und ein anderes bei Kau unter König Kealiiokaloa (1527), und von der Mischung der Spanier stammen die Ehus in Hawaii (v. Bennett). Hawaii wurde durch Gaetano entdeckt (1542) als La Mesa. — Bei der ersten Erscheinung von Cook's Schiffen vor Kauai erklärte (von dem Eisen hörend) der Krieger Kapupuu seine Absicht, dieselben in Beschlag zu nehmen, da er von Plünderung lebe (durch Schuss getödtet). — Das mit Schiffstrümmern angetriebene Eisen (Hao pae oder Strand-Eisen) wurde von den Häuptlingen den Göttern (akua Kii) dargebracht.

Keawe oder Keawe mi o Umi (Sohn Umi's) wanderte von Hoonaunau. — Welaahilaninui mit seiner Frau Owe kamen nach Hawaii. — Unter der Herrschaft Kealii Naloa's (Sohn Umi's) wurde aus dem Stranden eines Schiffes Konaliloha der Fremde Kukanaloa zu Pale (bei Kealakeakua-Bay) gerettet, mit gebeugtem Haupt an dem Kulou genannten Platze niedersitzend (und von dem Häuptling Kiana aufgenommen). — Keawe stammte von Keakealani, der Fürstin aller Inseln. In Kahiki (Tahiti) wurden (nach den Hawaiern) die Edeln unterschieden in Kahiki ku als stehende und Kahiki moi als schlafende, indem sie abwechselnd beim König Tag und Nacht zu wachen hatten.

Von einem Aufstand vertrieben, flüchtete der Häuptling Laau nach Kahiki, wo (als die eingeführte Republik nicht zusagte) sein Sohn Pili (Vater Koa's) zurückberufen wurde (12. Generation vor Liloa), mit dem Priester Pao landend. — Als Hema von Kahiki (wo ihm die Augen ausgerissen waren) nicht zurückkehrte, baute sein Sohn Kahai (Vater Wahi-oloa's) ein grosses Canoe, ihn zu suchen. — Als Söhne Aikanaka's wurden Puna und Hema in Kauai als Zwillinge geboren, wobei der jüngere Bruder Puna in Hawaii herrschte. — In der Abstammung von Haloa zeugte Ole mit Papa (als Hai) den Sohn Pupue.

Als Sohn Kahiko's starb der fromme König Luanuu (Vater Kii's) eines natürlichen Todes in seinem Königreich (zur Belohnung seiner Tugenden) in Hawaii (Dibble). — Heleipawa, Grossvater Aikanaka's (Vater von Puna und Hema), herrscht als erster König in Hawaii, während seine Vorgänger bis zurück auf Wakea dem fremden Heimathslande angehörten. — Das dreieckige Canoe, auf dem Lono in die Fremde fuhr, hiess Pai-ma-lau. — Verschieden von dem Waka genannten Boot der Maori fand die Einwanderung aus Hawaiki in dem Amatiatia genannten statt (mit Ausleger).

Hema von Maui zeugte mit seiner Frau aus Kahiki den Sohn Kahai. — Kamehameha leitete sich von der Wunder wirkenden Sturmgöttin Hoomilialau. — Pili stammte von Kulai, Vater Nanakaoko's. — Die Frau Lonomai kanaka oder Lono-apii folgt auf Piilea oder Piilaniwahine. — Auf Kaulilonohonuaakama folgt Kalanikaumakaowakea, Vater des Lonohonuakini. — Kumuhonua stammt von Opaia kalani (zum Himmel emporhebend). — Die Bewohner Maui's wurden auf der Insel geschaffen. — Die Menschenfresser im Berg Helemano hiessen Lo. — Nach der Fluth (Tai-a-kahina rii) wurde Kirauea bewohnt. — Die auf der Rückseite der Insel als Koolau Lebenden heissen Ku aaina (Hinterwäldler).

Der Fürst galt als Kopf (der Häuptling als Schulter), geleitet durch den Priester, als rechter Arm, der Landbesteurer als linker Arm, die Soldaten bilden das rechte Bein, die Ackerbauer und Fischer das linke, die Handwerker und Künstler die Eingeweide, die Armen und Trägen (Makaainana, als Oberfläche des Landes) nutzlosen Hu (Schaum). Der Fürst war von dem rechten und linken Arm zu leiten, oder sonst abgesetzt. — Der Alii nui (Fürst) wurde von dem Kahuna pule kii (kahuna o na kii) oder Priester der Götter und dem Kalaimoku in seiner Regierung (Vertheilung des Landes) geleitet, vom Ersten in Betreff der Religion (aoao pule), vom Andern für Krieg und Volk. — Die von den Göttern stammenden Häuptlinge hiessen Arii tabu. — Unter den Alii kapu oder alii nui (in Hawaii) führte der Höchste den Titel Moi (kapu oder Alii-nui) oder Kalani (Himmel), der Nächste zum Thron den Titel Wohi und der darauf Folgende den Titel Mahana. Dann kamen die

Hulumanu (befederte Beamte) und nach ihnen die Kahualii oder Hüter (Edle der jüngeren Linien), als Iwikuamoo (Kneter), Ipukuha (Spucknapfträger), Paakahili (Fliegenwedler), Kiaipoo (Schlafwächter) und Aipuupuu (Koch). Unter den Pauku (Dienern) waren begriffen der Malama ukana (Haushälter auf Reisen), der Aiola (Vor-Esser) und Muki baka (zum Rauchen, als tobacco eingeführt). In dem erblichen Adel war die Abstammung von der Mutter (weil sicherer) höher.

Mit einer Bande von Anhängern um sich versammelt, zog der Häuptling auf einen Kriegszug aus und vertheilte (mit den Bewohnern zur Bebauung) das eroberte Land (das beste für sich behaltend) unter die (zu Diensten verpflichteten) Vornehmsten, die wieder Untertheilungen unter ihre Begleiter (bis zum 6. oder 7. Grade) eintreten liessen (gleichfalls gegen Verpflichtung zu Diensten, während das Volk rechtlos, ohne Eigenthum blieb, wenn auch einen geringen Theil der Arbeit gewöhnlich selbst geniessend). Beim Tode eines Häuptlings trat (wegen den möglich statthabenden Aenderungen der Besitztitel) ein Zustand allgemeiner Verwirrung ein (obwohl einige Gebräuche anerkannt wurden). — Mit Kalani-opuu wird die Versammlung (opuu) der Häuptlinge (als Ka-Lani oder Himmelsentsprossene) bezeichnet, und Terebu oder Kapulikoaulani, der (zu Cooks Zeit) von Maui nach Hawaii kam, nahm den Titel Kalani opuu an. — Mit Bredwalla bezeichneten die Kelten eine Vereinigung der Fürsten, und dieser Titel wurde dem Höchsten gegeben.

O Kahiko ke alii pono, o akamai ia, he kahuna ame ke kilo, Kahiko war ein rechtschaffener Fürst, er war weise, war ein Priester und Prophet (im Anschluss an das Priesterkönigthum.)

Von der Bestimmung (Hoohiki) des Häuptlings hing Leben und Tod des Volkes ab, und so ihr Eigenthum (waiwai) im Anrecht auf Land. Nur Kunstfertigkeit (im Canoebau etc.) oder (bei den Frauen) im Zeugverfertigen hiess Waiwai oder Besitz (als Privateigenthum). — Der vom König mit Land belehnte Häuptling (ai aupuni) wurde durch Weise (poe akamai) erzogen (in guter Lebensart und Kriegskunst). — Als für die Gemeinen (ohne kapu) sorgend, hiess der Häuptling Noaauloa oder Nomahukailoloa. — Die Häuptlinge konnten die Heo genannte Strafe der Confiscation (des Eigenthums) auferlegen. — Als erste Vorfahren der Häuptlinge werden Huahuainalani (aus dem Himmel hervorsprudelnd) und Papa genannt. — Mit Wakea, als Paupaniakea, Sohn Kahikoluamea's (mit der Frau Kupulana kehani) war die Rasse der Fürsten beendet (pau).

Die Häuptlinge beteten nicht direct zu den Göttern (wie die Gemeinen), sondern durch den Prediger als Priester (Kahuna pule) und die Gottheiten (Kahuakua). — Der Häuptling vertraute, dass sein Gott, der ihm das Land und dessen Segnungen gegeben, seinen Gegner im Kriege erschlagen würde. — Die ohne Götter Lebenden hiessen (weil unehrerbietig und götterlos) Poe aia. — Der Gott Ololupe wurde mit anderen Göttern (von den Häuptlingen) verehrt. Vielerlei Dinge im Himmel, auf der Erde, in der Luft (und todte Körper) wurden von den Häuptlingen verehrt. — Obwohl die Häuptlinge unter einander und die Gemeinen (und so die Frauen) verschiedene Götter mit verschiedenen Kapu's verehrten, waren doch die Kapu-Nächte für die allgemeinen Götter (Ku, Kane, Kaneloa und Lono) dieselben bei den Häuptlingen. — Einige der Frauen verehrten Papa und Hoohoku, als Vorfahren der Rasse, andere Kapo und Pua, aber viele Frauen lebten ohne Götter. — Manche aus dem Volk verehrten die Haie (oder Todte) und Einige Himmel und Erde. — Lono-a-nui-i-a-niha stand tiefer als Lono nui akea. Das Fleisch der Fürsten wurde von den Häuptlingen gegessen und ihre Knochen wurden verborgen, während (zur Täuschung) leere Mausoleen errichtet wurden. — Mitunter liessen sich die Häuptlinge von einem, von den Göttern entsprungenen Mann begleiten, der nackt gehen durfte (he akua ia, er ist ein Gott). — Der Nioi genannte Busch war dem Häuptling heilig. — Die Hula belustigten die Häuptlinge als Narren. — Die Söhne der Ai puni (der mit Land belehnten Häuptlinge) wurden durch die Poe akamai (in guter Lebensart und Kriegskunst) erzogen.

Unter den Poe alii (am königlichen Hofe) der Häuptlinge fand sich der Kahu (Speisenmeister), der Waiwai (Schatzmeister), der Puuku (Haushälter), der Aipuupuu (Aufwärter), der Lomilomi (Töpfereiniger), der Kiaipoo (Bettmacher), der Kahuakua (Götterhüter), der Kahune pule (Betpriester), der kuhikuhi heiau (Tempelhüter), der Kilolani (Sterndeuter), der Kaakaua (Kriegskundige), der Kalaimoku (Rath), der Konohiki (Rentmeister). Das Eigenthum wurde im Hale papaa (dichten Haus) bewahrt. Der Schatzmeister oder Landvertheiler (kalaimoku) unterrichtete als Gelehrter (Maiau) den Häuptling in den Pflichten gegen die Götter. Der Landaufseher, der von dem Häuptling getrennt wohnte, hiess (weil mit der Kriegskunst bekannt) Schlachtenlenker oder Kaakaua (oder Lauaua). — Nach dem Siege fand die Hoopahora oder Popahora (Landvertheilung) unter die Ranakira (Sieger) statt. — Das Ainakupoo (aufrecht stehendes Land) zahlte keine Abgaben.

Pahu tohu (heilige Einschliessungen) oder Puhonua (Zufluchtsstätten) fanden sich bei Honaunau und bei Waipio, wo die unter Keave's Schutz Geflüchteten bei längerem Aufenthalt als drei Tage in den Dienst der Priester traten. — Während eines Krieges begaben sich die Nichtkämpfenden in das Asyl Konaunau, und eine weisse Flagge zeigte die Linie, hinter welcher alle Flüchtlinge unter Keave's Schutz gesichert waren. — Der vom König ausgeschickte Henker (für Opfer oder Tabu-Bruch) tödtete heimlich durch Erdrosseln (oder Steinigung), bis mit der Einführung schneidender Instrumente das Kopfabschneiden gewöhnlich wurde (s. Dibble). — Bei Erfolg setzt der Häuptling das Ahai genannte

Denkmal auf (Peiler oder Stein). — Der Mamo oder Mantel Kamehameha's war von den gelben Federn des Mamo-Vogels gefertigt. Der Lunapai wurde als Kriegsherold gesandt. — Bei Kriegen (in Tahiti) wurden Geschenke (an Kleidern etc.) so nahe als möglich an die feindliche Festung gebracht und den Göttern dort (Oro, Tane etc.) als ihr Eigenthum gezeigt, wenn heraus kommend. Auch bot ein Krieger sich selbst an (Ellis), zur Devotion (und zum Eliciren).

Die Häuptlinge und Gemeinen (Alii a me na kanaka) stammen aus gleicher Rasse (lahui) von Wakea (vor dessen Zeit Trennung stattfand), als Kanaka. — Zu den von ihren Eltern her mit dem Häuptling Verbundenen (als Ma ke alo alii) gehörten die Nohii alo (Begleiter), die Noa auloa oder Nomahukailoloa (mit dem kapulosen Volk verhandelnd) und die für den Dienst der Fürsten im Kampf Geschworenen (als he kanaka ia no kahi kaua), sowie die Noeau oder Noiau, als in Reden und Geschäften Geschickte. — Das Volk war den Häuptlingen zu Zwangarbeit (Hana poalima) verpflichtet.

Die von den Landlosen (Kaaowe oder Makui) sich den Fürsten Anschliessenden hiessen Kualana (Faule) und Kiewa (Vagabunden) oder (als die Schlafkammer fegend) Kaakau (Bettmacher), auch Kualanapuhuhi (träge im Blasen) oder Oluekeloahookaamoena und (wenn vom Betteln lebend) Auhaupuka oder noi (makilo oder apiki). — Die Gemeinen (Makaainana) zerfielen in die Kanaka wale (Freie) und Kauwa (Diener) neben den Kauwa maoli (Sklaven). — Die Geburtssklaven (Kauwa oder Diener) stammten durch Noa von Papa's Ehebruch mit Wakea's Aikane (Busenfreund). — Die dem Häuptling (Haka) leibeigenen Sklavendiener (Kapoe kauwa) hiessen Aumakua (Vertraute) der Götter (Akua). — Die auf der Stirn durch tattowiren gebrandmarkten Sklaven hiessen Laepaa oder Makaweal (Laepuni oder Kauwahikoni). — Nach Cook wurden (auf Neuseeland) die Ohren ausgezogen (wie in Rapanui) und (zuweilen) die Nasenscheidewand durchbohrt. Die Aguiteguedichagas (deren Frauen die Ohren ausziehen) tragen bunte Steine in Ohren und Nase (s. Azara), die Botocuden Klötze, wie Koloschen (Neger etc.).

Dem bei Tage ausgehenden Häuptling schritt ein Schreier voran, das kapu moe (zum Niederfallen) erklärend. — O ke puhi war das Verbrennen eines nicht das O ka moe genannte Niederwerfen vor dem Häuptlinge vom Rang O kawahi (über den Alii puhi ahi) Beobachtenden. — Die von der Gegenwart der Häuptlinge (an den Küsten) entfernt, im Innern der Inseln oder an abgelegenen Küstenplätzen Lebenden hiessen verächtlich Hopepe (Niedergetretene) oder Hapoloa (Barbaren), beständig den Bedrückungen der (umherwandernden) Häuptlinge ausgesetzt. — Dem Tode verfiel, wer seinen Schatten auf einen Häuptling oder sein Haus warf. — Durch allgemeinen Beschluss der Häuptlinge wurde ein Mitglied der Familie zum Rang eines Wohi erhoben und erhielt dann tiefste Verehrung (durch Niederwerfen).

Als Regent des unmündigen Königs Outou fungirte nicht sein Vater (Whappai), sondern sein Onkel Tootahah, während Terridiri, Sohn des zweiten Bruders (Oamo mit der Königin Oberea vermählt) als Nachfolger anerkannt war (mit seiner Schwester zu vermählen) 1769 (in Tahiti). Auf Hawaii galt die Ponaloa-Ehe als ungebunden, frei.

Beim Entwöhnen wurde das Kind aus dem Mutterhaus (noa) ins Vaterhaus (mua) gebracht (kaiai mua) und stand von dann ab unter den kapus (mit Schweineopfer), nachdem (in Anrufung Ku's Lono's, Kane's und Kanaloa's) bei Awatrinken ein Gebet an Lono gesprochen worden. Die (spätere) Beschneidung geschah mit einem Bambus im Namen Kane's. — Im Noa-Haus (der Mutter) durften die Kinder nur Milch erhalten, und erst bei Kaaina I mua Speise geniessen. — Bei der Beschneidung (unter Schweineopfer) rief der Priester (nach dem Messen der Vorhaut zum Einschnitt) für das Bambu-Messer („bring das Bambu, ein Fisch ist der kleine Bambu Kane's, damit die Spitze des Glieds abgeschnitten werde, abgeschnitten es ist") und gab es dem Gehülfen, um es an dem aussen mit Kohle bezeichneten Punkt von Innen einzustecken.

Das Esshaus des Mannes (Mua) war Tabu für die Frau und ebenso der Heiau (Tempel), während das Esshaus der Frau (hale aina) vom Mann besucht werden konnte, doch trafen sie gewöhnlich im Hale moe (Schlafhause) zusammen. — Der Ehemann musste zwei Oefen (für sich und seine Frau) zum Kochen bauen, ebenso zwei Wohnhäuser. Das Haus des Mannes war kapu für die Frau, und in der Periode der Reinigung war die Frau kapu für den Mann. — Das kukoe oder Badehaus des Häuptlings war mit dem Heiau verbunden. — Während der Menstruation wohnte die Frau abgetrennt im Hale pea (Haus der Absonderung). — Schwangere halten sich in dem Palama kapuloa genannten Hause abgesondert.

Bei Entwöhnen des Kindes (wenn dasselbe aus dem Haus der Mutter in das des Vaters gebracht), wurde (nach Ka, Kane, Kanaloa) der Gott Lono angerufen, sich für das Ava-Trinken zu erheben und Speisopfer zu erhalten, um Segnungen zu geben. — Gott Kalaipahoa und seine Schwester Pua kamen aus fremdem Lande nach Hawaii und liessen sich dort in Bäumen nieder. Der Kahupua genannte Priester sandte die ihm inwohnende Gottheit Pua aus, um Andern Schaden zu thun. — Die Beschneidung (mahele) war Incision (mit einem Bambus).

Nach Beendigung des Hauses schnitt der Priester (unter dem Kuwa genannten Gebet) das Gras über der Thür ab und dann konnte es vom Eigenthümer bezogen werden, doch wurde periodisch das Haus durch den Priester gereinigt (poe noho pono). — Haar wurde abgebrannt oder mit dem Niho ako lauoho genannten Instrument (Haizahn an Holz befestigt) geschnitten. The present instrument for cutting hair was brought by foreigners, it is made of iron and called shears or scissors (upá), this is a very excellent article (s. Malo). Spiegel wurden durch Poliren schwarzer Steine verfertigt oder aus geschwärzten Holzbrettern, in Wasser getaucht. — Die Zähne wurden ausgeschlagen, als Sühne für die Eatooa, um Unglück abzuwenden. — A sharks tooth was tied fast to a piece of wood, the hair was doubled over the sharks tooth, then the instrument was pushed quickly forward, while the person shrank up from the great pain (David Malo).

Eigenthum war durch Umwallung der Ländereien oder an den Bäumen aufgesteckte Fahnen weisser Farbe bezeichnet, aber Alles war offen (weil vor Diebstahl sicher, obwohl in der Willkür der Häuptlinge). Streitigkeiten über Grenzen wurden durch die Häuptlinge entschieden (s. King). — Der ausgehöhlte Holzbecher wurde mit Lemonensaft bestrichen, mit dem Stein Oahi geglättet, mit dem Stein Ana abgerieben, dem Stein Oio überpolirt, mit Kohle bestrichen und mit trockenen Bananenblättern auf Kapazeug fein zerrieben. (Bei der Gottesverehrung wurde der Huahaa genannte Becher gebraucht.)

Netze wurden aus den Fasern der Olona (Boehmeria) gewirkt und diese Pflanze erhielt Opfer vor dem Beginn der Arbeit. — Poi wird von Kalo (Colocasia antiquorum) verfertigt. — Lono-makahiki war die Kunst des Speer-Verfertigens. — Am Fluss Wairuku wurden Märkte gehalten.

Für Zeugverfertigung wurde das Schlaghaus (hale kuku) gebaut, das Zeug wurde mit dem Hammer (ie) auf einem Holzblock (kua) von den Frauen geschlagen. — Die Kleider wurden aus der Rinde der Büsche Wauko, Mamaki, Maaloa und Poulu verfertigt. — In Kahiki dienten die Doppelcanoe der Pahi zum Reisen neben den Schiffen (Moku) und Böten (waa's).

In Hawaii (wo Freunde Frauen austauschten) lebten Männer mit mehreren Frauen oder Frauen mit mehreren Männern, und Rückweisung einer Gunstbezeugung seitens der Frau galt als lasterhaft, weil niedrigen Sinn's, habsüchtig und eigennützig. Wenn für die Auferziehung lästig, wurden die Kinder nach der Geburt von der Mutter begraben, oder Andern zur Adoptirung übergeben (wie im Kaukasus u. s. w.). Erwähnt wird Ai-kane (Sodomiterei), als zusammen (ai) der Männer (kane). — Wenn das Ava gekaut wird, singt der Vornehmste der Gesellschaft, von den Körperbewegungen und Händeklatschen der Uebrigen begleitet, und beim Trinken wird im Chorus geantwortet, worauf Fleischstücke vor den Tatooa niedergelegt werden und das Fest beginnt (s. King).

In dem Pukaula-Spiel (mit Tauen gebunden) verwetteten zuweilen die Frauen ihre eigene Person. — Wenn im Noa-Spiel (unter Zeughaufen verborgen) der Wettende verlor, setzte er zuweilen seine Frau, als Puaa kumulou (gebärende Sau) und seine Kinder, als Puaa ohi (als hinzu-erworbene Ferkel). — In Heihei holua wurde bei Herabgleiten auf Schlitten gewettet. — Von den (fortzeugenden) Steinen in

Ninole wurden die Spielkugeln verfertigt. — In der Hawaii'schen Erzählung Kekao o Laieikawai ka Hiwhiwa o Paliuli fliegt die schöne Frau Laieikawai auf einem Vogel durch die Luft, vielfache Abenteuer erlebend.

Das von Kahiko datirende kapu-System (ai kapu) wurde unter Wakea ausgebildet und durch Luhaukapawa vollendet. — Die Diener edler Frauen waren frei vom kapu und konnten mit ihren Frauen essen, im Freien essen oder ai noa (ai puhiu). — Die höchsten Häuptlinge waren mit dem kapu moe (Pflicht des Niederwerfens) begabt und gingen deshalb meist nur bei Nacht aus oder, wenn bei Tage, mit vorangehendem Herold, der eine Flagge (lipa) trug, um den kapu auszurufen. Auch beim Umhertragen der Waschschüssel und des Speisenapfes (des Fürsten) stand der Tod auf Nichtbefolgung des kapu moe. Kriegerische Fürsten milderten deshalb diesen strengen kapu (als Alii kapuwohi oder Fürsten niedern tabu's) und trugen bei Ausgehen einen Wedel (kahili), wodurch das Volk vom Niederwerfen dispensirt war.

Das kapu-anoho verlangte Niedersitzen, wenn Geräthschaften des Königs vorübergetragen wurden (als kapu-wohi durch Kamehameha gemildert). — Kauia ist das am Ende des kapu gebrachte Opfer. — Kapuo war das kapu zu Ehren des Gottes Kaili. — Hono ist die in kapu-Ceremonien vorgeschriebene Haltung der Hände. — Pahu-kapu war ein geheiligter Platz, verboten zu betreten. — Ke oe omua ke wahi pahu kapu e ku ana iloko o omua, kauo aku la o Wakea ia Papa ma ke oe omua: Dort im Mua (das Esshaus des Mannes) eine tabuirte Trommel, im Innern des Mua, wird dorthin Papa durch Wakea geschleppt, in das Mua. — Hoona war Beendigung des kapu, als noa verursachend (hoo).

Po-e-ke-e-ke bezeichnet das heiligste Tabu, dessen Annahme Tod ist. — Eine Frau, die am kapu-Tage Zeug verfertigte, wurde getödtet, ebenso wer heimlich den Tempel vor Beendigung des Gottesdienstes verliess. — Nach dem Penei na pihepiha no Kuaimoa waren Hühner verboten zu halten, aber in Krankheit zu gebrauchen. — Penei na pihepiha a e pili ana no Kanealoi, von den die kauwa oder Sklaven betreffenden Abstammungen. — Es war Rahui (verboten) die der Göttin Pele heiligen Beeren (tabu na Pele) zu essen. — He lani kuku war ein heiliger Platz, wie he lani i kapua. — Nalolo bezeichnete altes Tabu. — Tabu wurde durch Zeichen (Unu Unu) angezeigt (und durch Bezeichnung).

Um seine Liebschaft mit Hooho kukalani vor Papa zu verbergen, legte Wakea auf bestimmte Nächte ein Tabu (Kapu), und ebenso auf bestimmte Arten der Speise. — In jedem Monat (ausser den zwei letzten) fanden sich vier heilige (Kapu) Nächte (Po), A Kapu ku, Kapu Hua, Kapu Kaloa und Kapu kane.

Während des Awa-Trinkens wurde das Awakoo genannte Tabu

auferlegt. Gegen Ende des Awa-Trinkens folgte dann das koolei genannte Tabu. — Wer einen kapu-Zaun durchbrach, war Loa (sacer) oder (zum Untergang) geweiht (als getödtet). — An den Tabu-puri genannten Tagen durften keine Besuche abgestattet werden (s. Vancouver). — Die (mit einem Gebet an die untergehende Sonne beginnende) Ceremonie des Tabu (im Morai) dauerte bis Sonnenaufgang, wann (unter völligem Stillschweigen) von dem Häuptling ein Schwein durch Niederschleudern getödtet wurde (mit Weihe der Speisen).

Hilo (als Neumond)
Hoaka
Kukahi } Kapuku (3 Tabunächte)
Kulua
Kukolu
Kupau
Olekukahi
Olekulua
Olekukolu
Olekupau
Huna
Mohalu
Hua } Kapuhua (2 Tabunächte)
Akua (Vollmond)

Laaukulua
Laaupau
Olekukahi
Olekulua
Olepau
Haloakukahi } Kapukaloa (2 Tabunächte)
Haloakulua
Haloapau
Kane oder Lono } Kapukane (2 Tabunächte)
Mauli
Maku (mondlos)

Als Eintheilung des Monats (zur Festberechnung).

Durch das Aikapu (ai, Essen) war den Frauen das Essen der Bananen verboten. — Wer das durch kapu Verbotene gegessen hat, ist Kulimaaihala. — Die Häuptlinge wurden durch einen (Ahaula genannten) Faden von rother Farbe als kapu von dem Volke abgeschieden. — Mehame war das kapu Lono's. — Kahea Lealea war das Auferlegen des (Lealea genannten) kapu. — Der Zustand der Freiheit vom kapu im Verhandeln mit den Göttern hiess Aipuku. — Zur Bezeichnung des kapu benutzten die Häuptlinge die Mahilipine und Mahilika (sowie Manawaauea) genannten Fäden (ähnlich denen Africa's und Scandinaviens).

Nach Westen (Komohana) blickend, nennt der Hawaiier den Norden rechts, den Süden links (Hikina der Osten) am Himmel, während auf den Inseln die Seeseite okai (abwärts), das Binnenland ouka oder uka (aufwärts) hiess, und demgemäss die Benennungen sich ändern. Zwischen dem Platz des Himmels (oka paa iluna) und dem Platz der Erde (o ka paa ilalo) lag (als Atmosphäre oder lewa) der Hookui (Vereinigung) oder Ka halawai (Begegnung) genannte Platz der Mitte. — Der Horizont, wo der Himmel die See (oder Landfläche) berührt, heisst Hikimoe (Ruheplatz). Aufwärts darüber ist Hikiku, dann Kahiki, dann Papanuu, dann Papalani und (als Zenith) Kapuiholanikekuina.

Ao, Licht (wenn die Sterne verschwinden), La, Tag (nach Aufgang der Sonne), Awakea (Mittagswärme der Sonne), Ahiahi (Niederwärtsgehen der Sonne), Po, Nacht (nach Sonnenuntergang), He aumoe Schlafenszeit (um Mitternacht). — Nachdem die Milchstrasse ihren Platz geändert (der Fisch sich gedreht), beginnt ein schwaches Zwielicht an den Höhen mit dem Morgenanbruch (moku ka pawa), dann, wenn die Weisse der Hochlande sich gelblich färbt, folgt (Mischung von Hell und Dunkel) das Zwielicht (Pealena) und darauf das klare Tageslicht (s. David Malo). — Mai ka po mai (from night till now), als aus dem Chaos (die Entstehung des Lichtzustandes) Ao marama bezeichnend (s. Ellis), malama, Licht (s. Andrews).

Ao keokeo oder Ao kea (weisse Wolken), Ao mao mao (grünliche Wolken), Ao lena (gelbliche Wolken). Ao ula (röthliche Wolken), O klawe ula (röthliche Wolken), Onohi ula (röthliche Wolken), Ao hoo lewa lewa (fliegende Wolken, als nahe der Erde), Ao hoopehupehu, Ao hoo mako mako, Ao hoomalu malu, Ao hoo kokohi, Ao hoo weli weli. Die Opua genannten Wolken enthalten Streifen (Lalani), aus der See aufsteigend. Kahaea (rothe Wolken im Osten vor Sonnenaufgang), Papalaoa oder Nemonemo (glatt auf den Bergen am Morgen lagernde Wolken), Palamoa (bläuliche, auf den Bergen gelagerte Wolken), Poipu (den Himmel überdeckende Wolken ohne Wind), Owaawaa (den Himmel unregelmässig überdeckende Wolken), Hookakaa (von leichtem Wind zusammengerollte Wolken), Kakuma ist eine schwarze, dicke Wolke, als Quelle (Kulanahakoi) von Donner, Blitz, Regen und Wind. — Unter dem Himmel liegt Lewalani (Hochluft), dann Luwanuu (die Luft des Vögelflugs) und weiter Hoomakua (zu der Höhe, wie ein Mann von einem Baumzweig hängt). — Mai ha lewa mai bezeichnet das Herabkommen von oben her, vom Schiffsdeck (wie bei Göttern). — Kai, Strand; tekai, Berührung von Land und Wasser; Poanakai (Pueone), Beginn der Wellenbrechung; Kai papau (flache See) als Kai hele ku (zum Stehen); Kai opuna (zum Waten); Kuaau (tief); Kai au (strömende See) oder Kai hee nalu (zum Reiten auf der Brandung); Kai uli (blaue See) oder Kai malolo (fliegender Fisch); Hiaku, Meer (des Bonito); Kai kohola (der Wallfische); Moana (Ocean) oder Waholilo (weit entfernt), als Lipo, dunkelblau (nach David Malo). — Auf Hawaii wurde zum Unterschied von Moku (abgeschnitten), als isolirte Insel, die bewohnte Insel Aina (Land) genannt und eine Gruppe He paeaina oder he pae moku. — Maimai ku ai moa, Aoe loaa ka moa, J ka mai e moi.

Peleu ist Bruch eines kapu; Welawela, die nach der Geburt unreine Frau; Huakai, eine zahlreiche Reisegesellschaft (eigentlich „Schaum des Meeres"), und so: he huakai uhane, ein Gespensterzug, als oio. — Kanawai (oder Bestimmungen über Bewässerungen) bezeichnet Gesetze (im Allgemeinen). — Die religiösen Tänze heissen Haa. — Kake bezeichnet eine künstlich entstellte Sprache für Eingeweihte. — Eho (Stein-Idol) ist ein (zum Denkmal) aufgestellter Stein. — Ke kai a ka Hulumanu ist die Fluth (Hinalii's). — Makuakapule heisst der Fromme (den Göttern geweiht). — Lupe (Vogel) ist der Spieldrache der Kinder. Au-lima ist der in der Hand (lima) gehaltene Stock beim Feuerreiben, auf dem Au-naki (naki festhalten, befestigen). — Mana bezeichnet göttliche oder übernatürliche Macht. — Kona, der Südwind, oder Tonga. — Loko bezeichnet die Fremde. — Kuamauna, Rücken des Berges. (kua Rücken, mauna Berg.) — Ku akea, niedrige Büsche. — Wao maukele, niedrige Bäume. — Hea kalter Regen, als ua hea. — Lele bezeichnet Fliege, lelele springen, lelelele rennen; Alelo oder Elelo Zunge (Elele, Bote). Lelo il Lelo (der Basken) connects with the Linus or Ailinus (ya-lay-lee ya lail der Copten) ὀλολυω and ululare (s. Campbell) und (b. Powers) the death dirge sung by the Senel of California (Hel-lelli y u. s. w.). Von den Polen wurde Lelus und Polelus verehrt (s. Guagnini) und Lelumpolelum als Ausruf (ojlado zum Klagen bei den Slaven).

Akalau, ein für Einige sichtbarer Geist (für die Uebrigen unsichtbar). — Aka, Schatten. — Lau, Antlitz, Gesicht. — Laua kanaka ole, Einsamkeit (ohne Gesichter eines Menschen). — Akakalani, Aufleuchten des Himmels (Himmelsglanz). — He akakalani no ka uhane hemolele, das Aufleuchten des Himmelsglanzes in der Seele Vollendung (hemolele, Vollkommenheit). — Punalua bezeichnet die verschiedenen Männer einer Frau oder die verschiedenen Frauen eines Mannes. — Makualua heissen die Kinder einer Frau mit zwei Gatten. — Makaole kane (lebendes Auge) heissen die Verwandten eines Verstorbenen.

Wao-eiwa (wao oder wao nahele) Vegetation. — Wao akua, Wildniss (der Götter) am Bergabhang. — Wao kanaka, Anpflanzungen (der Menschen). — Auakua (wauakua oder waoakua) bezeichnet eine entfernte Wildniss, von Göttern und Geistern bewohnt. Wao kele, Schatten des Todes (als Malukoi). Mauhaalele, Todesschatten (oder Malumake). Malu, überschattet (geheim). — Wao (Platz) nahele (Dickicht) oder eiwa, dann darunter: Wao (Platz) Mau (Fortsetzung) kele (schlüpfrige Glätte), Waolaau (hohe Bäume). — Wa-luna ist der Platz zwischen Erde und Sonne.

Verständniss heisst Naauao, erleuchteter (ao) naau (Dünndarm), Opu-ao, erleuchteter (ao) Bauch (opu), Opu-ino (ino schlecht) ist böswillig. Opukopekope (kopekope mürrisch) ist heimtückisch, Opukee moa schlechtgestimmt (naau kee moa), Naau-po Unwissenheit (Nacht im Dünndarm), Naaukuhili sorglos, Na au aua Selbstsucht (aua hart). Kaha aku bezeichnet Pfad (Zeichen) eines Gottes (an wüsten Plätzen). Puuwai ist das Herz (mit Wasser gefüllt). Wai-lua ist eine Geistererscheinung, kino-wailua, Gespenst, Kino akalau, der Seelengeist eines Lebenden.

Lehu Asche, (lehu 400 000) lehu-lehu unzählig. Ma kona mau ipuka lehulehu i komo aku ai ka hewa, durch seine unzählbaren Thüren tritt Uebel ein. Lehua wird zur Achtungbezeichnung hoher Persönlichkeiten verwandt. Luwahine bezeichnet eine alte Frau. Lu (umherschleudern) bezeichnet das Untertauchen, wie beim Fang des Octopus. Luli-luli bezeichnet das Umherschütteln im Erdbeben. Lua-ahi der Feuerschlund. Lua hohonu tiefer Schlund. Lua huna Versteckhöhle. Luaku papau (Luakele) Begräbniss. Luapele ist Pele's (vulkanischer) Abgrund.

Der Platz unter dem Standpunkt des Menschen auf der Erde heisst Olalo (unten), dann folgt olaloo ka lepo (unter den Staub), dann olalo liloa (tief unten) und dann olalo kapapaku (Weltmittelpunkt). — Die Plätze in der See, wo Fische leben, heissen oloke no ia oke kai; die tiefen Plätze dunkeln Wassers in der See heissen Hohonu, wo die grossen Fische leben; die Vögel gelten als Bewohner in der Luft oder auf den Bergen (und Götterboten).

Höhe ist Oluna (bis zu der Höhe des Menschenkopfs), dann folgt Oluna ae (ein wenig höher), dann Oluna aku (weiter hinauf), dann Oluna loa aku (sehr hoch hinauf) und dann Oluna lilo aku (hoch hinauf bis zum Verlorengehen); darauf folgt (bis in die fliegenden Wolken) Oluna o ke ao (über den Wolken), dann Keaouli (das Firmament), dann Kalani uli (der blaue Himmel), dann Kalanipaa (der feste Himmel). Der Kalanipaa oder feste Himmel, als Pouliuliu (dunkle Erscheinung) begriff die Strasse für die Sonne, die Nachts ins Meer stieg und unter der Erde hinging (ebenso wie Mond und Sterne).

Die Akua noho (noho, to sit, einwohnend) were supposed to dwell with or be over men, as guardians (s. Andrews), wie gleich Genien oder weiblichen Genetyllides, der Archaeus in Elementarkräften (den Dingen).

Indigetes duplici ratione dicuntur, vel Secundum Lucretium, quod nullius rei egeant: Ipsa suis pollens opibus nihil indiga curae, vel quod nos deorum indigeamus, unde quidam omnes deos indigetes appellari voluerunt (s. Servius). — Den Indigetes (römisch und laviniensisch) entsprachen (pränestinisch) die Digitii (s. Klausen), als Daktyloi. — Indigetes omnes dii dicuntur qui nullius rei egent, Nigidius dicit, vel dii facte et hominibus (di patrii Indigetes). — Indigetes dii, quorum nomina vulgari non licet (Festus); ὀνομασία τοῦ ἁγίου verboten. Die römischen Penaten wurden mit Lanzen dargestellt (zwei Jünglinge), „als Ernährer der Thatkraft" (s. Klausen), Castoresque Romani (b. Cicero). — Die Pythagoräer fassten als Göttliche Κόρα, Νύμφας εἶτα Μητέρας Καλουμένας (bei Timäus). — Numa setzte für Fides ein Indigitamentum ein (manu ad digitos usque involuta rem divinam facere). Die Finger (der ausdrucksvolle Theil der Hand) dienen bei symbolischen Verrichtungen (s. Grimm), und daran angeschlossen die Fingerstellungen im lamaistischen Gottesdienst (bis zum Falten der Hände beim Gebet). Die Areois (the spirits of themselves and their friends) enjoyed happiness, in the tenth degree (the highest), in the midst of an immense plain, round which stood all the god, joining lands, with interlocked fingers and forming an impregnable protection, while those within the circle revelled in all manner of sensual delights (s. Tyermann) in Fingerverschränkung (zum schützenden Pirit). In Saul's Besessenheit überkommt ihn der Geist Gottes, ein „böser" Geist Elohim's oder Jahve's, „eine Benennung, die wir nicht über unsere Lippen bringen würden, wenn die Schrift sich ihrer nicht so gerade heraus bediente" (s. Delitzsch), als die „finstern und feurigen Mächte göttlichen Zorn's" (wie in den Schreckenswandlungen tibetischer Bodhisatwa).

Auf Neuseeland suchten die Ariki nach einem himmlischen Stammbaum zu besserer Abscheidung von staubgeborener Rasse (auf Tonga aus Bolotu gegeben).

Les classes tabouées comprennent les Atouas, nom donné en général a toutes les divinites noukahiviennes, et qui est aussi appliqué à certains hommes de la classe des Taouas (qui ont été divinisés de leur vivant). Les dieux, exercent un pouvoir surnaturel sur les élements, ils peuvent donner de riches, recoltes ou frapper la terre de stérilité, ils infligent à leur grè les maladies et la mort, et la crainte superstitieuse qu'ils inspirent et si grande, qu'on leur offre des sacrifices humains pour dètourner les effets de leur colère: heureusement le nombre de ses hommes-dieux est très-limité il y en a tout au plus un ou deux sur chaque île, ils vivent dans une reclusion et un mysticisme, faits pour en imposer aux crédules sauvages. Les honneurs et le pouvoir attribués à cette classe ne sont pas toujours héréditaires. Les Akaïkis ou Kakaïkis, sont les chefs civiles de la population; les femmes de cette classe portent le titre d'Atepeiou. Aucune marque extérieure de respect n'est accordée à ces personnages; on les voit se mêler a la foule, diriger leurs pirogues et quelquefois pagaier, pêcher pour la subsistance de leur famille, travailler aux constructions comme les derniers individus de leur tribu. Ils ne peuvent prélever aucun impôt, aucune dime sur leur sujets; ce n'est que par la voile des échanges ou à titre de don volontaire, qu'ils obtiennent les objets appartenant à d'autres naturels. Cependant, on leur reconnait un droit héréditaire de possession des terres et de supériorité morale; leurs personnes et leurs maisons sont inviolables, probablement à cause de l'origine sacrée qu'on suppose à leurs ancêtres. Le concours de la population leur est assuré aussi dans certains grands travaux; pour l'obtenir, ils donnent une fête et exposent leurs desirs aux convies; leurs demandes sont presque toujours satisfaites, mais c'est entièrement par l'effet du bon vouloir des auditeurs, et non par le fait d'une obligation forcée. Les Taouas sont une classe d'individus qui deviennent des divinites après leur mort, qui possédent, de leur vivant, la faculté héréditaire d'être inspirés par la divinité ou par les Taouas déjà morts; on leur attribue la faculté de pouvoir indiquer la cause des calamités qui affligent la population, et annoncer les dangers qui la ménacent.

Leurs attributions sont un mélange de celles des sorciers et des prophètes. Quelquefois, pendant la nuit, on les entend jeter des cris perçants et émettre des sons rauques et inisutés; puis, reprenant le son naturel de leur voix, ils feignent de converser avec un être invisible, ils prétendent se trouver alors en communication avec la divinité, qui leur révèle sa volonté dans ces moments, ils sont en proie à des hideuses convulvsions leurs regards s'animent, leur corps frisonne, leur mains tremblent et dans cet état d'exaltation, ils parcourent les environs, en pronostiquant la mort ou demandant des sacrifices pour apaiser la colère des dieux. Les Tahounas ont un signe distinctif que les fait reconnaitre; il consiste dans une feuille de cocotier dont ils font une sorte de bonnet. La tige est placée devant le front, tandis que les feuilles sont attachées derrière la tête. Ils portent aussi un ornement du même genre autour du cou: ils fendent une branche de cocotier, jusqu'a un pouce des extrémités, et y passent la tête. Les côtes, dépouillées de leurs feuilles, pendent sur le dos et la poitrine; cet ornement est porté habituellement. Les Ouhous, ordre qui doit être le même qui celui des Moas, sont des hommes dont l'office consiste à aider aux sacrifices humains, présentes aux divinités par les Tahounas. On n'admet à cet emploi que ceux qui ont tué un ennemi dans un combat avec le cassetête appelé ouhou, d'ou leur nom derive. Les Ouhous ont le droit d'assister aux festins des Taouas et des Tahounas, ce qui est interdit aux classes inférieures. On ne sait pas trop quel est le rang des Toas, nom donné aux chefs guerriers illustres par leurs prouesses. Le titre est tout à fait distinct de celui d'Akaïki ou chef civil, quoique les mêmes individus puissent porter ces deux désignations differentes. Le titre parait être aussi entièrement nominal: il ne concède aucun droit de suprematie, si ce n'est celui de donner l'exemple et de marcher le premier au combat. Il est possible que le Toa d'une tribu soit chargé de diriger les opérations contre les ennemis, quoique en général, dans ces conflicts, chaque guerrier paraisse avoir la liberté de combattre ou de fuirselon qu'il le juge convenable, sans dependre en aucune façon d'une volonté etrangère. Les Nati-Kaha sons des individus qui ont le don de jeter des maléfices nommés Kaha, ils sont des attributions communes avec les Taouas. Les classes non tabouées contiennent tous les individus de la condition la plus basse, ceux qui ne possédent pas de terres, qui n'ont pas la réputation de guerriers accomplis ou de constructeurs habiles. Les classes sont naturellement bien plus nombreuses que l'ordre taboué; parmi elles: Les Peïo-Pekeïos, qui reçoivent leur subsistance des chefs auprès des quels ils remplissent des functions serviles, ils cultivent les terres, récoltent les fruits, préparent les aliments aux quels ils participent eux mêmes. Les Averias, dont les occupations sont d'une nature plus indépendante, pourvoient à leurs besoins en allant a la pêche; ils forment la populations maritime par excellence, car ils n'exercent aucune autre industrie, tandis que les autres naturels ne sont pêcheurs qu'accidentellement, et seulement lorsqu'ils n'ont aucune autre réssource alimentaire. Les Hokis ou Kaioas sont une éspèce de troubadours nomades, des chanteurs qui vont de tribu en tribu chercher fortune, ce sont ceux qui dans les grandes fêtes, remplissent les rôles des danseurs. Les Nohouas sont placés encore sous dessous des Hokis. Leur condition est la plus misérable, ils tirent leur subsistence de la terre (s. Dumoulin) auf den Marquesas-Inseln, mit der von den Göttern beim Weltbau aufgeführten Terrasse (nach Melville).

Bei den Maori hat Tawhaki den Weg zum Himmel gefunden, auf Hawaii glänzen die Häuptlinge im Augapfel der Sonne (wie sonst in den Sternen mit eigenen Augen um so leuchtender, je mehr der Feinde Augen verschluckt), und so auf Nukahiva (im Gegensatz auch hier zum Helheim, für den gemeinen Schlag): Le ciel est habité par les dieux du premier ordre, par les femmes qui meurent en couche, par les guerriers tombés sur le champ de bataille, par les suicidés, et surtout par la classe aristocratique des chefs (s. Radiguet).

Auch bei den Azteken waren, neben den Kriegern, die Freuden der Walhalla den im Kindbett Verstorbenen zuertheilt, und solche werden stets aussergewöhnlich betrachtet, wie zum Guten, auch zum Bösen, weshalb man ihre Leichen als (im letzten Fall, gefährliche) Pontianak festnagelte im Grab (auf den Uliasser). So sind auch in der Dämonenklasse besonders die Geister der bei der Geburt verstorbenen Kinder gefürchtet, die sich (auf Tahiti) in Heuschrecken verwandeln. „Den Kopf hat Gott an ihnen also eingerichtet, dass er länglich und das Maul unten, damit sie im Fressen sich nicht tief bücken, sondern bequem und geschwinde ihre Nahrung nehmen mögen" (1748). Den $\sigma\pi\text{ουδαῖοι}\ \delta\alpha\text{ίμονες}$ stehen gegenüber mali, qui non commodum et emolumentum, sed damnum afferunt (s. Fabrice), wie den Oromatua (mitunter Krankheiten heilend) die (zu Schaden benutzten) Tii (in Tahiti). — Weniger boshaft, doch neckisch (wie Nix und Nakh), ist das Volk der Kobolde, $\gamma\text{ένος}\ \text{οὐτι-}$ $\delta\alpha\nu\tilde{\omega}\nu\ \Sigma\alpha\tau\text{ύρων}\ \kappa\alpha\text{ί}\ \dot{\alpha}\mu\eta\chi\alpha\nu\text{οεργῶν}$ (s. Hesiod), doch manchmal dienstlich im Hausstand, und der im Wein der Milchgefässe berauschte Silvan lehrt den Hirten (für seine Freilassung) die Käsebereitung (in Tirol). Die Feldgeister oder Seirim (Sair) rufen zwischen Nesseln und Disteln (b. Jesaias), als nichtsnutziges Pack, während sich die Virae querquetulanae (nymphae praesidentes querqueto virescenti) kräftig der Vegetation annehmen, mit dem guten Willen alter Roggenmuhmen (auch bei den Karen).

Auf Tahiti fanden sich sieben Himmel bis zum Terai ama ma tane (la bouche de Tane) ou l'ouverture (la porte de l'extremité), par où entrait la lumière (s. Moerenhout). In Poli-ukua, dem dunkeln Hintergrund des Himmels, sind die Sterne befestigt (auf Hawaii). Les Otahitiens imaginent, que tout ce qui existe dans l'univers provient originairement de l'union de deux êtres. Ils donnent à la divinité suprême, un de ces deux premiers êtres, le nom de Tarantaihetoomoo, ils appellent Tepepa l'autre, qu'ils croient avoir été un rocher (1779). Il était (ou il y avait), Taaroa était son nom; Parahi Taaroa te iva, roto ia le aéré aito fenoua aita rai, aita tai aita taata, tiaoro Taaroa i nia, fouarira noa ihora oia i te, ohe naréa ei, te toumou Taaroa, le papa, Taaro te oné, Toro Taaroa in naio o; Taaroa tei le ao, Taaroa tei reto, Taaroa te nahora, Taaroa tei raro, Taaroa te taii, Taaroa te paari, fanau fénoua hoaïi, hoaïi noui rara, ei paa no Taaroa, te ori ori ra fénoua (s. Moerenhout). Nachdem von Papa getrennt (durch Tànemahuta) wurde Rangi durch die Taupatlkl (als Wolkengötter) oben gehalten (bei den Maori).

Nach Parmenides ist das Seiende ungeworden und wandellos, weil das, woraus es seinen Ursprung hätte nehmen können, das Nichts sein würde, und von solchem Nichts beginnt im „Kore" der Schöpfungsprocess der Maori, in seinen psychischen Kraftzeugungen zunächst ($τό$ $γὰρ$ $αὐτο$ $νοεῖν$ $ἐστι$ $καί$ $εἶναι$), bis dann Rangi und Papa (Ge) dastehen, Dhyaus oder (bei Benfey) Dyauspitar und Prithivi, von denen alle Dinge geschaffen (in den Vedas). Aber das Brahman, als „eine im Subject ruhende kosmische Potenz" (s. Deussen) heisst das Holz, aus dem Himmel und Erde gehauen (im Taittiriya-Brahmanam).

Aus dem Nebel (Rehu) treten Tane und Paia (s. Shortland), als Vorfahren des Menschen hervor, und Tane (der Emporstrebende in Tane-mahuta und, in den Waldesbäumen dann, in Tane-etehia oder itehaa, Schützer der Canoebauer und Zimmerleute) erscheint als die Repräsentation des Männlichen (als erster Mensch auf Huahine) so significativ, dass ihm gegenüber der vom (unterirdischen) Maui (s. Forster) bis zum Himmel (in Tangaloa i lunga i te langi auf Fakaafo oder Tangaloa langi auf Samoa) reichende Tangaroa weibliche Wandlung (s. Wilson) annehmen mag (auf Tahiti). Wie aus der Unterwelt bei den Maori bringt Maui das Feuer auch von Oben, als Vogel mit rothgebrannten Schnabel, und der Vogel Leo verbrennt seine Flügel beim Feuerbringen (in Ternate). Ischl fliegt als Rabe dafür zum Himmel auf (bei den Koloschen).

Indem Tane-mahuta die Trennung von Erde und Himmel bewirkte, wird dieser als auf seinen mächtigen Waldbäumen ruhend symbolisirt, während die Brüder sich vergeblich bemühten, wie die Schlingpflanzen der anderen Inseln, wodurch höchstens das Firmament vorläufig und soweit emporgestossen werden konnte, dass der Mensch nur gebückt darunter stehen konnte, bis er sich Luft verschaffte. Der Himmel, meist der Erde so nahe, dass die Rinder daran lecken konnten, trennte sich vom Meere, als ein Mensch Ochsenmist an den Mond warf, in den Flecken (zu Arachoba) bei den Neu-Griechen (s. Schmidt).

— 45 —

Das in dem Schöpfungswachsthum Waltende, jedem Naturgegenstande Einwohnende, die Archei insiti, als Innua bei den Eskimo oder Indigetes (Dactilii oder Dactyloi im Uebergang zu kunstfertigen Telchinen aus magischen Fingerstellungen), trifft in jedem Aussergewöhnlichen den Indianer als Manitu, den Kanaka als Atua, und an einem aus dieser Klasse hervortretenden Characterbild vereinigen sich dann, bei der Allseitigkeit der Geschäfte für die Erdbildung, die dem Culturheros (in Quetzalcoatl u. Ä.) dargebrachten Huldigungen mit erheiternden Schwänken (wie sie Hermess als Diebsgott geübt), und so spielt Nanabozho in amerikanischer Mythologie und Tiki oder (in Festhaltung der Wurzeln aus dem Urgrund) Maui in der polynesischen, bis zurück auf die Urahnin Hinenuitepo oder der Greisin des Lebensanfangs (auf Mangaia). Als Schöpferkraft in regelmässiger Wiederkehr des Jahreslaufes (nach dem Tavis, der des Sonnengottes Gang im Kampf mit Tawat bei den Uteh geregelt), manifestirt, empfangen die Ackerbaugötter überall ihre Mysterienfeste des Jubels und der Klage, und wie man sie in Afrika ihre Tempel verlassen und wieder beziehen wusste, so feierten die Areois (in Nakahiva) bei jährlichen Freudenfesten die Rückkehr Maui's, bis dann wieder im Trauergewande den Abschied der Götter beklagend (s. Moerenhout), unter denen auf Neuseeland auch Haumia-tikitiki als Gott der Nährpflanzen genannt wurde (s. Dieffenbach). Dann ist die Erde zu imprägniren mit dem zeugenden Princip, und weil sie weiblich durch das Männliche also, das im Berg Meru, als Phallus auf ihr steht, oder in den Waldbäumen Tane's, wobei der alten Urmutter gegenüber, der jugendliche Begleiter (wie bei der Seefrau der Chibcha), als Sohn gefasst, zu jenen blutschänderischen Mischungen führte, wie sie in Tragödien nachklingen mögen, aber auch in Genealogien (gleich dem Anfang derer auf Hawaii und Nukahiva). König Prithu, um seinen Unterthanen die Erzeugnisse der Erde (Prithi) zu gewähren, zeugt mit dieser in Gestalt einer Kuh) Svayambhuva Manu als Kalb (nach der Vishnu Purana).

Im Buddhismus wandert die Seele, oder ihr Effect aus der Kama, im Kreislauf der Sansara, durch die Meditationshimmel auch, bis im Nirvana negirt, bei den Pythagoräern wiederholt sich das drei- oder siebenmalige Heraufsenden der Hecate, wie bei den Priestergeweihten der Dacota, die aus den Wanderungen dann erlöst, gänzlich verschwinden (gleich einem Tathagata), und erst nachdem die mit der (heiligen) Tellermuschel von den Göttern (im Po) rein geschabte Seele dreimal gegessen war (von Oro), galt sie (auf Tahiti) für die Göttlichkeit gereinigt (s. Tyermann), die letzte Befreiung in Wou-wei (ewiger Amitayus). In Kainakaki (auf der Insel Tarawa) geniessen (bei künstlichen Erdanhäufungen) die Todten alle Freuden (und darf dort kein Baum[1] gefällt werden), doch sind nur Tättowirte zugelassen (indem

---

1) Abhauen der Bäume in einem Heroon war in Athen mit Todesstrafe

sonst die Riesin auffrisst). Dèn (in einem Eleusis) durch Weihe Privilegirten wurde dann das Siegel aufgedrückt, zum Kennzeichen (statt Legitimation durch den vom Popen mitgegebenen Pass). — Im Unterschied von Vyatireka oder das Hinausreichen (über den Leib) wird Unsterblichkeit (Unzerstörbarkeit durch den Tod) als Amritatvam oder das Nicht-mehr-sterben-können (der erlösten Seele) bezeichnet, beim Gegensatz zu Martyatvam oder das Immer-wieder-sterben-müssen (der individuellen Seele) bei den Indern (s. Deussen), in Wiedergeburten.

Anfangs handelt es sich um das materielle Leben selbst und seine Verlängerung, wie bei langlebigen Payagua (s. Azara), oder den Abiponen (s. Dobrizhoffer), welchen der Tod nicht kommen würde, „were it not for the evil influence of Amagqwira" (bei den Kaffir wieder).

Dann der Streit um Tod und Leben, der Streit zwischen den Schöpfungswesen bei den Eskimo (s. Crantz), der Streit um die Schlangenhäutung (in Guyana), oder das Symbol im Monde und seine (leider missverstandene) Botschaft (bei den Hottentotten), wie auch Hina (als Mond) mit Fatu (Erde) streitet über das Wiederauferstehen des Menschen (s. Moerenhout). Aus banger Ungewissheit erlöst darauf die Heilspredigt (wenigstens die durch sie Gebenedeiten), bei den Arowaken aus der Tiefe des See's gewährt — durch eine Wassermuhme, als Thetis oder (s. Manhardt) Θητις — sonst in der Erleuchtung des vom Besuche der Himmel und Höllen Zurückkehrenden, oder von Visionen Inspirirten. Als Erster Mensch (gleich dem Prophet der Mandan) erzwingt Raychow (bei den Aniya oder Bubie) von dem Grubenkönig Arzneimittel gegen alle Krankheiten, ausser gegen die Krakra (da Eine bleiben musste, an der er selbst zu sterben hatte). So liess sich denn auf Erden bereits das Jenseits vorbereiten (durch heilige Weihen aller Art). — Erst nachdem die von Gott gefressene Seele in seinem Leibe gereinigt war, ging sie ins Po ein (auf Tahiti), ausser wenn bereits vor dem Tode die Reinigung durch längere Frauenenthaltung eingetreten war (s. Anderson), in Wiedergeburten (der Dwya). Die oberen Götter heissen (auf Rarotonga) Kaitangata (Menschenfresser).

belegt (s. Aelian), τάς δούτι βροτοί κείρουσι σιδήρῳ (die heiligen Haine der Unsterblichen). Dem aus Polydoru's Grab ausgerissenen Baum entfliesst Blut (b. Virgil), und in dem umgehauenen Pappelbaum ächzt die νυμφη μελίη (in Dotion). Der Baumgeist (wie in der Kestenberger Eiche und im Wildegger Birnbaum) ward für die Seele eines Menschen erklärt, der sich an dem Baum erhängt hat (s. Mannhardt), und Phyllis Seele geht in den Mandelbaum (bei Servius), als νύμφη δενρῖτις (b. Agath.), oder als „Baumpsyche", und dazu sonst besessene Bäume, wie in Indien (s. „Brahmanen in Hinterindien", Ausland 1882). Pua, nach Hawaii kommend, ging in die Bäume ein, und Dryope wurde in Pappel gehüllt (wie Philyra in Linde und Daphne in Lorbeer verwandelt), und wenn „in horto" konnten sich die Menschen als Götterfresser revanchiren.

Die Vorstellung des Essens führt auf die Excremente, die (bei Maori) der ins Jenseits verirrten Seele angeboten werden, oder (in Eimeo) auf Erden schon von den Heiligen verzehrt (*Wilson*), auch auf heiliges Grab niedergesetzt (*Mariner*), von Stercoranisten (bei Algerius).

Der „unreine Geist" (den „man mit allem Fug einen Scheiss-Teufel nennen kann") „hat, wie die Königin einstens von ihrem Marschall tractiret worden, im selbigen Moment ihm einen Hauffen oben auff den Stab gesätzet, dass es über das gantze Gemach gestunken" (in Küstrin). Um solchen Unzuträglichkeiten (des XVII. Jahrhunderts) für ferner vorzubeugen, muss die Verdauung geregelt werden, und „Die Speisenehmung oder das Essen geschieht gleichsam per οἰκονομίαν, und derselben Englischen Creaturen anständlichen und gefälligen Zulassung; daher kann die Speise, welche von den Geistern in der angenommenen Gestalt genossen worden, nicht natürlicherweise digeriret werden und zergehen, sondern werden von der Englischen Natur gleichsahm, wie sie in Flammen verzehren" (s. Goldschmid). When a kelta dies, a little bird flies away with his soul to the spirit land; if he was a bad Indian, a hawk will catch the bird and eat him up, feathers and soul (s. Powers).

In der Wiedergeburt kann dann das Neugeborene als „Götterkoth" (auf Samoa) gefasst werden, und bei der Verknüpfung in der Ahnenreihe (auch künstlich gefördert durch Zuwerfen bei Tacali oder Aufstülpen des „hat worn by his feather" auf den Kopf des Häuptlings unter den Bubie), kann die, von den Schamanen gleichfalls, erlangte Unterstützung in den Oromatua (Polynesien's) dauernd auch als Atua im Dämon (Ti) der Seele (als ihr Folgegeist) zugefügt werden, zum Schutzhort, der, wenn in Gestalt der Thiere (s. Turner) erscheinend, dann deren Essen verbietet (b. Williams), weil sonst mit Krankheiten strafend[1]) (deren Abwehrung von ihm erhofft).

Mit der Traumseele, die bei den Longobarden als Mäuslein hervorkommt oder in den μεταστασεις des Apostels Johannes als Rebhuhn hüpft, ist dann bereits die Doppelheit gegeben für weitere Complicationen, wenn beim Gähnen oder sonst der Dämon einfährt (wie in den Mund des Apollonides mit übernatürlicher Begabung), und „können sich wohl in einem Leib gesellen" (als Geister), die „Seele als die forma informans und der Teuffel als die forma assistens" (1698). So, wenn der Vater (dem Sohn gegenüber) als Philosophorum deus (s. Tertullian) auftritt, wird im irdischen Behälter schon das Verständniss bedrängen, des Atman oder Brahman, um in Identität zu vergehen.

---

1) und im Leibe wachsend, wie (in Hawaii) Pua, so dass sich Concretionen selbst auf dem Scheiterhaufen noch finden (in Siam). Als Erysichthon den unter Seufzen Blut ausströmenden Baum umhaut, sendet Ceres eine Oreade zum Wohnsitz des Hungers auf dem eisigen Caucasus, damit er in Erysichtens Leibe Platz nehme, ihn zu quälen durch die im Volksglauben Heisshunger (s. Mannhardt) genannte Krankheit (βουλιμος, βουλιμία).

Durch Homousios wurde die Wesensgleichheit des Sohnes mit dem Vater decretirt (in Nicäa). „Dass aber darin nicht nur eine specifische, sondern eine numerische Wesensgleichheit des Sohnes liege, ergiebt sich aus der Einheit Gottes, sowie daraus, dass das Wesen Gottes nicht theilbar ist, dass man es also nur ganz oder gar nicht besitzen kann" (s. Atzberger), so dass (bei Athanasius) die „Homousie in Gott anders vorhanden als bei den Menschen, so nämlich, dass Vater und Sohn nicht aussereinander, sondern ineinander sind" (wie auch die ineinandergeschobenen Bilder in der Trinität), οὕτως ἐπεὶ οὐκ ἴσμεν τὴν οὐσίαν τοῦ θεοῦ, οὐδὲ τὰ συμβεβηκότα αὐτῷ μαθεῖν τε καὶ ἐννοῆσαι δυνησόμεδα (s. Sext. Emp.). — Die Dreieinigkeit verschmilzt in einen einzigen Körper mit drei Köpfen oder mit einem Kopf und drei Gesichtern (bei Filippo Lippi), bis Papst Urban die Dreigesichter verbot (1628).

Um sich selbst und das Dorf vor dem Tabu (aus dem während des Tättowirens vergossenen Blute) zu befreien, wirft der Tohunga einen aus dem für die Götter bestimmten Hangi oder Ofen (neben dem für sich und das Fest) heiss genommenen Stein durch seine Hände, um ihn dann wieder hineinzulegen, und das Tabu im Kochen der Speise auf diese zu übertragen, die durch die Götter gegessen werden wird, im Aufhängen in einem Korb am Baum (bei den Maori), und in gegenseitiger Eidesbindung [1]) (wie bei Sicyon) oder Tauschhandel (bei Plato), sacramentale Mahle auch auf Erden (bis zu den Jagas, in Menschenfleisch).

Brot und Wein, von der Erde stammend, sind das ἐπίγειον, dagegen Leib und Blut Christi das οὐράνιον der Eucharistie (nach Irenäus). Das Abendmahl ist (b. Ignatius) „ein Trunk der Unsterblichkeit und ein Gegengift des Todes" (s. Stieren), wie im Unsterblichkeitstranke der Laotse gesucht (oder in der Jugendquelle auf Florida und Tane's Lebenswasser).

---

[1]) Die Ukukafula benannte Ceremonie bildet (bei den Kaffir) „the great national sacrifice and ceremony performed, when the priest makes the army invulnerable. All the men of the tribe, or as many as can attend, are assembled at the „great place." The priest names the sacrificial beast, which is immediately caught and thrown down. The shoulder is then skinned and cut off while the wretched animal is still alive. The flesh is cut off the shoulder, so as to form a long strip, which is roasted on the coals of a fire prepared for the purpose, into which charms of a certain kind of wood, or roots, are thrown by the priest. The flesh, when roasted, is made to pass trough the smoke of these charms; after which, each man bites off one mouthful, and passes it on to the next. The priest then makes a number of incissons in different parts of their bodies, into which he inserts the powdered charcoal of the above mentioned charms. So in (der Passauer Kunst) der Mithras Mysterien, in doketischer Milderung der Menschenopfer, ihre Erneuerung, wie bei blutgierigen Azteken, zu vermeiden, wenn auch zwar die Häretiker meinten (XIII. Jahrh.): Si esset illud corpus domini tantae quantitatis. ut est petra Erenberti, jamdudum esset consumptum, ex quo primum coepit manducari (s. Eckbert), „substantialiter" oder „salva sua substantia" (b. Berengar).

Wenn über die dritte Ahnenschaft hinaus die Seelen (der Tritopatores, als Arraka von Ruach, Geist oder Wind) sich verflüchtigen, schweben sie in der Luft (in dem durch die Ideen polarisirten Aether bei Carus), wie die adligen Guaycurus um den Mond (während die Gemeinen über die Fluren streifen), und aus der Luft herab kommen die Ungewitter, aus dem Geisterhaus, wo die Seelen (in Tukopia) zusammenwohnen, durch den Beherrscher desselben (s. Dillon). — Der Blitz (nach den Kaffir) is governed by the Umshologu or ghost of the greatest and most renowned of their departed Chiefs, and who is emphatically styled the Inkosi" (s. Warner). Should a house have been struck, it must be abandoned, together with every utensil belonging to it (animals as well as human beings are always buried when struck (by lighting and the flesh is never eaten).

So nahmen in Yoruba die Donnerpriester alles Eigenthum, das durch den einfallenden Strahl ihr Gott als das seinige bezeichnet, für sich in Anspruch, und dem vom Blitz Erschlagenen darf man sich nur tanzend nahen, wie Aehnliches im alten Sicilien u. s. w. — Die (etrurischen) Haruspices unterschieden fulmina auxiliaria, pestifera, postularia. Den (römischen) Auguren kamen die fulmina sinistra von links her (als gute). — Wenn der Blitz, dessen Sprache der Donner ist, in einen Baum schlägt, bleiben die Zähne des Abentheuer-Thiers darin stecken (bei den Manobo), als Steinbeile (s. Semper). In Tonga sprechen im Gewitter die Wechselreden der Heroen (in Bolotu). Neben Meulen (torbellino o remolino de viento) und Epunamun (junta de guerra) wird Pillau (auf den Vulcanen des Gebirges donnernd und blitzend) verehrt (bei den Araucanern). — Raegoo wrapper (to whom they attributed all their afflictions) bezeichnete (bei den Tasmaniern) thunder and lightning (s. Robinson).

Unter der Vielfachheit der von ihm in Paraguay genannten Stämme weiss Azora keine religiösen Vorstellungen zu verzeichnen und vielfach antworteten die Indianer auf Fragen der Missionare betreffs der Schöpfung, dass Keiner von ihnen dabei gewesen, oder dass man über das Jenseits nach dem Tode nichts wissen könne, weil Keiner für sie von dort zurückgekommen, um zu erzählen [1]).

Bald indess enthüllt sich in den Extasen übernatürliches Wissen, mit Offenbarungen, die so lange noch nicht dem grossen Haufen offen-

---

[1] The male and female heads of the fifth generation backwards are called Unkulunkulu (bei den Zulu) und betreffs „the first Unkulunkulu" (als befragt) „all we know is this, the young and the old die and the shade departs. The Unkulunkulu of us black men is that one to whom we pray (s. Callaway). Οὐδὲν οὖν γεννᾶται, κατὰ ταῦτα δὲ οὐδὲν φθείρεται (Sext. Emp.) καὶ ζῶν οὐκ ἐτεθνήκει (und so hat den Naturvölkern das Leben fortzudauern, wie es ist mit dem Tod nur als Eingriff feindlichen Bösen's erklärbar).

bar, desto sorgsamer in geheimer[1]) Tradition gepflegt werden. — Um den Erstgeborenen einzuweihen „into the secrets of the Maori priesthood" schläft der Grossvater (unter Auflegung allgemeinen Fastens) in der aus Nikau (Palmen) hergestellten Hütte, um am nächsten Tage dort den nackend zu ihm gesandten Knaben zu empfangen, den er schlafen lässt, für Beobachtung der Zeichen, und, beim Günstigen derselben, dann unterrichtet, bis: „to chew the lower end of a Toetoewhatu-manu stalk, in order to prevent him from divulging what he has been taught (s. White).

Wegen Rückkehr des abwesend umhergestrichenen Geistes im Niesen wird (auf Rarotonga): A, kua oki mai koe (Ha, you have come back) gesagt und (auf Samoa) Solfua (oder leben) in der Häuptlingssprache (statt ola). Die Seele (agaga) wird in ihrer Erscheinung auch als aitu gefasst, wogegen die Gedanken (und die Erinnerung) in Manatu (manava oder Athem), die Gefühle in Loto (des Herzens oder fatu) ausgedrückt liegen. Auf Hawaii fallen die Gefühlsregungen in aloha, während für denken manao steht, und als Seele uhane (Hanehane im Geisteswimmern) oder ea (im Athem), und (als Gespenst) Lapu oder Wailua (in Kinowailua) und Kino-akalau (aka, Schatten, als ata bei Maori). Die Gedanken reden (in Polynesien) als Worte des Bauches, sonst im Kopf, woraus wieder Hirngeburten (Athene's) sich in Hawaii wiederholen. Tangaroa wird (auf Mangaia) aus Papa's Haupt geboren, oder aus einem Abcess am Arm (mit den Analogien in Mikronesien, Antillen u. s. w.). Buddha durchbricht die Seiten seiner Mutter, und so erhält sich auch sonst bei übernatürlichen Geburten die Jungfrauenschaft, als Parthogenesis (mit der Form der Paedogenesis in Verknüpfung der Heterogenie mit der Generationsfolge). Die nach dem Tode in einer anderen Daseinsform offenbarte Seele kann sich auch wieder nach Aussen hin auf das Herrlichste bethätigen, sobald ihr durch die Auferstehung ein neuer verklärter Organismus zu Gebote steht (s. Splittberger), und so der Nachdruck der Kirchenväter auf die Auferstehung des Fleisches (je greifbarer desto sicherer begriffen).

Wenn die abgeschiedene Seele (auf Rotuma) in einen Lebenden

---

1) Obwohl von dem durch seinen Grossvater (als Hohepriester) unterrichteten Tati (Neffen des Königs Amo) mancherlei Details (in Papara) über Gebräuche erhaltend, „cependant il me manquait surtout à l'égard de la religion, bien des documents que je savais exister et que je cherchais en vain", bemerkt Moerenhout, der, als man ihn sprach, „d'un vieillard jadis prêtre et harepo à Raiatea" denselben schliesslich (nach vielfachen vergeblichen Versuchen) zu Mittheilungen bewog. Ce moment fut pour moi un moment d'extase (Sept. 1831), und dennoch beschränkte sich der Gewinn (so werthvoll auch immer als solcher) auf die (damals schon von der Persönlichkeit der Gottheit modificirten) Mittheilungen über die Schöpfung (an der Stelle organischen Entstehens). Wie jetzt! bei gesteigerter Zersetzung.

zurückkehrte (s. Turner), mochte ein Verwandter in dem Neugeborenen erkannt werden (wie in Afrika und sonst bei Seelenwanderungen), aber die (in Samoa) vor Frost schaudernde Seele wurde gefürchtet, als Unbestattete aus Po-kino auf Mangareva, wo man deshalb die Seele nach Po-rotu zu leiten suchte, in den Gesängen der Leichenfeier (wie bei den Dayak). In Tahiti's friedlichem Zusammenleben wachten (bei Charistia-Festen[1]) über Glück und Eintracht der Familie die Oromatua, oder Θεοι ἑστιοι, als Ahnen[2]) (Tupuna der Maori) oder als die Geister der durch Liebesbande angezogenen Verwandten, wogegen die Seelen der Kinder, welche noch keine Anhänglichkeit gewonnen, als tückische gefürchtet wurden, besonders wenn etwa bei der Geburt getödtet, wie bei den Guanas u. A., bis auf das Product der als letzte vermutheten Empfängniss (s. Azara). Am Bösartigsten mussten die Seelen embryonaler Keime schrecken, und so sicherten sich die Frauen gute Behandlung seitens der Männer durch die Drohung, in Beleidigung einer Kinderseele (einer Praeexistenz für den künftigen Homunculus) diese zu reizen (auf Tonga). Um so dankbarer wurden deshalb Zeichen des Wohlwollens aus dem Jenseits aufgenommen, und wenn der Todte sich in der Gestalt des als Schutzgeist (seit dem Ἥρως ἐπωνυμος im Wappen) heiligen Thiers zeigte (dem Cuga oder Quñefacu in der Verwandtschaft der Araucaner), fand er liebevolle Pflege und freudige Begrüssung, wenn auch mit Thränen gemischt (auf Tahiti).

Dagegen kann durch solch' böswillig gestimmte Seele allerlei schlimmster Schaden angerichtet werden: Prodiit in Alemannia haeresis (1160 p. d.). Creditum est, fuisse daemones vel animas malorum hominum inter daemones conversantium; apparebant invisibiliter quidam exercitus quasi multorum habentium papiliones et ubique praedicatores suos dirigentium (Alber.), und so, als Vorläufer späterer Hexenprocesse,

---

1) Unter den Alfuren (in Sahoe) besitzt jede Familie ihr Tempelchen (oder Kakiroba-Hütte) für die Göttergeister oder Oming. Es findet sich ein Tisch darin und Stuhl, auch wohl das kleine Modell eines Prauw (oder Boot's) und dgl m. Bei festlichen Gelegenheiten setzt man durch Kurkuma gelbgefärbten (oder auch mit Cocos in Bambu gekochten) Reis dorthin, und nachdem Kinder während der Nacht dort gewacht haben, werden die Schüsseln am nächsten Morgen zurückgenommen, um dann im Kreise der Familie verzehrt zu werden. In den Genna-Mahlen der Naga wird kein Fremder zugelassen, und eifersüchtig lauern die Götter, überall aufpassend, gleich dem „schwarzen Mann", der selbst in den Oeden Feuerlands wandert. — Hikuleo, der beim Ausgehen seinen Schwanz zurücklässt (auf Tonga), entspricht (auf Samoa) Siuleo, als wachendes leo) Ende (siu) am Schwanz (des Siu genannten Fisches).

2) They worship (in Nanomea) the spirits of their ancestors, mostly those who originally peopled the island (s. Whitmee), und sonst prähistorische Vorfahren in Heroen verwandelt (bei Hesiod), wie bei Batta u. A. m.

die Inquisitionen der Inquisitoren, als (dominicanischer) Spürhunde (gleich den Hexenriechern[1]) der Kaffir), Denuncirungen verlangend, bei der durch Gregor IX. angedrohten Strafe des Kirchenbannes (ohne dem Angeklagten Confrontirung mit seinem Ankläger zu gewähren), und die heiligsten Bande der Gesellschaft zerreissend, denn auch die Kinder der Häretiker wurden bis zur zweiten Generation aller Lehen und Ehren verlustig, ausser wenn sie selbst ihre Eltern denuncirt hatten (s. Kaltner).

Wie in Neuseeland auf dem stürmischen Cap der nördlichen Insel, ziehen in den polynesischen Gruppen die Seelen überall nach dem westlich gelegenen Springstein, wie auf Samoa und sonst, auf den Marquesas (s. Radiguet): Pour se rendre en enfer, l'âme part dans le Pahaa (cercueil en forme de pirogue) et met le cap sur le détroit, qui sépare l'île de Tahuata de celle de Hivaoa (und am Fels Tahuata streiten dann zwei Gottheiten über das Herabstürzen). Los Caciques se convertian en monardones y se quedaban en les sepulera, de donde salian a ver sus parientes (bei den Araucanern), los indios de guerra, que habian sido valerosos, se subian a las nubes y se transformaban en truenos y relampagos (s. Medina). El tercer jenero de gente, que es la comun de hombres y muyeres, dicen, que en muriendo van sus almas a la otra banda de el mar a comer papas negras (nach Garcia).

Im Reinga sanken die Seelen von Etage zu Etage, εἰς τὰ κατότερα μέρη τῆς γῆς (τα κατώτατα τῆς γῆς), mit jeder geschwächter, hinab,

---

[1] If it does not rain within a reasonable time, the Chief sends to know the reason; and the Rain maker is never at a loss for excuses, such as that the beast sent by the Chief was not acceptable to the „umshologu"; that another of a different colour must be sent. When all his excuses of an ordinary nature have been exhausted, and the drought still continues, he does not hesitate to declare that sorcerers are exerting their evil influence to prevent the rain from falling; and recommends the Chief to have the „umhlalo" or ceremony of „smelling out", performed, in order to discover them. Sometimes the Rain maker himself names them; in which case the „umhlahlo" is dispensed with. Persons charged with this species of witchcraft never escape death, unless they manage to fly to another tribe. The manner of putting them to death is uniform; they are always tied neck and heels, and thrown into a deep hole of water in the nearest river; and their property is confiscated to the Chief (s. Warner). — „Wie Hunde, wenn sie eine Psychologie schrieben, den Geruchssinn als den wichtigsten bezeichnen würde, so müssten alle Thiere, deren Geruchs- und Geschmackssinn stark entwickelt ist, von diesem jedenfalls bedeutend mehr Material zu ihren Träumen beziehen, als der Mensch" (s. Radestock), und so könnten die Träumereien (oder Seelenriecherei) für die Affen das Substitut der Dog-Indians finden (in der Descendenz). Der Lebensodem wurde in die Nase des Menschen gehaucht (in nares ejus), als „Mittheilung des geschöpflichen Geistes" (s. Delitzsch), und der Mensch hat ihn in seiner Nase (in naso suo). Die Seele ist die Ausdünstung (ἀναθυμίασις) des Blutes (bei den Stoikern), als Duft (auf Tonga).

aber noch mochten sie als Feuerfunken (s. Dieffenbach) herumsprühen, und besser hätte mau sie deshalb jenseits eines unterweltlichen Flusses der Vergessenheit localisirt oder auf einer dem Gesichtskreis excentrischen Insel im weiter entfernten Abstand mit ihren paradiesischen Anlockungen, als die auf den Antillen in den Waldhainen gewährten. — Auf Rarotonga wird die nach Tihi's Haus (im Paradies) entsendete Seele gebeten, dass sie nicht zum quälen zurückkommen möge (s. Williams), nicht zum Erwürgen (wie es auf Huahine gefürchtet wurde). Mit allmäligem Verhallen des gepredigten Wortes (unter weiter und weiterer Entfernung des Tathagata) muss die Verschlechterung zunehmen bis zum Untergang, in Vorstellungen, die sich in Schöpfungsreligionen in Gestalten verbildlicht haben, gleich denen des Antichrist am Ende der Dinge (und deren Erneuerung auch bei den Asen). Den Winnebagos waren noch 3 Generationen gespart (aus 10).

Als Ausgangspunkt der Wanderungen in Hawaii steht Kahiki (Tahiti) als östliches (iti nga, sun rising) dem (nächtlich) westlichen Awaiki gegenüber (von dem wieder die Maori, als ihre Heimath, aussetzten), und als Rangi (sub dio) Mangaia an das Licht bringt, vollendet sich die Schöpfung (wie mit dem Wendepunkt „Ao" im Pele Heiau), obwohl noch, als Aequivalent aus der Schattenwelt, der Geheimname (wie der Rom's) in priesterlicher Hut blieb, als Akatautika, „the well poised" (s. Gill) für Auau (Mangaia). Auch bei dem Stützen des Himmels durch Ru (im Süden, während Maui im Norden) wird nachträgliche Adjustirung erforderlich (wie beim Umhertragen der Berge in javanischer Kosmurgie). Im Uebrigen unterhielten die Nga-ariki ihre Beziehung zu den (bei Hesiod) von der Erde bedeckten Heroen (denen da unten), von denen die Frage der Erdbeben auf Timor (ob noch Leute oben seien?) gestellt zu werden pflegt, denn (in Mangaia auch) „mundus patet" an (St. Patrick's oder) „Tiki's hole" (Te rua ia Tiki), bis geschlossen durch das Selbstopfer (wie der römische Feuerschlund). — Die Seelen der Vornehmen gingen nach Awaiki[1]) (im Westen), die der Gemeinen ins Po (auf Rarotonga).

Statt gerade Boeroe (Buru) zu umschreiben, liesse sich Bolotu (Pulotu) auch auf andere der Pulu oder Inseln beziehen, als Auswanderungspunct, der mythisch werdend, wie (im Gegensatz zu Aki oder Oben) unterirdisches Hawaiki (auf den Marquesas), dann mit der Nacht des Po ins Jenseits ausläuft. Po (prf.) seems to denote an intensive (*Andrews*).

In Samoa findet sich Lotu als „Tonga-word" (s. Pratt), the term

---

1) Sonst als Heimathsland für Wanderungen (von Klein-Java). Im Gegensatz zu Java (mit Sumatra und Borneo) heissen die Molukken (bei den Bugi) Java-Javaka (in Diminutiv) oder Klein-Java (wie Havaii-iki ebenfalls erklärt wird), und die Insel Ambon heisst Jaba auf Ternate (s. Wanderungen der Polynesier, Verhandl. der Ges. für Erdk. 1882, July). Westliches Puro (Bauro) wurde von Taumako besucht, und Porstu (b. Bataillon) Gebetsnacht (auf Uwea).

used for praying (s. Mariner), im Anschluss (auf Samoa auch) an Loto, the heart (the desire), vouloir (s. Viollet), intérieur (au milieu), ἐν καρδία τῆς γῆς (und Himmelsherz bei Quichés). In Pulotu (the native drum) führt Pu (hole) auf die Blasmuschel sowohl wie die Vagina (the anus etc.).

Für die Seelen der Egi war Bolotu als ihre Walhalla reservirt¹), wo die in Jugendkraft dem Leben Entrissenen, die auf dem Schlachtfeld gefallenen Helden zunächst, einziehen mochten, also die gewaltsamen Todes Gestorbene (und sonst als spukend Gefürchtete).

Bei grossen Kalamitäten, bei grossem Menschenschlachten, durch Epidemien auch, bedurfte es aussergewöhnlicher Hülfen, wie in der Berufung des Epimenides nach Athen oder Einführung der ludi scenici (für spätere Dramatisirung durch Livius Andronicus) in Rom, der ludi Taurii (religionis causa) u. s. w.

In Hawaii (mit dialectischer Vertretung des t durch k) bezeichnet luku: to make a slaughter, to kill a multitade, as in severe battles (s. Andrews), und luku ma e a: a prayer used by females (from the time of Papa) am Olekukahi, dem siebenten Tage des Mondes, in seinem Zunehmen die Auferstehung (wie in Viti) symbolisirend, aus dem Gestanke (maea) der Verwesung (wie Meto bei den Maori).

In Verstärkung bezeichnete Po-luku: to slay in great numbers (a slaughter, a destruction of many persons in battle), und Polukuluku, to pound fine, to bruise mall, to mash down (s. Andrews), lues est diluens usque ad nihil, tractum a graeco λύειν (s. Festus), im ἠλύσιον.

---

1) An der Spitze der tabuirten Klasse (der Moa) stehen (in Nukahiva) die Atua oder die bereits im Leben (wie die übrigen nach dem Tode) dazu aufgestiegenen Taoua, während sonst (ihrer Person nach unverletzliche und zur Eigenthumsergreifung berechtigte) Akaiki oder Kakaiki (Ariki) die erste Stufe einnehmen, und die Taoua erst in zweiter Linie rangiren (so dass hier auf Erden bereits eine ähnliche Verschiebung eintritt, wie für Tonga in Bolotu, wenn dort anlangende Seelen der Egi berechtigt sind, sich über die Götterdiener zu stellen, nach den Adelsproben an Hikuleo's Hof). Im Anschluss folgen drittens dann die Tahuna für religiöse Ceremonien, wobei sie, in Betreff der Menschenopfer, durch die nächste Ordnung der Ouhous (die in stattgehabter Tödtung eines Feindes in der Schlacht ihre Fähigkeit bewiesen haben müssen) unterstützt werden. Dann kommen die Toa oder Kriegshäuptlinge, die ihrer Tapferkeit wegen zu Führern gewählt werden, und schliesslich die Nati-Kaha, durch Kaha (oder Abfall) Schaden anzaubernd (und so mit verdächtiger Färbung in die Nachtseite schwarzer Magie verlaufend). Die Klasse der Gemeinen, (als ausserhalb des Tabu, begreift die Peio-Pekeios, das Land der Häuptlinge bebauend (von dem sie für ihre Dienste unterhalten werden), die Averia (auf den Fischfang angewiesen), die Hoki oder Kaioa (als vagabondirende Tänzer bei den Festlichkeiten) und, als unterste verachtet, die Hoki (s. Dumoulin).

Im Verschlingen durch den Atua, im Essen oder Fressen[1]) der Seelen, ergeben sich Vorstellungen blutiger Kriegsgötter, wie Hesus etwa (der Asen) für Aas (von itan, ezgan), als esca (von edere), âz, cibus, comestio (ahd.), als aacz (esca), und aas (aasen oder äsen) oder (schwedisch) As, „häufig aus der Schelte übergehend in Liebkosung, wie das frankfurtische os, döm esi" (s. Grimm), oder wie $αἴσα$, bei Verknüpfung mit dem Schicksalsloos (wie in $μοιρα$ und $μορος$) bis Aesar oder Aes Sidhe (Sidhe oder fairies) or dwellers in the hills (in Ulster), und was sonst dazu gehört (in der Gestaltungen viele). — Dem Nachts beim Grabe Vorübergehenden antwortet oft das Sada (als Eule), um Blut (wenn noch ungerächt) schreiend (bei den Beduinen). — Die Dämonen (sede) haben Christus als Gott anerkannt, Hiba hat diesen nicht anerkannt (auf der Synode von Ephesus), lebendig soll Hiba verbrennen (s. Hoffmann). — As, als Thron, beginnt die Hieroglyphe des Orisis (iri oder Auge) als Mumie (auch mit Zufügung des Syphon oder Riegel). — L'ame (dans le ventre) se rendait au centre de la terre dans un lieu nommée Po, ce lieu était divisé en deux parties, l'une nommée Po-poroutou, était reservée aux âmes (rouana) des bons (Poroutou), l'autre appelée Po-kino, était destinée aux âmes des méchants (ridia ou kino) auf Mangarewa, so hörte d'Urville vom père Cyprien, und hier steht kino zunächst mit dem Körperlichen in Beziehung, während den privilegirten Klassen das Privilegium eines reservirten Himmels bleibt.

Auf Mangarewa manifestirten sich die Gottkönige dem Volk, wenn, wie Matapau, vom Berge[2]) herabkommend, und nach dem Tode wurden

---

1) Die Todtensänge (auf Mangaia) heissen Etara Kakai (talk about the devouring). Bei den Maori erhält die neuankommende Seele von den Geistern des Todtenreiches Menschenkoth zur Speise. An der Bestattung des Tui-Tonga (in dem Langi genannten Grabe), „the men approach the mount and perform their devotions to Cloacina" (s. Martin). Im Essen der Atua ergiebt die Metempsychose den Götterkoth Samoa's. In der heiligen Brüderschaft auf Eimeo verwendete sich Menschenkoth als Speise bei heiligen Mahlen. Der durchlöcherte Stuhl, zum Mannsheitsbeweise (nach Corius), diente dem Papst zum Sitz, für Erinnerung an seine Menschennatur (bei Mabillon), neben dem „Stercoraria" genannten, worauf unter dem Gesang des Psalm-Verses (der den Geringen aufrichtet aus dem Staube und erhöhet den Armen aus dem Koth) „der Papst sich setzen musste" (in Roïdis' Roman). Die käuflichen Reliquien des Dalai-lama waren täglicher Neu-Reproduction fähig. Diebe (in Oldenburg) verrichteten am Ort der That ihre Nothdurft; so lange der Koth warm ist, bleiben sie ungestört (s. Wuttke). Wie in Böhmen wird auf Tanna mit Koth gezaubert (zum Hinsiechen).

2) A partir du moment, où le fils du roi avait atteint l'âge convenable pour être transporté dans sa maison aérienne, son père perdait le sceptre et n'était plusque le régent du royaume; seulement en cas de guerre, c'était toujours lui qui commandait les guerriers (auf Mangarewa), und die Thronerhebung wurde dann beim Alter der Rückkehr mit Fest gefeiert (s. d'Urville).

ihre Leichen[1]) zur Fortbewahrung behandelt (mit Umwicklung), wie in Ambassi die des Königs von Congo (s. Besuch in San Salvadors S. 164). Die durchgängige Wechselwirkung zwischen Seele und Leib führt nothwendig zu der Vorstellung, dass die Seele das innere Sein der nämlichen Einheit ist, die wir äusserlich als den zu ihr gehörigen Leib anschauen (s. Wundt). Im Jainismus concentrirt sich wieder der Seelenleib[2]) (aus der Verschwimmung im Buddhismus).

Von Taga (to have a restriction removed from things, that had been prohibited to be used) würde Tagaloa auf die populäre Erscheinung der Gottheit führen aus mysteriöser Verschlossenheit in Taga (the sharks stomach) bei heiligen Thieren der Meerestiefe, und für Befahrung derselben in Canoe's[3]) bei Taga (a cutting or felling of wood) die priesterliche Stellung der Zimmerleute sich ergeben.

Während sie in Reinga[4]) schwächer und schwächer hinabsinkend,

---

1) Am Jahresfest (des Königlichen Sterbetages) tous les grands du royaume et le parents du défunt se rendaient en grande cérémonie sur l'ile Anga-Kawita, et on ajoutait une enveloppe complète à celles qui pouvaient déjà l'envelopper (auf Mangarewa), in Vermehrung des Umfangs (s. d'Urville), bis zu dem peruanischer Mumien (und sonst). In der Pa-atau genannten Ceremonie wurde die Kleidung der Idole jährlich erneuert (in Polynesien). — Taroa (in Raiatea) was represented as living in a shell, which he cast from time to time, and as he did so the world grew larger and larger, till it had reached its full size. He is said to have made a woman, whom he himself married and lived with her from island to island, assuming a different form in every one, as though he were another husband, till in each they had a family of children and thus peopled all the islands (s. Tyermann), wie Papa in Hawaii ihr Aussehen wechselt (weiblicher Wandlung).

2) Die Seele bewahrt ejus corporis, quod circumtulit effigiem (bei Tertull). Kino-akalau bezeichnet die geistige Erscheinung eines noch Lebenden (auf Hawaii) als Kino-wailua oder (in Oio oder Gesellschaft) Kaka-ola (Leben oder ola, im Gegensatz zu make). In priesterlicher Anrufung (auf Hawaii) wurde Po-mano-mano (mano-mano oder vielfach, von mano oder Hai), als Aufenthalt der Verstorbenen, durch Pokini-kini bezeichnet (Kini-kini, viel von kini, 40000), — Maui, who had one large head and eight little ones upon his shoulders (in Tahiti), band die Sonne für den Marae-Bau (s. Tyermann), in dem durch Polynesien wohlbekannten Kunststück (und auch bei Indianern oder sonst).

3) Auf Rapanui fanden sich viele schlechte Böte und Flösse (wie an der Küste Amerika's wegen der Brandung), und auch auf Mangarewa wurden auf Flössen die Besiegten ins Meer getrieben (wodurch Timoë bevölkert wurde und andere Inseln). Nachdem Tutapu (seinen Bruder Tangiia verfolgend) sich in Atiu niedergelassen, some of his descendants afterwards reached Mangaia in drift canoe (s. Gill). Auf den Seen Australiens wird in Flössen gefischt.

4) Als „Reflex des göttlichen Zornwortes" (s. Delitzsch) ist der Aufenthalt des $Καταχθονιος$ (bei Philo) im Scheol ein „Halbleben in der Finsterniss des

höchstens spukend in Feuerfunken umhersprühen mögen, können die in voller Kraft abgeschiedenen Seelen, auch mit solcher für Begeisterung zurückkehren, wie die der Egi aus Bolotu zum Einfahren in Tonga (wogegen die der Matabule nur beschränkt). So spuken gespenstisch die Phi in Siam, während die Chao herabsteigen in πνευμα πύθωνος (wie er dann in Philippi wieder ausgetrieben wurde), unter den δαιμόνιον ἔχοντες (δαιμονιζόμενοι oder δαιμονεσθέντες) in possessio oder (als niederer Grad) obsessio, während Gerhard von obsessio corporalis die obsessio spiritualis unterscheidet. Liutinotagata (im Menschenkörper gewandelt) bezeichnet die Incarnation der Götter (in Samoa). ἐστι γάρ ἐυσέβεια ἐπιστήμη Θεων θεραπείης (Sext. Emp.). Für den siamesischen Geistertanz (Spirit-dance) mag verwiesen werden auf meinen dem Athenäum[1]) ein-

Abgrunds" (der Tod „die Strafe des ganzen Menschen"). Im Sinne der Θνητοψυχίται (b. Origines) verisimile autem, exceptis paucis omnes dormire insensibiles (nach Luther), wie bei Catabaptisten (wogegen Calvin's Psychopannychia).

1) „Der Buddhismus gleicht in den Ländern Hinter-Indiens einem ausländischen Baum, der in den neuen Boden feste Wurzeln geschlagen und das Wachsthum der einheimischen Pflanzen überschattet und behindert hat, diese aber durchaus nicht vernichten konnte. Wie in Europa, während des Mittelalters, als das Christenthum Jahrhunderte hindurch die herrschende Religion war, sich in der grossen Masse des Volkes immer eine starke Unterströmung heidnischen Aberglaubens erhielt (und sich selbst jetzt noch erhält), so üben auch die Völker, welche an den Ufern des Irawaddi und Menam wohnen, obgleich Anhänger des Buddhismus, doch noch manche von den roheren Formen des Gottesdienstes, welche sich bei ihren Brüdern und Vettern in den Bergen und Wäldern noch in ungeschwächter Kraft erhalten haben. Klaproth lenkte zuerst die Aufmerksamkeit auf das Wort Nat, welches, wie auch immer sein Zusammenhang mit dem Sanskritwort Natha sein möge, die schlangenartigen Dämonen bezeichnet, deren Anbetung die überwiegende Form des religiösen Glaubens in Mittel- und Ost-Asien bildet. Die gegenwärtigen Birmanen unterscheiden noch die Naga oder Nakha, welche die ihnen in der buddhistischen Mythologie zugewiesene unterirdische Region innehaben; die Siamesen aber, bei denen sich für die Bewohner des Himmels das Pali-Wort Thevada erhalten hat, kennen nur die Form Nakh, bei welcher der Endbuchstabe, in seiner abgebrochenen Aussprache, vielfachen dialektischen Schwankungen unterliegt Die Karen kennen das Nai und in Cambodia bedeutet Neak zuweilen soviel wie „kleine Leute". Während eines Aufenthalts in Birma widmete ich den Hauptzügen vor-buddhistischer Anbetungsformen bei den Burman-, Mon- und Thay-Stämmen besondere Aufmerksamkeit. Dort, wie in Siam, fand ich ein Uebermass von Material, aber auch ein Uebermass von Verwirrung, so dass es einiger Zeit bedürfen wird, um Klarheit und Ordnung in diese chaotische Masse zu bringen, in der die primitiven Formen der vergöttlichten Vorfahren, Dämonen und Schlangen mit den entthronten Göttern, die aus Brahma's, Vishnu's oder Siva's Himmel gefallen, vermischt, und mit den mannigfaltigen Figuren, welche in der ungeheuerlichen Kosmogenie des

gesandten Artikel (Oct. 1865), der unten in theilweiser Uebersetzung folgt.

Aus prophetischer Vorschau bei nahendem Tode, wenn sich Er-

Buddhistischen Systems eine Rolle spielen, vertauscht sind. Ohne auf diese verwickelten Komplikationen gegenwärtig näher einzugehen, möchte ich hier nur die Beschreibung dämonischer Besessenheit geben, wie sie in den südlichen Provinzen Siam's üblich ist. — Die Idee der Inspiration ist die Hauptgrundlage aller Religionen und es kommt nur auf den Gesichtspunkt an, ob dieselbe als von einem Dämon (oder auch Teufel), oder von einem Gott ausgehend angesehen wird. Wenn die erste Offenbarung nicht das Werk eines Propheten war, gewaltig genug, um die folgenden Generationen unter seine Autorität zu beugen, so musste sie sich zu Lebzeiten eines jeden späteren Hohenpriesters wiederholen, und dies war z. B. die Lage der Religion in der Polynesischen Inselwelt zur Zeit ihrer ersten Entdeckung durch die Europäer, ähnlich auch das Verfahren der Fetischmänner Afrika's und der Schamanen. Wenn der Priester Apoll's in der Weise des Gottes singt, von dem er erfüllt ist, und Griechenlands Grazien die auf dem mystischen Dreifuss in der Lorbeerhöhle sitzende Priesterin umschweben, so finden wir im Mittelalter die auf Besenstielen reitenden Hexen und den im Küchenlatein perfecten Mönch, der, unter den krampfhaften Zuckungen seines Opfers, durch Sprachverrenkungen den Bösen austreibt. Die Chinesen, als bücherlesendes Volk, erhielten ihre Offenbarungen durch Geisterschrift, lange bevor diese Art des Spiritismus in Europa eingeführt wurde. Um zu zeigen, wie solche Dinge sich in Siam gestalten, gebe ich hier die Uebersetzung einer einheimischen Schrift, so dass der europäische Leser sicher sein darf, die wirklichen Anschauungen des Volkes kennen zu lernen. Sie ist betitelt „Siamesische Sitten" und in Fragen und Antworten geschrieben. Die auf den hier in Rede stehenden Punkt bezügliche Antwort lautet folgendermassen [im Englischen, um doppelte Rückübersetzung zu vermeiden]: Answer: Concerning this question, what the Siamese mean by the spirit dance, I shall relate what I have heard, and it is to the following purport: The Siamese, the inhabitants of towns as well as the dwellers in mountains and forests, hold the opinion that there exist male and female Chao (a Lao word, meaning o noble lord, and entering as Phra-Chao in the name for God; with a slight modification it is used for the pronoun of the second person, in the familiar style). Phi, the word for demon, means also a corpse; the Siamese of Ligor call them shuet (ancestors or ancestral spirits). During life they have been great men and lords, and after death they are deified. There are some persons who understand the art of possession, and they suppose that they may invite them to enter their bodies if they observe certain rules. Those who hold to this opinion are of the low classes of people, ignorant and stupid, and there fore not able to distinguish between false and true. If one of their relatives has fallen sick, if property has been lost, or if some other misfortune has come upon them, they go to an old witch, well versed in sorcery, and beg from her to invite the deified lord or a demon, to take up his temporary abode in her body, so that they may be able to put questions to him. Then the necessary preparations are made to celebrate the spirit dance. They build a shed of wood, and put a

trinkenden (wie bei Beaufort) in wenigen Minuten die gesammte Vergangenheit im „panoramatischem Ueberblick der ganzen Existenz" darstellt (s. Splittberger), würde sich ergeben, „dass gar nichts jemals Er-

round roof, like a hay-stack, on it, which is sometimes overlaid with straw, sometimes with reed grass, sometimes with cloth. In this shed are placed the different articles for offerings, as eatables of all kinds, arrack, rice, ducksfowls, curried fish, and chiefly a pig's head, which is never wanting. Fruits are added, as soft cocoa-nuts, bananas, sugar-cane, ripe oranges, and whatever other kind they can get, according to the season. If the preparations are finished, they beat the drum and play the flute, to invite the demon to come down to the dance. The sorcevess then takes a bath, and having rubbed herself with scented curcuma-flour, dresses out in a red waistcloth, and a silken jacket, of the dark shining colour of the xomphufruit (sambossa). Then the music increases; they blow the flute, they strike the drum, they beat the clappers and sing the verses of incantation for the demon to keep himself in readiness. When the deified lord or the demon has entered the body of the magician, the person possessed begius to tremble, and her body shakes all over, she shuts her eyes and laughs out loud; she yawns and belches; she has her clothes (which were tied up after the manner of working people) float down (as worn by nobles), and puts flowers behind the ears. At that time the old woman assumes the manners and behaviour of a great personage conducting herself as far superior to all the rest of the people around her. The relatives of the patient now approach her in an humble posture, and explain the signs according to their conception of them. Sometimes they are explained to indicate the deification of a former master, sometimes they say it is the spirit of one of their ancestors; sometimes a foreign demon is supposed to have taken possession of the body. As soon as the demon has entered the body, they understand that the person possessed is suporior to all common men, and so they vie with each other in worship and paying homage. The words of the questions they put are couched in the respectful phraseology used for addressing lords and noblemen. They say, for instance, thus: „Your Highness has deigned to come. Is there anything that is wanted? Would it please the jewel of the head to visit our humble dwellings and our families? If only an expression is given so that we might know. We have looked for offerings and tried to present to the jewel of the head the best which could be provided. We, your abject slaves, invite humbly the jewel of the head to partake of the arrack, the rice, the ducks, and the fowls here. We humbly crave permission to invite the jewel of the head to eat and make himself comfortable. We very humbly petition your Highness." Now, concerning the old sorceress; she at once makes free with the arrack and the rice and all the good things displayed there. She then straightens the body and assumes the air of a great personage. Sometimes she gives vent to her anger, sometimes she laughs and talks sociably, at other she feigns to weep and to cry. Mostly she begins to question, speaking in the following way: „You set of fellows here, what have you called out to me for? What is there you want, you sluggards?" The people who have prepared the entertainment now speak out, and according to their wishes. The auswers given

lebtes eigentlich vergessen, d. h. der Substanz des Geistes und seinem Bewustsein entrissen werden könnte" (nach J. H. Fichte). Die vom Körper abgetrennte Seele umfasst im einzigen Hier und Jetzt alle

by the spirit dancer are different, as circumstances prompt her. Sometimes she replies: „Eh, eh, very well; I shall assist you". At other times she acts as if very angry, and says: „You fellows here treat me very contemptuously, and have a great disregard for me. Wait, I shall send sickness upon your children." The people who came to worship, then entreat her with humble supplications, and say: „Don't revenge yourself on our child, do not punish it for being angry. It is only a little bit of a child, and don't know yet any better." They then make a vow, promising to give such and such things in offerings that the demoniacal fury may be appeased. The magician usually replies: „Well, I shall pardon you for this once." When the people assembled understand that the ancestral spirit consents to remit the punishment, they become glad and rejoice greatly. The sorceress, shutting her eyes, falls down and lies prostrate on the ground. After the demon who had taken possession of the body has left her person, the people eagerly crowd round the old woman, and asks her if she was conscious of it, when the demon was in possession of her person. She answers that she did not know the least thing about it, and the people then break out in praises and flatteries, saying: „This lordly demon has certainly wonderful powers. He knows the causes and the whereabouts of all and every thing, and by his protection the patient will shortly recover." The fact of the matter is (adds the writer of this article, a Siamese of the educated class, and one of the sceptical reformers of Buddhism), that the diseases sometimes disappear, sometimes don't; that the stolen property sometimes is found, sometimes not; but the people who give themselves up to these practices are wanting in erudition and easily led astray. — Die Analogien, welche diese Ceremonien mit ähnlichen in andern Mythologien auf allen Theilen der Erde bieten, sind zu augenfällig, um nicht auf den ersten Blick einzuleuchten, und bestätigen von Neuem den Satz, von dem wir nicht loskommen, dass die Psychologie von den nämlichen unveränderten Gesetzen beherrscht wird, wie irgend ein anderes organisches Gebilde, und nur modificirt durch Nebenumstände, ähnlich wie die Pflanzen des Nordens sich von denen des Südens unterscheiden, oder die der westlichen Hemisphäre von denen der östlichen Ausser diesen Ceremonien behufs Anrufung der Dämonen in Krankheitsfällen haben die Siamesen noch manche entsprechende für den Hausbau, den Gartenschutz, das Schatzgraben u. s. w., in denen dem genius loci, dem Schutzengel, den Dryaden, dem unterirdischen Drachen und ähnlichen Mächten ihr Theil Anbetung gezollt und kleine Kapellen zum Aufenthalt errichtet werden. In den Vollmondnächten beim Jahreswechsel feiern sie die Inspiration durch Meh Si (die Mutter der Farben). Eine andere ist Meh Sü (Mutter Sü), die gute Fee, welche kleine Kinder vor Schaden und Unfall bewahrt und der oft ein Theil des Verdienstes gewidmet wird, welcher in den, in Buddhistischen Tempeln dargebrachten Opfergaben aufgesammelt steckt Die Unterredung zwischen der Besessenen und dem dabei gegenwärtigen Volke hat in der Uebersetzung viel von dem malerischen Charakter des Originals verloren, denn die siamesische Sprache gewährt für solche Art

Dinge (bei Van Helmont), wenn nicht länger verfinstert durch den Leib (nach Plutarch), indem die in successiver Entwickelung auseinandergedehnte Existenz fortan im Moment der Gegenwart lebendig bleibt. Im Schlafe findet sich die ununterbrochene anregende Einwirkung der Umgebungswelt temporär ausgeschlossen, und obwohl eine Zeitlang die Schwingungen auf den Sinnenfeldern in Nachklängen fortzittern (wie in den Combinationen der Träume manifestirt), kommen diese Schwingungen doch früher oder später zu Ende und tritt dann für das Psychische (im Nervenprocess des im Uebrigen fortvegetirenden Körpers) der Zustand eines Nichtsein's ein. Beim Erwachen stellt sich in der Wechselwirkung wieder das Bewusstsein ein, die Auffassung einer eigen selbstständigen Existenz neben, und gegenüber, den übrigen im Sein, und folgen dann ferner Neuzeugungen, in der mit jedem Gedanken als That sich der Weltordnung einfügenden Schöpfungen der menschlichen Existenz (innerhalb der Harmonie des Kosmos).

Wir sind mit unserm Sinn eingespannt in das umgebende und durch die Dvara (buddhistischer Psychologie) eindringende Luftmeer. So oft dasselbe in zitternd schwingende Bewegung gesetzt wird, hört das getroffene Ohr, wie wenn in physikalischer Zersetzung das Sehen sich bewirkt des Auges (dann chemisch u. s. w.).

Für das εὐδαίμως βιοῦν hält der Skeptiker sowohl die Furcht vor dem Bösen, wie den Reiz zum Guten hinderlich, denn πᾶσα τοίνυν κοκοδαιμονία γίνεται διά τινα ταραχήν, und so empfiehlt sich ihm das ἀδιάφορον bei den überhaupt (wie zwischen nasi simitatem et nigrorem und nasi aduncitatem et alborem) schwankenden Ansichten über Gut und Bös, um gleichgültige Stagnation gewissermassen anzustreben. Der aber für normale Gesundheit vorauszusetzende Ausgleich, wie physisch als Lebensfrage (in den geographischen Provinzen) herzustellen mit den Milieu (in ausreichender Weite von Kindheit bis Alter), kann psychisch zur letzten Harmonie erst angestrebt werden, indem der Geist eben in der Veränderlichkeit psychischer Atmosphäre rings um sich hineinwächst, und sich im Kampfe der Existenz ein jedesmaliges Gleichgewicht zu er-

---

von Dialogen grosse Freiheit im Gebrauch der höheren und niederen Fürwörter, welche abwechselnd angewendet werden können, und zeigt so durch das gebrauchte Wort zugleich an, ob das Weib von sich und zu den anderen im Namen des Gottes, oder in ihrer gewöhnlichen Eigenschaft spricht. Für die gefährlichen und wilderen Arten der Dämonen, welche, hauptsächlich in den Jungeln und Einöden, Leute zu befallen und Unheil anzurichten lieben, haben die Medizinmänner Austreibungsformeln. Der Dämon wird gewöhnlich durch den besonderen Geruch der neben das Bett gestellten Opfergaben verlockt herauszukommen, und wird dann in eine Büchse verschlossen, welche in Ermangelung von Salomo's Siegel mit einem geweihten Bande (sai sin) umwickelt und in den Fluss geworfen wird, wofern sie der Magier nicht für üble Zwecke behält."

kämpfen hat, mit den einfallenden Agentien und ihren Aenderungen, wie in der Pflanze, während der Dauer der Vegetation auf einander folgend, bis zum Reifeabschluss (und dann der Zerfall). So werden in den höheren Stadien geistiger Entwickelung leuchtende Meteore emporsteigen, in leitenden Idealen auf dem Pfade des Guten, als derjenigen Auffassung des Zieles, worin sich für die jedesmalige Individualität ihre harmonische Ausgleichung zu versprechen scheint (gesellschaftlich im Völkergedanken).

In den gesteigerten Gedanken-Operationen gewinnt sich dann ein tertium comparationis auch für significata (multum inter distantia) quae nihil habent inter se communes, wie in jenem ferner skeptischen Beispiel ἐπί τῆς κύων φωνῆς z. B., ob das animal latrans, animal aquatile, das der Sterne, der Philosophie u. s. w., indem die hier auf sinnlichem Gebiete fortfallende Congruenz sich in Ausdenken der Aehnlichkeit (im Hundeartigen) herstellen würde, und das Criterum der Richtigkeit durch die des Gedankenwachsthums bedingt bleiben wird (also seiner Gesundheit).

Einer späteren Zeit geistiger Entwickelung erst gehört es an, im Walten der Welt[1]) das Gesetzliche zu erkennen und dieses mit den Gewande der Göttlichkeit zu bekleiden, wogegen anfänglich das Gegebene als solches passiv entgegenzunehmen, und auch gleichmässig regelmässige Wiederholung, wie im Umlauf der Himmelskörper, ohne Eindruck bleiben mag, wenn nicht aus den besonderen Verhältnissen geographischer Umgebung die jährlich klimatische Aenderungen sich merkbarer fühlbar machen. Dagegen wird die alljährlich neue spriessen-Natur um so eher die Aufmerksamkeit erregen, wenn bei Betreibung des Ackerbaus vom richtigen Gedeihen desselben zugleich das Wohlbehagen nicht nur, sondern die Lebensexistenz selbst abhängt.

Wie (im Abhidharma) aus der Avixa (als Negation), wie die Philosophie (nach Dexartes) aus dem Zweifel (Zervan's in der Mythologie), nimmt (bei den Maori) aus deren Kore (dem Nichts oder Noch-Nichts) die Entwickelung ihren Anfang (bei Oken aus der „absoluten Null", auch der Mensch als „thierische Null") und τὰ μὴ ὄντα wird εἰς τὸ εἶναι gerufen (bei Philo); ἐκ τοῦ μὴ ὄντος πᾶν τὸ γινόμενον γίνεσθαι, καί εἰς τὸ μὴ ὄν πᾶν τὸ φθειρόμενον φθείρεσθαι, δυνάμει τῆς αὐτῆς ἔχεται τῇ Ξενοφάνει στάσεως (bei Xeniades, ὁ Κορίνθιος), aber „Alles, was einmal entstanden, hat ewig fortzudauern, sobald es für den Zusammenhang der Welt einen unveränderlichen Werth besitzt" (s. Lotze). Xeniadem existimasse in natura rerum perpetuam esse mutationem, ita ut-

---

1) τινὰ μὲν γὰρ λόγον ἴσως ἔχεται καθάπερ τό, τήν γῆν Θεόν νομίζειν, οὐ τήν αὐλακοτομουμένην, ἢ ἀνασκαπτομένην οὐσίαν, ἀλλὰ τὴν διήκουσαν ἐν αὐτῇ δύναμιν καὶ καρποφόρον φύσιν, καὶ ὄντως δαιμονιωτάτην (s. Sext. Emp.). In der Dreifachheit waltet Dharma (als Gesetz). οἱ ἀπό τῆς Στοᾶς ἐδίδασκεν ὅτι ζῶόν ἐστιν ὁ κόσμος (ζῶον ἄρα ἐστίν ὁ Θεός).

aliquid incipiat esse res quae ante non fuerat, verbi gratia ex ligno pomum, quod antea non fuerat pomum, sed lignum (ἐκ τοῦ μὴ ὄντος), ne ita accipias, ac si ex nihilo (*Fabr.*). Certe a nihilo fièri aliquid absurdum est (quod γεννητικόν τινος oporteat habere οὐσιάν), aber darum mag doch innerhalb der Wahrnehmungen menschlicher Begriffssphäre noch nicht Vorhandenes dort in die Erscheinung treten, bei organischer Entwicklung, und für die Augen aus, soweit im Dunkel verschleiertem, Bythos (Kumalipo's).

Präformirt (in den Naturwesen), ist das Zukünftige „schon vorhanden als dunkle Beziehung, als das Ziel, dem sich Alles (ihnen selbst unbewusst) im Gegebenen zuwendet" (J. H. Fichte). Und so das organische Wachsthum im Völkergedanken,

In den polynesischen Kosmologien gehen die psychischen Schöpfungen voran, wie gleichsam nach den primitiven Streifungen zuerst die Chorda dorsalis als Anlage des künftige Embryo hervortritt, und solch psychische Voranlagen finden sich nicht nur individuell gefasst bei den Maori (nach der Auffassungsweise buddhistischer Nidana), sondern auch gesellschaftlich (im hawaiischen Schöpfungsgedicht).

Das Unbekannte schreckt, der Fremde ist ein Feind, und ohne sein Eingriff würde rationelle Unterbrechung des Lebens nicht abzusehen sein, weder bei Abiponen (s. Dobrizhoffer), noch bei Payaguas (s. Azara), und so suchen auch die Australier stets den Thäter bei Nachbarstämmen aufzuspüren.

Jamas juzgan (die Araucaner) que salen de esta vida para la otra por ser natural la muerte sino es por hechicerias y por bocados (s. Bascuñan). Tienen entendido que no moriria ninguno, sino le matasen con heridas o yerbas, y por eso se persuaden que todos los que mueren (annque sea de enfermedades) es por haberles dado enemigos suyos ponzoña (b. Najera). Alles ist der Efrit voll bei den Arabern, (und anderen Teufeleien anderswo in der Dämonenwelt des Unsichtbaren). Al Huecubu no solo atribuyen el que sus mieses se apesten por el gusano, sino tambien todas las cosas que les suceden adversas o dañosas (die Araucaner). Para que llueva o escampe revuelven en un tiesto muchas piedrecillas con una yerba que llaman Pulpul, operacion que se conoce con el nombre de Guenguen (s. Medina). Aus den Kranken zogen die Zauberärzte „alguna flecha invisible" (des Hexenschusses).

Das Leid des Lebens bis zur Entsagung (ἀνέχου καί ἀπέχου, leide und meide), der Schmerz, (im Buddhismus) ist überall, und so lauert das Böse ringsum. Were it not for the evil influence of the „Amagqwira" none would die, but in good old age, und der „Rainmaker" (bei den Kaffir) does not hesitate to declare that sorcerers are exerting their evil influence to prevent the rain from falling, and recommendes the Chief to have the „umhlalo" or ceremony of „smelling out" performed in order to discover them, sometimes the Rainmaker hinself names them, in which case the „umhlahlo" is dispensed with; persons charged with this species of witchcraft never escape death (s. Warner), so wenig wie die Hexen im Mittelalter, wenn einmal auf dem „Hackerschen Stuhl" oder sonst in der Zwickmühle der Tortur bis zum Geständniss (und für dieses den Feuertod[1]). Auch hier fügte sich zu Krankmachern (den Murup, als todtbringenden Zauberer des Yarra-Stamms in Australien), noch die „Wettermacher" und andere Macher mehr, wie bei der Hexenverfolgung in Offenburg (1602) die Zunftmitglieder von Fliegenbach angesprochen wurden: „die armen Rebleute müssten nun einmal noch die Wegschaffung einiger Weiber fordern, um endlich der Raupen und des Ungeziefers ledig zu werden" (s. Volk). Auf das Lied des Dichters (Fileadh) Seanchan fielen die Ratten todt nieder, die die Knochen seines Lieblingsessens genagt hatten (am Hofe des Königs Guaire), und die den Apostel Johannes im Gasthaus (auf „ungepolstertem Bett") belästigenden Wanzen, begaben sich auf seine Anfragen hinauswärts (ἐπί τόπου καί πόρρω τῶν δούλων τοῦ θεοῦ), wo sie noch am nächsten Morgen in hellen Haufen vor der Thüre stehend gesehen wurden (bei den περιοδοι). So das Kraftwort des Gerechten in seinen Wirkungen, wie sich an Divodosa, als „allein gerechten König" Brahma bei der Dürre zu wenden hat, um Regen zu schaffen (in der Skanda Purana), und sonst des frommen Aeacus Gebet allein zu frommen vermag.

Fehlt aber solche Hülfe, wie sie in China dem Kaiser officiell auferlegt ist, so sieht es bös aus mit der Fetischen der Naturstämme überall, und krauser noch, wenn Gelehrsamkeit hinzukommt, mit all den Winkelzügen (von Rechtswegen).

„Früher war Inscriptio und Subscriptio von Seiten des Klägers im Protokoll, im Libellus accusationis nöthig, jetzt aber genügt die Denuncirung, ohne Nennung des Denuncianten", als die Kirche das Accusationsverfahren mit dem Inquisitionsverfahren vertauschte. „Seit Menschengedenken gab es keinen solchen Wirrwarr wie hier" (s. Kaltner), in Folge der Brandstiftungen Conrad's von Marburg (den der Erzbischof von Mainz vergeblich zur Mässigung mahnte, in Gegenwart der Erzbischöfe von Köln und Trier).

Im Cabildo de Santiago (in Chile) wurde beschlossen, que cada seis meses del año vaya un juez de comision para visitar la tierra sobre los hechiceros que llaman Hambicamayos, dándole comision para castigallos con todo rigor de derecho (1522), dann 2 alle 2 Monate (1552),

Da das Verscheuchen schon aus jedem Todesfall geläufig war, —

---

[1] Cuando el machi culpa a alguien como causante de la muerte (bei den Araucanern) luego lo condenan a las llamas (s. Olivares), zur Tortur, wie (in Afrika) mit dem Rothwassertrinken verbunden (und sonst correspondirend).

wenn beim Begräbniss die Prussi oder (nach Quenstedt) die Russen ihre Säbel um den Kopf schwangen, die Gespenster zu vertreiben —, so kam man überall auf die Radikalkur allgemeiner Auskehrung im jährlichen Reinigungsfest, (Κακίας δὲ πάντα μεστὰ εἶναι λέγουσιν), und gingen den gewaltsamen Massregeln verführerische Bethörungen der armen (oder, gleich dem Teufel, dummen) Dämone voran, wie durch die Nabikem in der Judok genannte Ceremonie am Alt-Kalabar oder ähnliche Popanzen in Fiji (wie sie auch im alten Italien vor den Häusern schwangen). Die Festspiele von Carman wurden (bei den Tuatha de Danan) eingeführt beim Tode der das Land verwüstenden Zauberin „Carmen" aus „Athen", (deren Söhne durch Ai, Sohn Ollamh's, nebst seinen Genossen vertrieben waren) und im Waffengeräusch wurde beim Jahresfest Cuzco gereinigt, der Sitz der Eroberer. Im sanfteren Gemüth der Kamschadalen vereinigte sich mit dem „Grimassenschneiden" (zum Erschrecken und Fortjagen, wie sonst durch Groteskmasken) die vor Greisen abgelegte Beichte, wenn bei der Lustration die Opfer verbrannt wurden, und so der Variationen viele, in der Geographie der ethenischen Provinzen, oder in den durchkreuzenden correspondirender Perioden der Entwicklung.

    Let the tooth of man
    Be given to the rat
    And the rat's tooth
    To the man,

singt (bei den Maori) die Mutter, um das Zahnen zu erleichtern (s. White), und „Maus gieb mir deinen eisernen Zahn, ich will dir meinen knöchernen geben", heisst es im heutigen Volksglauben, wenn der ausgezogene Zahn in den Ofen gelegt wird (s. Wuttke). Damit das Kind leichter zahnt, hängt ihm die Mutter einen abgebissenen Mauskopf um (in der Wetterau), und wie der Todte mit den im indianischen Grabe beigelegten Mocassin von der Bühne des Lebens abmarschirt (auf dem Helvegr mit Holzpantinen), so im Voigtlande mit Gummischuhen, denen noch (s. Köhler) ein Regenschirm zugefügt werden mag (und Kamm oder Rasirmesser auch vielfach sonst).

Aus dem Verscheuchen bis zu den Scheinkämpfen (wie auf Mangaia) dann die Agonen mit Gladiatorenspielen, und die griechischen Leichenspiele dienten als „festliches Spiel zur Besänftigung und Erheiterung der abgeschiedenen Seelen sowohl, wie der Hinterbliebenen" (s. Krause), als letzte Ehre (Celebration). Celebrare juvabat sacratos cineres atque hoc decus addere ludis (s. Silius Italicus) bei Scipio (für die Gefallenen in Hispanien). Als Neckerei der vergötterten Kaiser liessen sich Städte in Hellas und Kleinasien ihre Festspiele vom Senat bestätigen. Die Munera gladiatorum (für die den Abgeschiedenen erfreuliche Blutspende) wurden (in Rom) als Leichenspiele eingeführt (bei den Todtenfeiern), und entsprechende Analogie überall.

The „Ghost Gamble" (bei den Sioux) is played with marked wild-plum stones (nach Mc. Chesney), unter Theilung des Eigenthums in verschiedenen Haufen (wie bei dem Wettrennen der Esthen am Todtenfest) Würfelspiel; dann auch in egyptischer Unterwelt. Die Araucaner (s. Garcia) werfen die Echol genannten Gaben in das Grab, añadiendo al varon sus armes, y a la muyer el huso, lanas, ollas y demas instrumentos de los labores feminiles (nach Olivares).

Wenn das Kind Oro weihend, fing der Priester unter Gebeten nach dem Opfern) mit einer Schlinge den Gott (auf Rarotonga), bei den Taculli wird die mit der Hand ergriffene Seele zugeworfen. Auch mochten bei Krankheit Seelenschlingen an die Bäume gehängt werden (s. Gill) auf stillen Inseln (der Südsee)

Mit der Mythe von Oro (in deren Neuheit, zur Entdeckungszeit, die der Einflüsse durchblickt) verknüpft sich, wie die Niedersenkung der Gottheit in irdische Weiblichkeit, die Geheim-Institution der Areois in mystischen Graden freimaurerischer Orden (wie auch bei den Egbo in Africa), mit Anstrebung des Fortlebens und Wiederlebung, weshalb „son nom signifie la vie" (auf Tahiti). Ola (in Hawaii) bezeichnet das Leben als Wiederherstellung von Krankheit (als lautbares) und Olo die Klagelaute (um das Sterben).

„Oro, Taaroa's Sohn, der schaffende Gott (Gott-Schöpfer) und der erste der Götter nach seinem Vater, wollte sich unter den Sterblichen eine Gefährtin erwählen und stieg vom Terai touétai, oder dem obersten Himmel, zum Païa herab, einem hohen Berge der Insel Bora Bora, wo die Göttinnen Téouri und Oaaoa, seine Schwestern, wohnten, denen er seine Absicht mittheilte und die er bat, ihn zu begleiten, um ihn bei seiner Suche nach einer seiner würdigen Gemahlin zu unterstützen. Sie liessen sich sogleich im Nebelgebilde des anoua noua (Regenbogen) herab, welches der Gott am Himmel schuf und das mit einem Ende auf dem Gipfel des Berges Païa, mit dem andern auf der Erde ruhte. In Menschengestalt, Oro als junger Krieger[1]) und seine beiden Schwestern als junge Mädchen, durcheilten sie die verschiedenen Inseln, überall Feste veranstaltend, besonders in Art derjenigen, welche man Opéréa nannte und welche alle Frauen vereinigten; allein es war vergebens. Unter den zahlreichen Töchtern Taata's (den Menschentöchtern) sah der Gott nicht eine, die ihm gefiel. Der nutzlosen Nachforschungen müde, waren die Gottheiten schon Willens, zu ihrem erhabenen Wohnsitz zurückzukehren, als sie endlich zu Vaitapé, auf der Insel Bora Bora, ein junges Mädchen von seltener Schönheit sahen, welches sich in einem kleinen See, Ovai aïa genannt, badete. Entzückt[2]) sagte Oro seinen Schwestern, sie möchten dasselbe besuchen, während er selbst zu ihrer Wohnung auf den Gipfel des Païa zurücksteigen wollte.

Bei ihrer Annäherung grüssten die Göttinnen das Mädchen, lobten ihre Schönheit und sagten ihr, sie kämen von Avanau, einem Distrikt von Bora Bora, und sie hätten einen Bruder, der sich mit ihr zu vermählen wünsche. Vaïraumati, dies war der Name des jungen Mädchens, betrachtete die Fremden aufmerksam und sagte zu ihnen: Ihr seid nicht aus Avanau; allein das

---

1) als Kriegsgott (tödtend und belebend), und Ola (Lautbares) bezeichnet das Leben, als Wiederherstellung von Krankheit (in Hawaii), wie Olo Klagelaut (bis zur Auferstehung). In Folge der Eroberungen wurde Oro (Tutelary divinity of Bolabola) adopted by the people of Taiaraboo (für die frühere Gottheit).

1) wie Balder bei Nana's Bad (nach Saxo-Grammaticus).

thut nichts. Sofern euer Bruder arii (Häuptling), jung und schön ist, so mag er kommen und Vaïraumati wird seine Frau werden.

Tèouri und Oaaoa kehrten alsbald auf den Païa zurück, um ihrem Bruder das Resultat ihres Vorgehens mitzutheilen, und dieser stieg, nachdem er den anoua noua (Regenbogen) von Neuem gebildet hatte, zu Vaitapé herab. Dort wurde er von seiner Geliebten wohl empfangen; sie hatte einen mit Früchten beladenen fata (Tisch oder Altar) und ein aus den reichsten Stoffen und feinsten Matten hergestelltes Lager bereitet.

Oro, der von seiner neuen Gemahlin entzückt war, kehrte jeden Morgen auf den Gipfel der Païa zurück und stieg allabendlich auf dem Regenbogen zu Vaïraumati nieder. Er blieb lange aus dem téraï (Himmel) fort; Orotétéfa und Ourétéfa, seine Brüder, die gleich ihm auf der Wölbung des Regenbogens aus ihrem himmlischen Wohnsitz herabgestiegen waren, fanden ihn, nach langem Suchen auf den verschiedenen Inseln, mit seiner Geliebten in der Insel Bora Bora, im Schatten eines heiligen Baumes sitzend. Sie wurden von der Schönheit der jungen Frau so betroffen, dass sie ihr und ihrem Bruder nicht zu nahen wagten, ohne ihnen ein Geschenk darzubieten. Zu diesem Behufe verwandelten sie sich, der eine in eine Sau, der andere in ourou oder rothe Federn, und nachdem sie sogleich wieder ihre wahre Gestalt angenommen hatten, während die Sau und die Federn blieben, gingen sie zu den Neuvermählten, mit diesen Geschenken in der Hand. In derselben Nacht warf die Sau sieben Junge, welche folgendermassen eingetheilt wurden: Bouaa té vaa poa, Schweine zum Opfer für die Götter; bouaa maro ourou té Aréoïs, Schwein für den rothen Gürtel der Aréoïs; bouaa té haré roa, Schwein für Fremden oder Gäste; bouaa fatouré no té vaïhiné, Schwein für die Feste zu Ehren der Liebe; té vai bouaa, zwei Schweine zur Vermehrung der Art; tei té fatou boua aa iho, Schwein für das Haus oder zur Nahrung bestimmt.

Zu dieser Zeit fühlte Vaïraumati sich schwanger und sagte dies Oro. Der Gott nahm sogleich das zweite Schwein, bouaa maro ourou, und begab sich nach Raïatéa zum grossen Maraï oder vapoa-Tempel. Dort traf er einen Mann Namens Mahi, dem er das Schwein übergab, und sagte zu ihm:

Mau maitai oé ténéi bouaa, Nimm und hüte wohl dieses Schwein; bouaa Aréoïs, bouaa ra, das Schwein der Aréoïs, das heilige Schwein; bouaa no té maro ourou, éi Aréoïs, das Schwein des rothen Gürtels, sei (oder ich mache dich zum) Aréoïs; Oé i ié ao ouei, fanau tana, in dieser Welt, ich bin Vater; vau iho té Aréoïs, und kann nicht länger Aréoïs sein.

Mahi ging zum Häuptling von Raïatéa, dem er sagte, was ihm begegnet war; und da er diese heiligen Dinge nur behalten durfte, wenn er eines Häuptlings Freund war, so sprach er zu diesem: Té oa nau opoi no oé té, Mein Name wird der deine sein; oa no oi pomai ouau, und dein Name wird der meine sein. Der Häuptling willigte ein und sie nahmen gemeinsam den Namen Taramanini an.

Man erzählt auch, dass Oro bei seiner Rückkehr zu Vaïraumati dieser erklärt hätte, sie würde einem Knaben das Leben geben, welcher Hou tabou té rai (heiliger Freund des Himmels) heissen solle; was ihn selbst beträfe so wäre seine Zeit gekommen und er müsste sie verlassen. Indem er sich in eine ungeheure Feuersäule verwandelte, erhob er sich majestätisch in die Luft bis über den Pirirìré, den höchsten Berg in Bora Bora, wo er den Blicken seiner in Thränen zerfliessenden Gattin und des von Staunen ergriffenen Volkes entschwand. Man erzählt endlich, dass sein Sohn Oa tabou té rai (der heilige Freund des Himmels) ein grosser Häuptling war, welcher, vermöge seines Einflusses bei seinem Vater und den anderen Göttern, den Menschen viel Gutes that und sie von manchen Uebeln befreite, und dass er nach seinem Tode zu seinem Vater nach Téraitouétai (dem himmlischen Wohnsitz) kam, wohin Oro auch Vaïraumati erhob, die den Rang einer Göttin erhielt.

Es scheint, dass die Gesellschaft der Aréoïs schon bei ihrer Begründung in zwölf Logen getheilt wurde, welche zu Häuptern oder Grossmeistern die zwölf taata hoa aréoïs (Menschen Freunde Aréoïs) hatten, deren Namen, mit Angabe des besonderen Wohnortes eines jeden, hier folgen. Es waren:

Tara manini, in Raïatéa; Pouna roun, in Bora Bora; Alaé, in Nouhouiné;

Tauraa toua, in Eïméo; Témai atéa, in Charles Saunders; Moutahaa, in Tahaa; Nouatoua, Mauroura, Téraaroa, Maouaroa, Nita, Paa, in O-taïti.

Diese alten Namen haben sich bis in die jüngste Zeit erhalten[1]), denn die höchsten Personen dieser verschiedenen Ortschaften führten sie noch im Jahre 1814, zur Zeit der Einführung des Christenthums. — Ausser diesen zwölf obersten Graden gab es in den zwölf Haupt-Logen der Gesellschaft noch mehrere andere, auf welche jeder der Eingeweihten Anspruch erheben konnte, ohne Rücksicht auf die Volksklasse, der er angehörte, lediglich nach der Zeit, während welcher er einfaches Mitglied gewesen war und nach den persönlichen Eigenschaften, wie z. B. des Redners, des Sängers oder des Dichters. Sie stiegen also nur stufenweise zu höherer Würde auf.

Das grosse Prinzip der Gleichheit wurde jedoch zu Gunsten der ersten Häuptlinge oder arii durchbrochen, welche, wenn sie aufgenommen werden wollten, gleich anfangs meist zu den obersten Graden zugelassen und erhoben wurden, ohne jemals den zahlreichen Proben unterworfen zu werden, die den anderen auferlegt wurden; wenn aber auch die Häuptlinge, hier wie anderwärts, über den Regeln und Formen standen, so konnten doch mindestens die gewöhnlichen Menschenkinder mit der Zeit zu derselben Würde aufsteigen, wie jene.

Die verschiedenen Grade wurden durch Tättowirung und Zierrathen unterschieden. Es gab deren sieben, nämlich:
1. Avai parai oder avai tatau, tätowirtes Bein;
2. Outioré, tätowirte Arme (von den Händen bis zum oberen Ende);
3. Narotéa, beide Körperseiten tätowirt;
4. Noua, tätowirte Schultern;
5. Otoro, eine Linie auf der linken Seite tätowirt;
6. Ohémara, tätowirte Fussknöchel;
7. Poo faaréaréa, die Novizen.

Ausserdem gab es noch eine Anzahl Bewerber, Personen beiderlei Geschlechts, welche den Aréoïs überallhin folgten, sie bedienten, ihre Nahrung bereiteten, ihnen bei ihren Beschäftigungen halfen und an ihren Festen und Banketten theilnahmen, dies aber nur als Diener, ohne aufgenommen zu sein und ohne sich der Achtung und des Ansehens zu erfreuen, welche ihre Herren genossen.

Es benöthigte viel, um zugelassen zu werden, und die Formalitäten[2]) der Aufnahme geben denen nichts nach, welche man bei den berühmtesten geheimen Gesellschaften, die es ja gegeben hat, erfüllen musste. Es handelte sich um nichts Geringeres als von den Göttern inspirirt oder vielmehr wahrhaft besessen zu werden. Die Gesellschaft stand unter dem Schutze Oro's; ihre Mitglieder wurden sämmtlich als höhere Wesen angesehen, als Günstlinge der Götter, so zwar, dass sie nach ihrem Tode einen besonderen Himmel[3]) oder ein Paradies für sich halten, von dem das übrige Volk meist ausgeschlossen blieb. So wurde der Aufzunehmende denn auch auf die seltsamste Weise gekleidet und geschmückt, seine Haare mit Blumen bekränzt und mit einem wohlriechenden Oel eingerieben, Körper und Gesicht gelb und roth bemalt. In diesem Aufzuge stürzte er unter die versammelten Mitglieder, wälzte sich dort wie ein Rasender, brüllte und benahm sich ganz wie ein Mensch im Delirium[4]). Dies war der erste Schritt, der zur Zulassung nöthig war, und bald darauf rief ihn der erste Aréoïs, dem er von diesem Augenblick an zugetheilt war, bei seinem Namen und sagte zu ihm in freundschaftlichem Tone und wie um ihn zu beruhigen: „Manau, manau, haré maï, Du gehörst zu uns, du gehörst zu uns, komm!" Doch musste er sich dennoch vielen anderen Proben unterwerfen und konnte erst aufgenommen werden, nachdem er ganze Monate, selbst Jahre hindurch die höchstmögliche Geduld, eine blinde Unterwürfigkeit, unerschütterliche Ehrerbietung und Anhänglichkeit gegenüber

---

1) stereotyp, wie die der Sachem oder Ho-gar-na-go-war im Langhaus.
2) ihre Lästigkeiten sind im (afrikanischen) Egbo-Orden durch das bequemere Einkaufen beseitigt.
3) Die Mysten in Eleusis ihr elysisches Gefilde.
4) wie die Gallen, und später auf gleichem Boden die Montanisten.

der Gesellschaft und ihren Mitgliedern bewiesen hatte. Die Aufnahme fand immer während der allgemeinen Versammlungen oder der grossen Feste statt. Dort wurde der Kandidat, wenn alle Mitglieder versammelt waren, durch den ersten Areoï, dessen Dienst und Person er seitdem zugetheilt war, vorgestellt. Er musste in einen Stoff gehüllt sein, den nur die Aufgenommenen trugen; von Neuem war sein Haupt mit Blumen bekränzt und mit wohlriechenden Oelen gesalbt, Gesicht und Körper gelb und roth bemalt. Man fragte ihn zunächst, ob er Areoïs werden wolle und ob er gelobe, die Kinder zu tödten, welche seine Frau noch bekommen könnte. Wenn er bejahte, so erhielt er einen neuen Namen und man liess ihn die folgenden dunkeln und geheimnissvollen Worte nachsprechen: „Moua tabou tamapoua (Name eines Berges und des Distriktes am Fusse desselben, in Ouhiné): Heiliger Berg und Land an seinem Fusse; manouna té arii térai; majestätische Stirn des Königs der Himmel, ich bin der (er nannte sich) und ein Areoï." Er berührte hierauf den Stoff, der die Frau des Grossmeisters oder ersten Areoï's bekleidete, und war von diesem Augenblick an aufgenommen und Mitglied der poo faaréaréa oder der siebenten Klasse.

Die Aufgenommenen blieben gewöhnlich sehr lange in dieser letzten Klasse, wo sie die Gesänge, Tänze, Kampfspiele und die Darstellung der heiligen und profanen Scenen erlernten, welche die letzten Mitglieder dieser Gesellschaft abwechselnd aufführten.

Um einen höheren Grad zu erlangen, mussten sie neue Förmlichkeiten erfüllen und sich neuen Ceremonien unterwerfen, nicht weniger zahlreich als die ihrer Aufnahme. Es waren zunächst Versammlungen mehrerer Logen nöthig, in denen die ersten Areoïs, ebenso wie die Bewerber, gekleidet und geschmückt erschienen, wie schon beschrieben wurde. Aber diesmal wurde die Bitte an die Götter gerichtet, oder an Oro, die Schutzgottheit der Gesellschaft, der die Erhebung jedes Mitgliedes zu den verschiedenen Graden billigte; und hierzu waren Gebete und Opfer erforderlich. Die Weihe begann mit einer bemerkenswerthen Scene, der Anrufung des bouaa ra (des heiligen Schweines), und dann, im Maraï, derjenigen des Taramanini, welcher, wie wir sahen, der erste Areoï des Raïatéa war. Man begab sich hierauf zum Maraï des Bezirks, wo die Ceremonie mit der Salbung eingeleitet wurde, welche der Häuptling der Areoïs vornahm, indem er heiliges Oel auf die Stirne eines jeden Kandidaten ausgoss. Ein von diesen gehaltenes kleines Schwein wurde hierauf auf dem Altar geschlachtet und unter langen Geboten den Göttern dargebracht. Nach beendigtem Opfer rief der vornehmste Aéroï mit lauter Stimme: „Willigst du ein, Gott Oro, dass der (sein Name) zu dem und dem Grade (der Grad) erhoben werde?" Ein Priester antwortete bejahend für den Gott; dann empfing der im Grad Erhöhte die Tätowirungsmarken, welche alle Mitglieder der Klasse, in die er soeben aufgenommen, auszeichnete. Dieselben Ceremonien fanden bei jeder neuen Erhöhung statt (*Moerenhout*), unter Taurobolien und Criobolien für Cybele oder (s. Zoega) Mithras. Sic vario cunctus te nomine convocat orbis (Martianus Capella).

Im Pua ua mai (bud forth oder blossom) die Schöpfung (als Emporblühen) geht die Bedeutung an Vari-ma-te-takere, das „the-very-beginning" (auf Mangaia) in eine Aenderung über auf Rarotonga, wo „this word, no longer means beginning", but „mud" (s. Gill), im Chaos[1]),

---

1) Das Tohu-wa-Bohu (rudis indigestaque moles) wurde materialisirt zum Substrat einer Neuschöpfung (s. Delitzsch) durch Gott, den, wenn ihn Audianer oder Anthropomorphiten in menschenähnliche Leiblichkeit setzten, buddhistische Secten wieder in der Dhamma ihrer Trinität bevorzugen mochten (unter der philosophischen Auffassung des Weltgesetzes). Die Entwickelungsgeschichte lehrt, dass bei der Ausbildung der Organe das Nervensystem gleichsam den

und so dem Schluss erster Schöpfungsperiode entsprechend (unter Kumulipo). Auch geht von ihren Characteren als „Great Mother", und Magna Mater in Ops und Maia (s. Macrobius), die täuschende Form der letzteren auf Papa über, die durch ihre Listen die Erstgeburtsrechte der Zwillinge Tangaroa und Rongo zu verschieben weiss, in jenem auch bei Rebecca's Kinder wiederkehrende Streit, in der africanischen Rivalität zwischen weissen und schwarzen Brüdern, und sonst, in der deutlich ausgesprochenen Absicht zu erklären, weshalb der (psychisch oder physisch) als überlegen erkannte Fremde, dennoch bei dem factisch bewiesenen Ueberwiegen der Eingeborenen in ihrem eigenen Lande zurückzutreten habe. Ehren gewährt man dagegen gerne, wie „all the Red on earth or in the ocean became Tangaroa's" (der helle, wie Pyrrhus oder Xanthus), aber dennoch musste seine daraus aufgethürmten Opferhaufen sich (dem Urtheil der Eltern) der Menge nach geringer erweisen, als die des (dunkeln) Rongo, der über die weit grössere Hälfte disponirte. Auch gaben die periodisch unterbrochenen Besucher der, neue Verbesserungen (wie die „tahitian axe" etc.) bringenden, Canoe's (oder der Entdeckerschiffe später), dann die Handhabe zur Verknüpfung mit den Jahreszeiten-Wechseln und ihren aufblühenden Erzeugnissen, wie die (vom Aethiopen-Tisch zurückkommenden) Götter mit Geräusch in ihre Tempel wieder einziehen (bei der Fanti). So gehörten die perennirenden Pflanzen Rongo, nicht dagegen die allen gemeinsamen (und gemeinsam cultivirten) Tangaroa's, während auf Hawaii wieder die Rollen vertauscht sind, und neben dem in schattenhafte Vorzeit zurücktretendem Kanaloa (Tangaroa) dort Lono (Rongo) bei den Erntefesten umhergetragen wurde (und seine Ankunft in Cook begrüsst).

Die Peinigungen bei den Mandan (wie von Catlin beschrieben) wiederholen sich überall (nicht an den Weihen allen, wo sie oft zu Steigerungen fortschreiten). So bei den Payaguas:

„Am Abend vor dem Feste, bemalen sich die Männer das Gesicht und den ganzen Körper, so gut sie nur immer können, und schmücken sich den Kopf mit einer Menge von Federn von so auffallenden Farben und in so sonderbaren Formen und Gestalten aus, dass man sie unmöglich beschreiben, und ohne erstaunen nicht ansehen kann. Auch bedecken sie drei oder vier irdene Gefässe mit Häuten, und schlagen mit Stäbchen, die weit dünner sind, als die geringste Schreibfeder, ganz langsam und leise auf dieselben, so dass man den Ton davon kaum auf 15 Schritt weit hören kann. Am Morgen des folgenden Tages trinken sie vorerst allen Branntwein auf, den sie im Vermögen haben, und wenn sie insgesammt recht tüchtig betrunken sind, so kneipen sie

---

Kristallisationskern abgiebt, von welchem aus die Sonderung der Bildungsmassen beginnt (s. Wendt), wie psychische Schöpfungen voraufgehen in den polynesischen Kosmogenien (von Kore an, bei den Maori).

sich gegenseitig in die Arme, die Schenkel und die Beine, wobei sie jedesmal mit den Finger soviel Fleisch, als sie können, zu fassen suchen, und durchstechen alsdann das, was sie gekneipt haben, mit einem Splitter von Holz, oder mit einer sehr dicken Rochengräte. Diese Operation wiederholen sie von Zeit zu Zeit, bis der Abend hereinbricht, so dass sie zuletzt an den beiden Schenkeln, den Beinen und den beiden Armen, vom Faustgelenke bis an die Schulter hinauf, und immer nur in der Entfernung eines Zolles von einander, ganz mit solchen Splittern oder Gräten gespickt sind. Das Blut, das aus der Zunge herausfliesst, fassen die Indianer in der holen Hand auf, und beschmieren sich das Gesicht mit demselben; dasjenige hingegen, welches aus dem männlichen Gliede herauströpfelt, lassen sie in ein kleines Loch laufen, das sie mit dem Finger vor sich in die Erde graben; um das Blut hingegen, das aus allen übrigen Wunden herausfliesst, bekümmern sie sich nicht im geringsten" (s. Azara).

Daneben bei indischen Büssern ihre Selbstmarterungen und deren Uebertreibungen in den heiligen Büchern:

At the close of the Treta Age two giants, named Sumbha and Nisumbha, performed religious austerities for 10 000 years, the merit of which action brought Siva from heaven, who discovered that by these works of extraordinary devotion they sought to obtain the blessing of immortality. Siva reasoned long with them and vainly endeavoured to persuade them to ask for any other blessing than immortality. Being denied, they entered upon more severe austerities, which they continued for another thousand years, when Siva again appeared, but refused to grant what they asked for. They now suspended themselves with their heads downwards over a slow fire, till the blood streamed from their heads, and continued thus for 800 years. The gods began to tremble, lest, by performing such rigid acts of holiness, they should be supplanted on their thrones. The king of the gods called a council, and imparted to them his fears; they admitted that there was great ground for fear, but asked what was the remedy (s. Wilkins), bis zur Bekämpfung durch Durga (in der Markandeya-Purana). El Hechicero que les enseña les gradúa a lo ultimo, y en público les da a beber sus brevajes, con que entra el demonio en ellos. Y luego les da sus propios ojos y su lengua, sacandose aparentemente los ojos y cortándose la lengua y sacandoles a ellos los ojos y cortándoles las lenguas. Hace que todos ellos juzguen que ha trocado con ellos ojos y lengua, para que con sus ojos vean al demonio y con su lengua le hablen y metiéndoles una estaca aguda por el vientre, se la saca por el espinazo, sin que manifieste dolor ni quede señal. Y asi con estas y otras apariencias quedan graduados de hechiceros (s. Rosales) bei der Erziehung (der Araucaner).

Es gilt zu zeugen, die Ehre des Märtyrer, zu erringen, und dann bei der Schmerzbewegung in Beherrschung der Natur, in den Opfern (aus dem sich anhäufenden Thesaurus meritorum) zum Besten der Mitwelt und für dieselbe, von ihr als leidender Gott erklärt zu werden, im Anschluss aller jener Festesreihen, bei denen die Mysten (oder Misteficirten) bald lachen, bald weinen (oder vielleicht selbst nicht wissen, ob zu weinen darüber oder zu lachen). Und dann von Patripassianer oder Theophaschiten (unter den Monarchianer) bis zu der Besprechungsformel (in Würtemberg): „Hast Wurm und Darmgicht; Gott der Vater hat gelitten, schadt ihm sein Leiden nichts, schadt dir dein Wurm und Darmgicht nichts" (s. Wuttke). ἐκ δὲ τούτων ἐπιλογιζόμεθα ὅτι ἴσως ἀσεβεῖν ἀναγκάζονται οἱ διαβεβαιωτικῶς λέγοντες εἶναι Θεόν (Sext. Emp.).

In Polynesien's gleichmässigem Milieu führten die Ausbrüche der Begeisterung selten zu den Verstümmlungen des Fanatismus, sondern vollzog sich der Uebergang ruhig ungestört, wenn die Hochbejahrten auf den Carolinen bereits als Anitu erschienen. Ein von Gottheit bewohnter Mensch war schon auf Erden gewissermassen selbst ein Atua (s. Michaelis). Und so die lebenden Götter, im Kreise ihrer Schüler, als Atua auf den Marquesas und den übrigen Inseln.

Im göttlichen Logos vom Bild des Gerechten, der ohne selbst eines Unrechtes schuldig, in Schein der Ungerechtigkeit gemartert wird (bei Plato), wurde Besserung der Welt erhofft, wie aus den Gebeten der Frommen (für den speciellen Fall) oder dem heiligen Lebenswandel der Talapoinen für das Schöpfungsgesetz und seine (periodischen) Erneuerungen. Stets mit eiserner Consequenz und Gleichartigkeit, unter localen und temporären Variationen vicarirender Phasen, aus primitiven Vorstadien oder höherer Entwickelung, wie in menschlicher Natur begründet und durch dieselbe bedingt.

Hier hätten sich in den fortgepflanzten Traditionen, — aus lebenden Atua der Einsamkeit[1]) oder sonst im Hinüberschreiten begriffenen

---

1) Los sacerdotes (huecubuyes, que llamahan Renis) andaban vestidos de unas mantas largas, con los cabellos largos, y los que no los tenian los traian postizos de cochayuyo o de otros jéneros (bei den Araucanern), acostumbraban a estar separados del concurso de las jentes y por tiempo no ser comunicados y en diversas montañas divididos, a donde tenian unas cuevas lóbregas, en que consultan al Pillan (nach Bascuñan). Estan recojidos en una montaña, separada, haciendose hermitaños y hablando con el demonio (s. Rosales) die Boquibuyes (in Puren). — Die dramatischen Erzählungen (concerning their ancestors and gods) waren oft „very long, and regularly composed, so as to be repeated verbatim" (bei den Areois). Their captain, on public occasions, was placed cross legged on a stool seven feet high, with a fan in his hand, in the midst of the circle (Tyermann), wie ein Talapoin (predigend). — Bei Gelegenheit der Uebernahme seiner werthvollen Sammlung von der Oster-Insel, schreibt mir Herr Consul Schlubach in Betreff der Zeichentafel, dass dieselben, nach Angabe eines lang dort ansässigen Gewährs-

Anitu, (appropinquante morte anima multo est divinior), die geistigen Früchte mancher Gedankenarbeit aus jahrhundertjährigem Wachsthumsprocess vielleicht entnehmen lassen, aber früher leider, als einzuernten gedacht wurde, sind sie zerstört, wenn absichtlich nicht durch missachtende Unterdrückungen, durch die Gleichgültigkeit doch, mit der man sie vorübergehen liess. Die Gambier-Insulaner (1836) „besassen so viele Götter, so viel Gebete und religiöse Gesänge, ihre Götterlehre war so weitschweifig, dass nur der Gelehrte das System derselben kannte" (s. Laval).

Die Verluste[1]) sind zu registriren und fast noch vermehrt durch die Versuche, den ἱερος λογος der Geheimlehre mit den aus eigener Culturgeschichte abgeleiteten Ergebnisse zu reconstruiren. Die Aufgabe liegt dagegen eben in der Erhaltung der Originalitäten, in ihrer Auffassung als solche, also im Hineindenken in den Gedankengang des Naturvolks, um ihn nachdenken zu können. Damit nun wird die Ethnologie die Hülfe der comparativen Methode für die inductive Durchbildung der Psychologie als Naturwissenschaft zu gewinnen vermögen.

Maui, wie er auf den Inseln Polynesien's spielt, vertritt die populäre Gestalt des aus den Gemeinen hervorgegangen und diesem (durch List mehr, als durch Gewalt), von den früher den Höheren allein reservirten Vorzüge, verschaffendem Volkshelden, gleich Herakles mit Keule[2]) und

---

mannes, Gebete und alte Traditionen enthielten, dass indess, als nach der Erklärung geforscht wurde, die Greise, welche als dazu befähigt bezeichnet wurden, bereits aus dem Leben geschieden waren (und so begräbt sich mit der aussterbenden Generation ihr Geistesgut). — It is a custom amongst them at a set time for the old men to assemble in a house built for the occasion, then to invite all the young chiefs of their tribe to listen to the recital of their genealogy, which was done by one of the old men commencing as far back, as it had been taught, and after he had recited as many names ad anecdotes of war, love and murder, as he thought proper, he allowed another of the old men to continue the account (in Neuseeland).

1) Les fonctions des Harepo (promeneurs de la nuit) consistait à perpétuer les traditions sacrées ou celles d'un ordre supérieur (in Tahiti). Rien de plus étonnant que la mémoire de ces hommes récitant, mot pour mot, des nuits entières, ces antiques traditions, dont la traduction, pour ce qui en reste (car elles sont aujourd'hui la plupart incomplètes et tronquées) demanderait un travail assidu de plusieurs années (s. Moerenhout). — Auf Mangarewa fand sich „un observatoire, où des pierres placées de distance en distance, leur faisaient connaitre, par les ombres projetées, les points du lever du soleil, sa marche et même le rétour des saisons (s. Dumoulin). Des pieux plantés de distance en distance leur faisaient connaitre, par les ombres projetées, les points du lever du soleil, sa marche, le retour des saisons, qui était une fête pour eux (s. Gervaize).

2) Im Holzalter, wie im analogen der Steinhammer. Um mit Maui zu kämpfen, umgürtet sich Mauike mit „his wargirdle" (ume i tona maro), wie

Fell¹), ehe ihn Juno's umständliche Adoptions-Ceremonie den Heroën ebenbürtig genähert hatte. Bei americanischen Indianern stimmen die Streiche Nenabozho's, in der Schlauheit eines Eulenspiegel's, oft mit denen des polynesischen Maui, (oder seiner Beziehungen zu Kii oder Tiki) in den Zügen der Einzelheiten selbst überein, und überall lassen sich in den ethnologischen Provinzen die entsprechenden Analogien, je nach den für diese bedingte Modificationen, dadurch auch nachweisen.

In Samoa hat sich am unmittelbarsten Zusammenhang mit dem (als Gegner zu bekämpfendem) Mafuie, (Mafua, to cause, to originate) erhalten, der aus dem Träger der Erde (und ihrem Erschüttern) zu dem des Himmels wird, als Ru in Mangaia, wo Maui das Feuer²) von Mauike erlangt, wie von seiner Urahnin in der Unterwelt auf Neuseeland (oder durch den Vogel in Hawaii).

Wie die tabuirten Klassen (mit den Ariki an der Spitze) den Gemeinen (im Poe) gegenüberstehen (als privilegirte Dwija), so dem δωμως (von δαμαω) der ἥρως (von αἴρω) als Erhabener (s. Grotefend), im Anschluss an die im Götternamen bewahrte Positivform Ἄρης (der Arier und Herren). Ἥρως Δαναιοι, θεράποντες Ἄρηος (bei Homer). In Aristoteles Theilung werden unter den Sterblichen den Heroen die Gemein-Menschen³) zur Seite gestellt (wie den Göttern die Dämone unter den Unsterblichen), und wenn nicht, wie bei den Anitu (der Chamorro) während des Lebens schon, erfolgte der transcendente Schritt beim Abscheiden. Ἀνδρῶν ἡρώων θεῖον γένος, οἱ καλέονται Ἡμίθεοι (vor Theben und Ilion kämpfend) erhielten von Zeus den Wohnsitz auf den seligen Inseln, und unter den Weihen (bei Pindar) aufsteigend zu Kronos. Hierhin vielleicht schon während des Lebens leiblich entrückt, als Begünstigte versetzt (wie Rhadamanthys, Menelaus u. s. w.), blieb immer der dort kräftig (als leiblich gekräftigt) fortwaltenden Seele auch die Macht der Rückwirkung auf die verlassene Heimath (wie bei der in Tonga begeisternden Egi Bolotu's) in durchgreifenderem Masse, als bei den (wenn nicht im Kampfe für Walhalla gefallen)

Thor mit seinem Megingjarder (als Auka-Thor), wogegen Tangoroa mit dem Regenbogen als „his glorious girdle" sich schmückt (wie Laima bei den Litthauern) oder (zu Ina-ani-vai) auf ihm herabsteigt, als Nebeskaduha (slavisch) und ἶρις (von εἴρειν).

1) Pellem habere Heracles fingitur ut homines cultus antiqui admoneantur (s. Paulus).

2) Puluga lehrte den Andamesen das Feuer „by first stacking in alternate layers two varieties of wood, known as chor, and ber, and then bidding chana bodo (Mother Sun) to come and sit on or near the pile until she had ignited it (s. Man). Dass das Feuer in die Bäume geworfen, wussten schon die Phönicier (und Picus hackt es aus solchen).

3) οἱ δὲ ἡγεμόνες τῶν ἀρχαίων μόνοι ἦσαν ἥρωες, οἱ δὲ λαοὶ ἄνθρωποι (s. Aristotl.).

zum Helheim fortgerissenen Seele, die mit jeder Etage des Reinga (bei den Maori) tiefer in das Dunkel des Erebos (in viscera terrae des Mundus oder Orcus) hinabsinkend, dadurch auch schwächer und schwächer erlöschen, bis mit den letzten der anfänglich noch sprühenden Feuerfunken dann gänzlich verschwindend. Das Eidolon, als das noch sichtbare in Umrissen des (jainistischen) Seelenleibes, repräsentirt im Gespenst die Wandlung der Seele, wie auch in den Larvenformen zwischen Kla und Sisa (bei den Eweern). Hier bedurfte es erst des Bluttrinkens, um die von Odysseus Schwerte zugelassenen Schatten stimmfähig zu machen, und das Heroenopfer[1]) (im ἐναγισμός, wie bei den Todtenopfern) zeigt noch ähnliche Prädilection, selbst im ἠλύσιον (s Hesych.), οὐ λύσιον, ὅπου οὐ διαλύονται ἀπό τῶν σωμάτων αἱ ψυχαί.

Auch war wie in Polynesien, wenn die Seele nach Westen gezogen, ins nächtliche Dunkel, ἐς Ἠλύσιον πεδίον καὶ πείρατα γαίης, blieb die insulare Abschliessung, als μακάρων νῆσος, wie bei Bolotu eine schwankende, je nach der Klärung geographischer Anschauung in Ausdehnung der Seefahrten, so dass Avaiki als unterirdisches (in Nukahiva) oder als Emigrationshafen (bei den Maori) in ebenso schiefe Stellung gelangen kann, wie das ἠλύσιον, denn „der Weg dahin lief schief[2]) unter der oberen Fläche der Erde hinunter" (s. Richter). Als Zeus durch Hermes den Leib der Alkmene zur Vermählung mit Rhadamanthys auf den seligen Inseln (des Elysion) oder μακάρων νῆσος, hatte stehlen lassen (unter Rücklassung eines Steines im Grabe), wurde in Theben der Alkmene ein Heroum errichtet (als Mutter des Herakles, zu den Göttern aufsteigend) und der Geheimdienst der Semele (in Delphi) am neunjährigen ἡρωΐς, erklärte ein ἱερός λόγος (als Mutter des den Göttern zugetretenen Dionysos), mit weitem Uebergang der Göttermutter zur Muttergottes.

Die erste Nacht des neuen Mondes heisst hilo, „as it is seen like a twisted thread" (a hilo ka po mua no ka puakilo ana o ka mahina) in Hawaii (s. Andrews), und (in Mangaia) Iro (s. Gill), sacred to Iro, patron of thieves (als der Heros Hiro in Tahiti). Mit der ersten Quadratur folgt auf korekore und korekore-akaoti, am 9. Tage, O Vari (the Originator of all things) und nach E Atua (am 13.) und (am 14.) Tu oder Tu-metua (the last made of the mayor god), dann Marangi oder (in Hawaii) Mahealani. Im letzten Viertel folgt auf Kore-kore u. s. w. (am 23. Tage), Tangaroa (Tangaroa-roto, Tangaroa-akaoti),

---

1) Während bei den θυσίαις das Opferthier mit rückwärts gebogenem Kopf geschlachtet wurde, liess man für die Heroen (mit niedergebeugtem Kopf) das Blut in eine Grube fliessen. Im Heroon ἀρχηγέτης gossen die Phokäer täglich Blut das Grabesloch hinab (wie am Bonny Palmwein oder Schnaps).

2) Kekele, to slide as on a muddy road (auf Hawaii), Kele, mud (s. Andrews) und Vari (beginning), mud (in Rarotonga) im Tartarus mit Vari ma tetere (s. Gill), the root of existence (in Mangaia).

weiter Tane (am 26.), Rongo (am 27.) und nach Mauri heisst es (am 29.) Omutu (ended) mit Otire-[1]) o Avaiki (lost in the depths of Avaiki) am Schluss, bis dann die Verjüngung das Bild des Fortlebens gewährt (oder der Zeugungen auf Fiji). Mit jedem Todesfall springt die Controverse[2]) auf zwischen Leben und Sterben, der Disput der Seienden mit den Nicht-Seienden (wie die da drunten die Welt umzudrehen

[1]) Oti (in Samoa), to die (s. Pratt) oder Oki, to cease (in Hawaii).

[2]) Es wird erzählt, dass er (Unkulunkulu) ein Chamäleon aussandte; er sagte zu ihm: „Gehe, Chamäleon, gehe und sprich: Lass die Menschen nicht sterben." Das Chamäleon machte sich auf; es wanderte langsam; es zögerte auf dem Wege, und unterwegs ass es von der Frucht eines Baumes, dessen Name ist Ubukwebezane Zuletzt sendete Unkulunkulu eine Eidechse dem Chamäleon nach, als dieses schon einige Zeit fort war. Die Eidechse ging, sie lief und eilte sehr, denn Unkulunkulu hatte gesagt: „Eidechse, wenn du ankommst, so sprich: Lass die Menschen sterben." So ging die Eidechse und sprach: „Ich verkünde euch, es ist gesagt: Lass die Menschen sterben." Die Eidechse kam zurück zu Unkulunkulu, ehe das Chamäleon sein Ziel erreicht hatte, das Chamäleon, welches doch zuerst ausgesandt war und welches hingehen und sagen sollte: Lass die Menschen nicht sterben. Zuletzt kam es an und rief laut und sprach: „Es ist gesagt: Lass die Menschen nicht sterben!" Aber die Menschen antworteten: „O! wir haben das Wort der Eidechse gehört; sie hat uns dies Wort verkündet: Es ist gesagt: Lass die Menschen sterben! Wir können auf dein Wort nicht hören. Durch das Wort der Eidechse werden die Menschen sterben (*Callaway*), und so bei dem Unglauben an die Schlangenhäutung (in Guiana). „Der Herr sendete in längstvergangener Zeit den Menschen diese Botschaft: O, Menschen, ihr werdet sterben, aber ihr werdet wieder auferstehn. Der Bote des Herrn war saumselig in Erfüllung seiner Sendung und ein böses Wesen eilte ihm vorauszukommen und verkündete den Menschen: Der Herr sprach: Ihr werdet sterben und ihr werdet für immer sterben. Als der wahre Bote ankam, wollten sie nicht auf ihn hören, sondern erwiederten: Das erste Wort ist das erste, das zweite ist Nichts. (In der Legende wird der erste Bote des Herrn als graue Eidechse, und der andere, der ihn überlistete, als Chamäleon bezeichnet)." Im Gegensatz zur einförmig grauen Farbe deutet das changirende Chamäleon auf Möglichkeit der Erneuerung, wie der Mond (bei Hottentotten und Eskimos). „Der Herr sendete in alten Zeiten eine graue Eidechse mit dieser Botschaft zur Welt: Die Menschen sterben — doch sie werden wieder zum Leben erweckt werden. Das Chamäleon zog aus, von seinem Gebieter, und in Eile anlangend sagte es: Die Menschen sterben — sie sterben für immer. Dann kam die graue Eidechse und sagte: Der Herr sprach, er sagte: Die Menschen sterben — sie sollen wieder aufleben. Aber die Menschen antworteten ihm: Das erste Wort ist das erste, das was später folgt ist Nichts" (s. Arbousset). Matemate vakavula, Ra Vula and Ra kalavo, two gods, the moon and the rat, disputed about how man was to die. Ra Vula said, he should die as he did, i. e. to be laid on the shelf a while and live again. Ra kalavo said no, man should die, as he did, and Ra kalavo prevailed (s. Hazlewood), lelekitaki, to die accidentally (auf Fiji).

suchen, um wieder nach Oben zu kommen), und so auch des Tai i te mauri (im Scheinkampf mit dem Aka-oa) auf Mangaia (wie sonst Agonen oder die Gladiatorenspiele etruskischer Leichenfeste). Indem „mehrere grössere Gruppen unter uns traditionell geübter und von Germanen, Slaven und Kelten eigenthümlich ausgebildeter Gebräuche und Vorstellungen (Maibaum und Erntemai, Sonnwendfeuer, Baumseele und Waldgeister) in der Religion der antiken Völker mehr oder minder genau entsprechende Typen begegnen, d. h. Gebilde, welche die nämlichen organischen Elemente, und das Nämliche oder ein sehr ähnliches Lagerungsverhältniss derselben aufweisen", so schliesst sich für das Verständniss der antiken Mythologie eine ganz neue Seite auf (bemerkt Mannhardt). „Was unsere mythologischen Handbücher uns von denselben zur Anschauung bringen, ist die Quelle jüngerer und jüngster Bildungen, welche in der Literatur, im historisch bewegten und verfeinertem Leben städtischer Volkskreise, aus den ursprünglich mythischen Vorstellungen und Handlungen erwachsen sind. Nun schimmert unter dieser Mytholigie der Gebildeten mit einmal eine Volksmythologie hervor, welche die überraschendste Aehnlichkeit mit den Volksüberlieferungen der nordeuropäischen Bauern bekundet", und in solchem Volksglauben (bei Schwartz) „Keime der höheren Mythologie" (1877). Wenn aber nun nach „Erbstücken aus indogermanischer Urzeit" gefragt wird und geschichtliche Beziehungen, so können solche erst secundär (für die Local-Variationen) zur Aufgabe kommen, indem vorerst, nach Zutritt des ethnologischen Materiales aus allen Continenten, auf breiterer Basis[1]) die primär gleichartig psychischen Elemente im organischen Wachsthum des Völkergedanken festzustellen sind.

---

[1]) Gelehrt werden kann zunächst freilich noch Nichts, da wir vorläufig Alle erst zu lernen haben unter der unübersehbaren Masse der plötzlich unvermittelt hereinbrechenden Fragen, οὐδέν ἐστι τὸ διδασκόμενον (οὐκ ἄρα ἐστι τινὰ διδασκόμενα) „das Innere des Menschen selber in jenem Zeitraum, welchen man im Unterschied von dem prähistorischen den prälitterarischen nennen könnte" (s. Dilthey) entzieht sich einer historischen Wiederherstellung (wenn nicht auf Grund ethnologischer Sammlungen). Le premier est le „doute", qui implique déjà la connaissance de la question, avec la curiosité et le désir de la résoudre (s. Th. Henri Martin). „Das ist ja eben das Grosse in der Gegenwart, dass so Vieles, was lange nur als uraltes Märchen, Bild oder Geheimniss galt, aufgebracht durch die Kinderphantasie der Anfangspunkte, nunmehr. durch die Forschung der Wissenschaft sich als historische Realität aufweist", wie Immermann noch ironisch sagen lässt, in Vorandeutung des damals bereits heranreifenden Zeitgeistes. Damals musste noch entschuldigen: so seggen se, denn „der Landmann fürchtet Spott für seine Erzählungen einzuernten" (s. Kuhn), und auch bei den Naturstämmen war unverfälschtes Sammeln unmöglich geworden (auf dem Partheistandpunkt einseitiger Betrachtung).

Aus White's als Manuscript gedruckten „Lectures" (s. Heilige Saga der Polynesier, S. 175) folgt nachstehend Weiteres (über die Maori):

Der älteste Sohn ist an sich Erbe der priesterlichen und Zauber-Wissenschaft, obwohl Ausnahmen von diesem Herkommen vorkommen mögen. Im Allgemeinen werden Priester denen von einem andern Stamm ihre eigenen Zaubersprüche nicht lehren; doch wird dieses Wissen zuweilen mitgetheilt, vorausgesetzt, dass die Familie, deren ältester Sohn belehrt wird (nnd nur Er), einen Contract eingeht, dass in allen folgenden Generationen die Abkömmlinge des Schülers einen Jahrestribut an die des Lehrers entrichten sollen: dieser Tribut besteht aus allerlei geweihter Speise, welche, wenn so bei Seite gelegt, „Kai popoa" genannt wird. Ebenso wird auch bei Taufen, Leichenbegängnissen und Ausgrabungen, beim Haarschneiden, bei Pflanzung der Kumara und bei anderen feierlicheren Ceremonieen ein Theil für die Götter, als die höchsten Regierer, bei Seite gelegt. Das ist auch „Kai popoa" (die Speise der Sühne), und wenn dem Häuptling überliefert, wird es als Anerkennung seiner Oberhoheit gegeben und von ihm als Repräsentant der innewohnenden Götter in Empfang genommen. Ein weiterer Tribut wird auch von allen Erstlingsfrüchten gefordert, die Erstlinge der Kumara-Ernte, die ersten in einem neuen Netz gefangenen Fische, die ersten der aufgezogenen Vögel, die ersten gefangenen Ratten und den ersten aller in der Fischzeit gefangenen Haie — kurz die Erstlinge und die Auswahl aller Erzeugnisse eines Distrikts, wo eine Familie wohnt, die ins Priesterthum aufgenommen. Solche Districte sind, nicht selten, mit der Zeit als das gemeinschaftliche Eigenthum zweier Stämme, und des Novizen, in Anspruch genommen worden; woraus viele der streitigen Ansprüche zwischen den eingeborenen Stämmen in heutiger Zeit entstehen. Ein Anderer kann in die Wissenschaft des Priesterdienstes aufgenommen, sowie der älteste Sohn bisweilen ausgeschlossen werden, obwohl er das Vorrecht auf die Erbschaft hat. Ich will zwei oder drei Anecdoten erzählen, um zu zeigen, aus welchem läppischen Grunde er von diesem Theil seines Geburtsrechts ausgeschlossen werden kann.

Ein Priester zeigte, als er seine eigene Niederlassung für eine andere aufgab, seiner Frau zwei Bündel Farnkraut-Wurzeln, die er gesondert in einem bestimmten Theil der Einzäunung des Dorfes aufhing, indem er sie anwies, eines von ihnen seinen Brüdern zu geben (deren Ankunft in seiner Abwesenheit erwartet wurde), und das andere ihrem Hunde. Bei seiner Rückkehr erfuhr er, dass seine Frau, aus Vergesslichkeit, dem Hunde das für seine Brüder bestimmte Bündel gegeben hatte, und aus diesem unbedeutenden Versehen verliess er seine Frau, welche kurz darauf einen Sohn gebar, den sie „Uenuku" nannte. Da sie aber Niemand hatte, ihm die Mysterien zu lehren, so war er der Sohn eines Priesters ohne die Wissenschaft, zu welcher er durch seine Geburt berechtigt war. Seitdem wird ein Häuptling, dem die Wissenschaft des Priesterthums mangelt, „Uenuku kuware" (Uenuku der ungelehrte) genannt.

Wenn ein Priester die Ceremonien und Gebete lehrt, fastet er den ganzen Tag und lehrt bei Nacht, jede „Karakia" nur einmal wiederholend; dieselbe Person wird nicht ein zweites Mal unterrichtet, da von den Priestern behauptet wird, dass, wenn er eines der Gebete vergessen sollte, die ihm gelehrt seien, er nur die Götter zu bitten habe, und sie werden sie ihm in einer Vision offenbaren. Die Götter werden nur denen etwas kundgeben, welche Schüler eines Priesters gewesen. Sollte aber der Priester selbst ein Wort in den Gebeten, welche er gerade lehrt, vergessen, so ist das ein böses Omen und verkündet ihm seinen Tod: dies wird genannt, „pepa". Die Ceremonien, welche vor und nach diesen Lectionen beobachtet werden, habe ich in meiner ersten Vorlesung erwähnt[1]); aber ich will bemerken, dass die Priester (während des Lehrens) in grosser Angst sind, dass nicht die Enthüllung der heiligen Geheimnisse ihren Göttern oder Vorfahren Ursache gebe sie zu tödten. Einer der hauptsächlichsten Lehrer wurde so erschreckt bei dem Gedanken, mir soviel eröffnet zu haben (obwohl der Mann confessioneller Christ war), dass er träumte, die Geister seiner Vorfahren kämen ihm entgegen, jeder mit einer Hacke in der Hand, und im Vorbeigehen stiesse jeder seine Hacke in den Grund; bei jedem Stoss sprängen Ratten aus den Löchern hervor; dies deutete er, dass er für seine Kundgebung von Maori-Geheimnissen lebendig von Ratten verzehrt werden würde. Nach diesem Traum konnte ich den alten Priester auf keine Weise bewegen, in seinem Unterricht fortzufahren. Der Governor Sir George Grey erreichte nach vieler Ueberredung von Te Taniwha, einem der wenigen Eingeborenen in dieser Provinz, welcher sich erinnerte Capitän Cook gesehen zu haben und

---

1) Nach Anordnung eines allgemeinen Fasttages „the shed is to be made of Nikau (New-Zealand Palm), it has to be constructed with an equal number of sticks to each side, ad also at each end there is not to be an odd stick in the shed, and the makers of it are to be all chiefs. The grand-father sleeps in it the first night, and the young man is sent to him at day-dawn un clothed. Dann (nach Beobachtung der Omen) werden die Karakia gesprochen, ὄυτως ὀυκ μὲν ἐξ ἀνθρώπων εἰς ἥρωας, ἐκ δὲ ἡρώων εἰς δαίμονας, αἱ βελτίονες ψυχαί τὴν μεταβολὴν λαμβάνουσι (s. Plut.).

gewöhnlich unter dem Namen „Haken-Nase" bekannt war, zwei oder drei seiner Zaubersänge. Kurz nachher brannte das Gouvernementshaus ab. „Haken-Nase" glaubte steif und fest, dass das Feuer durch seine Götter veranlasst war, aus Rache dafür, dass Sir George Grey ihn bewogen habe seine Zaubersänge knndzugeben.

Wir kommen jetzt zur Besprechung des Prophetenamts der Priester. Weil Seher sind künftige Ereignisse im Bereich ihrer Wissenschaft, denn es wird angenommen, dass einer der Hauptgötter in einem Seher wohnt, und dass es viele andere giebt, welche ihn bei allen seinen Bewegungen begleiten. Als ich einmal selber, in Gesellschaft eines Priesters, eine Spinne bemerkte, die an seinem Arm zum Kopfe hinauflief und ihn darauf aufmerksam machte, erwiderte der Mann, dass es einer seiner Götter wäre. Denn irgend ein Insect[1]), das sich auf die Kleidung eines Sehers setzt, wird für einen seiner Götter gehalten. Der Häuptling Kiwi, dessen Stamm Mount Eden inne hatte, wurde in der Schlacht am Whau von den Ngatiwhatua erschlagen und auf seinem abgeschnittenen Kopf fand man, wie erzählt wird, eine kleine Eidechse hinten am Nacken, und man sagte, es sei der Gott Rehua gewesen, der dort als Beschützer des Stammes Tainui wohnte, dessen Häuptling Kiwi war. Andere Priester und Seher haben einen Gott auf ihrer Brust in Gestalt eines Kiesels[2]) (whatu genannt), der bei ihrem Tode von dem nächsten Verwandten genommen wird und so durch Generationen von Hand zu Hand geht.

Sie haben keine festgestellten Regeln, nach denen Träume zu deuten sind; sondern je nach der Unternehmung, bei welcher sie gerade sind, wird der Gegenstand des Traums einen Anhalt liefern, den Sinn zu errathen. Ein schlechter Traum heisst „Kotiri"; wenn man von Tod oder Wunden, vom Weinen oder vom Essen ekelhafter Speisen träumt, so bedeutet das Tod. So träumte z. B., kurz vor dem Ausbruch des Heke-Krieges, Tamati Waka, dass er nahe der Seeküste ging, als plötzlich ein Seekrebs heraus und auf seine Hand sprang; er biss eine seiner Scheeren ab und liess ihn schwimmen; das deutete auf Krieg. Ferner träumte ein Ngapuhi-Seher, Namens Hemi Mete (James Smith), unmittelbar vor demselben Kriege, dass er beim Fischen wäre auf einem Hügel, Te Ahuahu genannt, nahe dem pa, welcher

---

1) Coccinella septempunctata als Herrgottsthierchen (Freyjuhoena oder Frauenhenne).

2) Zur Einweihung der Candidaten (beim Medicinfest) they commence retching and making efforts to vomit, bending over until their heads come nearly in contact with their medicine bags, on which they vomit, or deposit from their mouth a small white sea-shell (unter den Winnebagoes), und so haben in Australien die Priesterärzte ihren Zauberstein zu erlangen durch übernatürliche Kräfte (oder Hülfen).

später von den Truppen angegriffen wurde; er fischte nicht im Wasser, sondern auf der Küste, und der Fisch, den er fing, war eine Europäerin; dies sprach er als ein Vorzeichen eines Streites zwischen den Eingeborenen und den Europäern aus.

Die Seher prophezeien nicht nur künftige Ereignisse, sondern haben auch Visionen von Begebenheiten, die an entfernten Punkten zur Zeit der Vision eintreten: eine Anecdote wird dafür genügen. Ein alter Mann (Seher), Namens Nakahi, wohnhaft in Hokianga, träumte, dass er an der Westküste zwei Canoes und den Gott Te-ata-o-te-rangi sah, und sah, wie sie scheiterten; auf einem war Mohi Tawhai, der wohlbekannte Häuptling von Waima, in Hokianga, in drohender Gefahr zu ertrinken, und ohne die Dazwischenkunft Nakahi's und seines Gottes würde Tawhai selbst das Schicksal der Andern an Bord getheilt haben und umgekommen sein. Es erhellte nachher wirklich, dass in der Nacht dieses Traumes ein Colonist in Gesellschaft Mohi Tawhai's von Auckland nach der Inselbay gekommen und von einem schweren Sturm gefasst worden sei, dem zu entrinnen, wie der Colonist sagte, er das Schiff nicht für tüchtig genug gehalten. Gegen Morgen legte sich der Sturm und sie landeten in der Bay.

Eine eng an das Vorhergehende sich anschliessende Sache ist das „Matakite" (ein zweites Gesicht[1])), ähnlich in gewisser Hinsicht dem der schottischen Hochländer, aber verschieden in dem wichtigen Punkt, dass der Maori-Priester eigenwillig die prophetische Verzückung[2]) herbeiruft. Wir wollen nur zwei Beispiele geben. Ein Priester, Namens Kaitoke, führte eine Kriegspartei in ihren Canoes von der Inselbay, um die Kaipara-Eingeborenen anzugreifen, ohne dass die Bewohner jenes Districts ihn mit der Absicht, bei Mangawhai zu fechten, erwarteten. Für die Nacht an der Küste lagernd rief er die Götter an, ihm den Erfolg durch Matakite zu enthüllen, indem er dieselben Ceremonien mit sich selbst vornahm, wie sie beobachtet werden, wenn der Priester über den Schlaf seines Schülers wacht, um zu sehen, ob er in den Mysterien, die er zu lernen im Begriff ist, ein Adept werden wird. In der Ekstase[3]) nun

---

1) So Aramuyatarabanga (second sight) der Oko-paiad (Dreamer) auf den Andamanen (s. Man) und sonst vielfach.

2) Auf Mangaia hiessen die Priester Pia-atua (god boxes) und waren, als Gefässe, von der Gottheit gewählt, zur Verdeutlichung ihrer früher (wie bei Azteken) durch Vögel gegebenen Sprüche, denn „their utterances were too indistinct to guide the actions of mankind" (s. Gill).

3) All we know is this, the young and the old die, and the shade departs The Unkulunkulu of us black men is that one to whom we pray for our cattle, and worship, saying „Father!" We say „Udhlamini! Udhadebe! Umutimkulu! Uthlomo! Let me obtain what I wish, Lord! Let me not die, but live, and walk long on the earth." Old people see him at night in their dreams (Callaway), wie Donna Lucrezia das Erdbeben (1783). Im „absoluten

sah Kaiteke eine Gesellschaft von Geistern, die vor ihm tanzten und sangen:

> Die Nachtgötter, sie sprechen:
> Bei Mangawhai werd' ich erschlagen werden:
> Nein!
> Auf des Berges Seite werde ich's?
> Nein!
> Wenn ich schaue auf die Woge der westlichen See
> Und blick' auf des Stromes spülende Fluth,
> Meine Faust wird halten, meine Macht befrei'n
> Und des Weibes Lachen wird sagen:
> 's ist Tu, 's ist Tu überwunden!
> Der Landwind bläst eine andere Spur,
> Bäume sieht man im blutrothen Gewölk
> Des westlichen Himmels, 's ist Tu, 's ist Tu,
> Wandert vereinsamt, schweift über die Erde
> Und wirket gleich Göttern, denn die kleinen
> Sommervögel sammeln sich in Schaaren,
> All' unzählig, unzählig.

Dies erklärte er seinen Männern beim Erwachen aus seiner Verzückung: die Zeile „Bäume sieht man im blutrothen Gewölk" wären die Feinde, die Schlacht erwartend, die „kleinen Sommervögel" wären die Feinde auf ihrer Flucht nach der Niederlage. Die beiden Parteien trafen aufeinander, eine Schlacht wurde geschlagen bei Mangawhai, wo viele auf beiden Seiten fielen; die Kaipara-Stämme wurden gezwungen, in den Waikato-District zu fliehen, die Angreifer eroberten das Gebiet. — Unser zweites Beispiel ist das, welches die Einnahme des berühmten Waikato Pa, Matakitaki, durch die Ngapuhi unter dem grossen Hongi Hika prophezeite:

> Steh, o Muri, hüte deine Fischbank in Ahuriri.
> Und bereite dir eine Ruhestatt;
> Aber lass den Theil, auf dem du ruhest, weich sein,
> Ruhe nicht sitzend, horche auf das entfernte Geräusch,
> Von denen gemacht, die Schlafstätten auf Koroki's Höhle bereiten;
> Bringe die Speise, jetzt von den Hunden gesucht.
> Der Sand des Oceanschwellens wird gehört spülend in Reinga's Höhle.

In der letzten Zeile bezeichnet die lokale Anspielung auf Reinga's Höhle zugleich die Deutung des sonst dunkeln Orakels und weissagt den Sieg der Ngapuhi (des nördlichen Stammes).

Die Götter blasen sogar Thieren die Macht ein, zukünftige Er-

---

Ur-Traum" differenziren sich Wachen als Traum der Seele, und Schlafen als Traum des Körpers (nach Troxler).

eignisse zu wissen. Vor der Schlacht bei Rotoiti zwischen den Stämmen Heke's und Waka's sass ein Häuptling, Namens Te Kahakaha, mit Heke in einer Hütte, als ein Hund kam und ihn anbellte: dies wurde als Mahnung an seinen Tod aufgefasst; er fiel am nächsten Tage und es hiess, Gott Te Nganahau (der Gott des Todes und Uebels) hätte den Hund inspirirt, der so Te Kahakaha sein Schicksal verkündete. Wenn Männer, die in die Schlacht gehen, ein Jucken des Fleisches an einem Theil des Körpers fühlen, so werden sie da verwundet werden; wenn sie eine warme Luft über sich hingehen fühlen, welche Schweiss verursacht, so müssen sie sterben; solche Zeichen heissen „Aitua" bei Menschen, und bei Thieren „Pawera". Damit nicht Thiere, welche man zu jagen beabsichtigte, das pawera fühlen sollten, so bestimmten die Eingeborenen in alten Zeiten nie das Jagen vor dem Tage, an dem sie zur Jagd aufbrachen. Drei junge Häuptlinge, deren Mutter eine Priesterin war, bestimmten, in Missachtung dieser Regel, in der Nacht, nach einem gewissen Platz auf die Jagd zu gehen. Die alte Dame hörte so halb, wie sie übereinkamen am nächsten Tage aufzubrechen und sagte zu ihnen, die Ferkel würden, da im Voraus beschlossen, pawera sein und so vom Platze gehen; sie gingen dennoch und fingen nicht eins. Einige Tage später sagte die Priesterin zu ihnen, sie sollten nach dem nämlichen Platze gehen, sie würden ein Ferkel fangen. Sie gingen hin und es war so. In diesem Fall war nun die Mutter so altersschwach, dass sie nicht nach dem Platz, wo die Ferkel waren, gegangen sein konnte, deshalb glaubte man, ihre Götter hätten sie befähigt, eine so genaue Anweisung zu geben. — Ein Europäer, der zur Zeit, als die Truppen zum Marsch gegen Heke's Pa in Okaihau gemustert wurden, im Lager war, bestätigt, dass, als die eingeborenen Verbündeten die Sänften gebracht sahen und zwar, um ein Heer lebendiger Menschen zur Schlacht zu begleiten — dass Alle sagten: „Gross würde das Missgeschick sein, dass auf solch ein böses aitua folgen müsse". An jenem Abend ging der Europäer wieder durch das Lager, wo die Sterbenden und Verwundeten lagen; die Eingeborenen wiesen darauf hin, wieviel Männer verwundet waren, und fügten hinzu, diese Männer haben dies auf sich selbst gebracht, sie bezeichneten ihre Körper dem Tode, indem sie bei Lebzeiten die Sänften mitgenommen hätten.

Alles, was ein Seher hat, ist heilig und ist des göttlichen Einflusses theilhaftig. Eine Verletzung seines Eigenthums wird deshalb mit der Rache der Götter heimgesucht. So lebte z. B. in Waikato ein Seher, dessen Frau auch eine Prophetin war. Nachdem sie schon viele Jahre verheirathet waren, entzweiten sie sich, und die Frau nahm ihren Hund mit und verliess Waikato und ging herunter nahe bei Kawtua und die Westküste entlang, durch Taranaki wandernd, bis sie bei einer Niederlassung der Ngatiruanui ankam, und hier vermählte sie sich einem Häuptlings, Namens Porou. Aus irgend einem Grunde (jetzt vergessen) tödteten die Ngatiruanui ihren Hund und assen ihn. Aber für diese Sünde (denn es war ein Prophetinnen-Hund) legten die Götter auf die Zungen des ganzen Volks den Fluch, „dass, so oft sie sprächen, sie bellen sollten wie der Hund, den sie getödtet hätten"; bis auf den heutigen Tag behält dieser Zweig der Ngatiruanui den eigenthümlichen Provinzialismus, dass sie jede Anrede, jede Frage, jede Antwort mit der Silbe au, au anfangen, und sie werden seitdem, in Anspielung auf die Legende, durch den Namen „Ngatikuri" — „Söhne des Hundes" — unterschieden. Wir wollen diesen Theil unseres Gegenstandes mit einigen Anecdoten aus der Geschichte des Nördlichen Krieges beschliessen.

Während unsere Truppen und die unsrer Verbündeten vor dem Pa von Ohaewai lagen, verkündete ein alter Seher im Pa, der kein Wort Englisch sprechen konnte, er würde von den europäischen Göttern begleitet, so dass er das Schicksal der englischen Streitkräfte ebenso wie seines eigenen Volks voraussagen könnte. Seine Prophezeihung wurde in einer Art Kauderwelsch vergetragen, das von Pene Taui, dem Häuptling von Ohaewai, der Englisch verstand, folgendermassen übersetzt wurde: Die Götter sprachen durch den Seher und sagten „Keiner muss eine Pfeife rauchen im Stehen [kein Stehseidel] und zwei Shilling und sechs Pence werden getödtet werden." Nun geschah es, dass an demselben Tage, da diese Prophezeiung gegeben wurde, ein Kanonenschuss in den Pa schlug, eine Frau und ihr Kind tödtete und im Weiterlauf das Bein eines Mannes fortriss, der im Lauf des Tages starb: diese zwei Erwachsenen und das Kind waren die 2 *sh.* 6 *d* im Orakel. Inwieweit der Priester oder sein Dolmetsch (Pene Taui) selber glaubten, ist sehr fraglich, aber sie verlangten, das Volk solle blind glauben, und wenn sie selbst Glauben in ihre Prophezeiung legten, so ist das nur eines von vielen Beispielen, wo der, welcher die Täuschung Anderer in ausgedehnter Weise übend, endlich sich selbst betrügt.

Weiter — an dem Morgen, als die Truppen den Angriff auf Ohaewai vorbereiteten, nahm dieser selbe Pene Taui ein Blatt aus einer englischen Bibel, lud sein Gewehr damit und feuerte es gen Himmel, im Augenblick des Angriffs, denn, sagte er, der Gott im Himmel war der Verfasser der Bibel und der Vertheidiger der Europäer, und der beste Weg, seinen Schutz für sich selbst zu erhalten, war der, ein Blatt aus seinem eigenen Buch hinzusenden, um seine Hilfe anzuflehen. — Eines Morgens bei Tagesanbruch ging Mohi Tawhai (einer der tapfersten unsrer Verbündeten) aus dem Lager und traf unbedachter Weise innerhalb 50 Ellen auf einen Hinterhalt von zehn Mann, zum Recognosciren aus dem Pa geschickt. Mohi war nach Tamati Waka der nächste im Rang und im Commando, und sein Tod würde dem Mann, der ihn getödtet hätte, kein kleines Ansehen gegeben haben; aber nicht Einer von den Zehn konnte seine Büchse auf ihn richten, sie alle lagen am Boden, einander anschauend und sich wundernd, welcher Zauber sie hemmte, und Mohi kehrte unbehelligt zum Lager zurück. Die Männer erzählten mir dies später und führten dafür als Grund an, dass Mohi als fest im Glauben an den Christengott jeden Sonntag sein Volk aus dem Wort Gottes belehrt habe und die Gottheit, an die er so glaubte, ihre Hände vom Schiessen auf ihn (als seinen Verehrer) zurückgehalten habe. Zu der Zeit weilte ein Priester aus Hawaii im Pa, der sich die Macht zuschrieb, das Leben eines Menschen vor Kanonenschüssen und Gewehrkugeln zu bezaubern, durch Kauen eines Stückes Holz und Ueberreiben des Mannes. Viele der Eingeborenen glaubten an ihn im Pa, und durch den Glauben an seine Zauber setzten sie sich furchtlos dem Feuer[1]) unserer Truppen aus, (bis sie an der Wirksamkeit desselben die Unwirksamkeit der Versprechungen zu erkennen hatten). Ein Anderer, Namens Papahurihia, verhiess durch Hilfe seiner Götter und durch die Kraft seiner Zaubersprüche ein Haus vor den Kanonenschüssen zu schützen, das auf seinen Befehl im Pa von Ohaewai als Versammlungsraum für die Häuptlinge gebaut worden: das Haus war fertig und elf Häuptlinge sassen darin, als eine Kanonenkugel gerade hindurch schlug und die Gewehre zerschmetterte, welche drinnen aufgestapelt waren; der Seher sagte, es hätten einige drinnen geraucht und seine Götter wären ergrimmt. Ein zweites Haus wurde mit demselben Versprechen des Schutzes erbaut; dies wurde zerschmettert und abgedeckt, und Papahurihia schrieb jetzt das Misslingen gekochten Speisen zu, die ins Haus genommen worden, nicht vielleicht in der Hand, sondern im Munde, was dieselbe Wirkung zur Entweihung des Orts haben würde. Dieser zweite Fehlschlag machte indess seinen Prätensionen ein Ende, und das Berathungshaus wurde nicht wieder erbaut.

Wir wollen jetzt von dem Zauberer und seiner Zauberkraft sprechen. Die Macht, welche der Zauberer besass, solche, die ihn oder Andere beleidigt, mit Tod zu treffen, gab ihm ohne Zweifel Einfluss im Volke, und wenige der Beleidigungen wurden ihm angethan; noch müssen wir hinzufügen, dass sein Leben einen gar fraglichen Halt hatte, denn es hat sich oft ereignet, dass seine nächste Verwandtschaft, selbst sein eigener Sohn oder Enkel (geschweige denn Glieder eines andern Stammes) einen Mann morden wollten, der der Bezauberung eines ihrer Verwandten beschuldigt war. Wir wollen eine oder zwei Anecdoten zu diesem

---

1) Andere Anweisungen zum „Festmachen" im Romanus-Büchlein, und beim italienischen Kriege (1859) liessen süddeutsche Buchhändler solche Zauberzettel ausgehen, „deren Hersagung vor aller Leibes- und Todesgefahr vollkommen sichere" (s. Wuttke). Von den damals auch an französischen Leichen gefundenen Omuletten stehen solche von den Offizieren höchster Rangstufen verzeichnet.

Kapitel geben und dann einen Zauberspruch von jeder der verschiedenen Arten der Verzauberung mittheilen, denn die Ceremonieen unterscheiden sich je nach den Umständen des Falls. Letzten November, während wir im Kaipara-District beschäftigt waren, kamen wir zu einer Eingeborenen-Niederlassung, wo drei Tage vor unsrer Ankunft ein junger Häuptling an der Schwindsucht gestorben war, an welcher Krankheit auch sein Bruder und seine Schwester auf dem Tode lagen. Die Eingeborenen dieses Districts hatten länger als fünfzehn Jahre alle äusseren Formen des Christenthums beobachtet, dennoch hörten wir, als wir uns in unser Zelt zurückzogen, wie sie den Häuptlingen, die uns begleiteten, die Ursache des Todes des jungen Mannes berichteten, welcher natürlich die Folge von Zauberei war. Der Beweis dafür war, dass ungefähr drei Monat vor seinem Tode der junge Mann und ein älterer Häuptling zusammen ein Stück Landes gebaut hatten und dabei in einen unbedeutenden Streit geriethen; der Jüngere behauptete, dass die Weizenernte aus Mangel einer Wasserableitung nicht gedeihen und fortgewaschen werden würde, worauf der ältere erwiederte: „du wirst sie nie sehen". Kurz nachher wurde der junge Mann auf einem Ausfluge mit Bruder und Schwester sehr nass von Regen, und erkälteten sich, schon zur Schwindsucht neigend, alle drei, die Ursache des Todes für ihn und sehr wahrscheinlich auch für die beiden anderen. Als der junge Häuptling starb, wurden die Worte, welche der alte Mann ausgestossen, in Erinnerung gebracht und als ein unbestreitbarer Beweis betrachtet, dass er die ganze Familie bezaubert hätte, wegen der Worte, die der Eine im Gespräch bei der Pflanzung zu ihm geäussert.

Früher möchten die Zauberer nicht so gut entkommen sein, denn im Jahre 1844 wurde ein Sklave und seine Ehefrau getödtet in Hokianga für das vermeintliche Verbrechen der Zauberei. Diese beiden armen Wesen waren, in den Kriegen des bekannten Cannibalen Hongi Hika, aus den Rotorua-Stämmen gefangen weggeführt worden, und da die Rotorua-Leute wegen ihrer Zauberkunde bekannt sind, mussten diese zwei Sklaven natürlich an solcher Wissenschaft theilhaben. Da nun die meisten der ersten Häuptlinge des Hokianga-Districts binnen fünf Jahren gestorben waren, so wurden diese Sklaven beschuldigt, sie bezaubert zu haben, und auf diese blosse Voraussetzung wurden die Sklaven getödtet. Selbst in den heutigen Tagen einer verhältnissmässigen Civilisation der Maori werden die Leben der nächsten Verwandten zuweilen dem noch starken Glauben an diese satanischen Bräuche geopfert und für das vermeinte Verbrechen der Zauberei ein Mord begangen. Seit dem letzten November sind nicht weniger als vier solcher Morde gewesen, deren einer nur wenige Tagereisen von dieser Stadt geschah. In jenem Monat wurde ein Mann, Namens Hakaraha, zu Rotorua von einem gewissen Hura getödtet, welcher glaubte, jener habe sein Weib Roka behext. Es scheint, dass Hakaraha und Roka nicht eben freundlich mit einander verkehrt haben, und dass er gesagt hatte: „möge Erde auf Roka gelegt werden." Als kurz nachher die Frau starb, war Hakaraha's Wunsch genügender Beweis, um ihn zu fassen und zu tödten, was demnach auch geschah. In Whaingaroa wurden ein alter Mann und seine Frau für den ihnen beigemessenen Tod eines Häuptlingssohns erwürgt, obwohl einer der Henker, wie auch die beiden Opfer, getauft war. Der Alte und seine Frau waren zu Sklaven gemacht worden durch die Ngatihourua-Stämme von den Ngatikahungunu in Hawke's Bay; und als Häuptlinge im Stamm ihrer Herren gestorben waren, wurden diese zwei der Zauberei beschuldigt und für ein Gewehr an die Ngatimahanga verkauft. Während sie bei ihnen weilten, hatte der Sohn des Häuptlings William Naylor Streit mit seiner Frau und unbedachterweise ihren Arm hart gestossen, den die beiden Sklaven mit warmem Wasser badeten. Dabei sollten sie die Zauberbeschwörungen gegen den Ehemann ausgestossen haben. Kurz nachher starb er, und die Sklaven wurden vorgefordert, in einer abergläubischen, halb kannibalischen Versammlung von Männern, Weibern und Kindern zu erscheinen, die sich aus Richter, Jury und Zeugen constituirte. Die schon vorher verurtheilten Opfer, über ihre Zauberwirthschaft befragt, wiederholten die Beschwörungen für einen Fluch. Das war genügend, es wurde ihnen befohlen, solches Wissen zu vergessen, was sie nicht versprechen konnten. Es hiess dann [1]: „sie würden der bösen Welt, der düstern Welt und der Ruchlosigkeit übergeben", das wurde von den jungen Leuten verstanden, und während wenige Tage später der arme Alte und seine Frau ihre Abendmahlzeit kochten, ohne Ahnung ihres Schicksals, traten zwei Männer, Namens Wapu und Hakopa in die Hüte und erwürgten sie. Kurz nach diesem, und noch näher an Auckland, wurde ein alter Mann, Namens Ruharuha, in Waiuka, von seinem eigenen Enkel (Pita Te Wharetaukura) ermordet. Pita's Frau war gestorben, und kurz vorher hatte er (Pita) mit dem alten Mann Streit um Land gehabt und deshalb warf er die Schuld an ihrem Tode auf seines Grossvaters Zaubereien, und auf diese Voraussetzung hin erschoss er ihn. Alle diese Fälle wurden von der Mehrzahl des Maori-Volks als gerecht besprochen, und die Mörder von ihren Stämmen deshalb in keiner Weise getadelt.

Wir wollen jetzt die Ceremonien und Zaubergesänge geben. Wie wir vorher erwähnt haben, giebt es viele Stufen eines Maori-Fluchs, und da dieser meist die Ursache bei einem behexten Menschen ist, so werden

---

[1] wie im sermo publicus der Actus fidei, ohne proclamationis et appellationis beneficium (1232 p. d.) und auch für die Reuigen ohne Gnade: Si vero territi metu mortis redire voluerint ad fidei unitatem juxta canonicas sanctiones ad agendam penitentiam in perpetuum carcerem detrudantur, und sonst der Scheiterhaufen für die von der Kirche in den Häretikern dem Volksglauben nun wieder aufgedrängten Hexen, trotz der Concilbeschlüsse (b. Eligius).

einige Proben von ihnen hier am Platze sein. Es giebt drei Hauptstufen[1]), nämlich das „Kanga", der höchste Fluch, als Upoko kohua (Schädel einzukochen) oder Upoko Taona (gekochter Kopf); das „Apiti" als To upoko ko taku ipu wai (dein Kopf ist die Kalebasse, aus der ich trinke); ko taku tirou kai o wheua (meine Gabel ist deine Knochen). Der Unterschied zwischen diesen beiden Stufen mag Vielen auf den ersten Blick nicht ersichtlich sein; das Kanga ist ein wirklicher Wunsch [Verwünschung], dass der Verfluchte gegessen werden möge, das Apiti (oder Vergleichung) ist nur eine Vergleichung der Knochen mit einer Gabel und des Schädels mit einer Kalebasse. Dann giebt es auch die tiefere Stufe „Tapatapa", das ist durch Benennung eines Thiers oder Dinges nach einer Person. Wir nennen z. B. aus Gefühlen der Loyalität, unsere Schiffe nach unserer geliebten Königin, was einem Maori ein Tapatapa ist, das nur durch Blut zu sühnen wäre: und was ihm noch schlechter ist, ist, dass der Sixpence, den wir für ein Laib Brod geben, das Bild unserer Königin trägt. Das ist vollständig unbegreiflich für seinen abergläubischen Verstand, dass wir, die wir so klug sind, dass Bildniss unserer Königin für gekochte Speisen verkaufen, ein Fluch auf sie herabrufend, der hinreicht, das Leben einer Nation zur Sühne zu fordern. Der Fluch Tapatapa konnte von Häuptlingen dazu benutzt werden, sich fremden Besitzstand anzueignen (all that was required to deprive the slave of his property was, any chief should call' it after himself or any of his limbs).

Not sufficient to avenge the insult of a curse, its effects also must be expiated. The ceremonies used for this purpose by the Natives differed according to the several degrees we have defined above, of Kanga, Apiti, and Tapatapa. If the malediction were by Kanga, then the priest would go with the man who had been thus cursed (each unclad), to a running stream, and making mounds of earth beside it, the priest sticks a twig of Tangeo into the bank, then they immerse themselves in the water, the priest repeating this incantation while the gods are supposed to come and rest upon the mounds and dance upon the twig thus set up:

>Now are the mounds made,
>On the side of the dark stream,
>By the place of thy wanderings, and of thy course
>It is made this evening
>By the darkness of this hill,
>By the shade of these gods.
>Now stands the twig by the mound,
>By the place of theft, by the wanderings,
>By the incantations from Hawaiki.
>It is the twig of revenge,

---

1) Die Araber verfluchen schon von den Eltern her, damit das Verderbniss um so durchgreifender. Als schwerste Sünde galt Ta-atua (auf Mangaia).

> To hurry onward my power,
> The impetuous power of the sons
> Emblem of the gods and their power.
> Now is the power of this incantation
> Of these sons and of these emblems;
> The water is flowing to this place of sorcery,
> It flows on this sacred spot
> To the head of strength, to te root,
> On the surface and to the gods of theft,
> Thou son of evil words and this curse,
> Thou who didst defy the priests with a curse,
> By these gods aud sons, also these emblems
> Which are now seen with impetuosity
> Sowing death, seeking revenge for the sons,
> By these emblems, fall thou, die thou,
> On these mounds, beneath these twigs,
> With suddenness be thy death:
> Die quickly for thy curse and evil word.

This done in the water, they return now to the settlement, and some little distance from it, they sweep a place clear of grass or weeds, as an arena upon which the gods and spirits may alight; while sweeping, this incantation, which is called the „Tahinga", is used:

> Sweep, sweep, an open space,
> On this sacred morning of Tu,
> For the gods of power sweep this place
> On which to sow death, to revenge these sons.
> Tu the powerful, and Rongo,
> Hupaoa, and Ihungaru, come,
> Even to this sacred spot come,
> Sow death for this word and curse,
> Darkness come from the world below,
> From the gods below.
> From the worm below, and smite these sons.

Within the open space, the priests dig a hole about two feet long, which is intended for a grave for the spirits of those who cursed, and while digging it, this incantation is repeated:

> Now is the pit dug down to the depths of Nuku,
> To the limits of the earth, to the depths of Papa,
> To the calm of darkness below, to the long night,
> To the utmost darkness, to the power of these priests,
> To the darkness of the gods of these sons and emblems.

This done and the grave finished, they put a twig of Karamu on each side, and seat themselves on its brink, and take a shell of a freshwater mussel with which to scrape into the pit the spirits of those who uttered the curse, which have been already brought to the pits edge. While doing this again the priest begins:

> Now is the muscle shut to Rehua above,
> And to the stars;
> Atutahi, Matariki and Tawera:
> To the sun and moon above,
> To all things and the darkness above,

> To the root of all things and the priests,
> That they may hearken to this incantation,
> Look at these emblems and strong desires,
> Which call for revenge and death.
> Let the revenge of Tu consume these sons
> Their priests, their gods, their power and incantations.
> May the power of their priests be confounded,
> Let their wizard god be made dumb!

A narrow mound is then made all along the side of the pit, upon which the priest places stones named after those who used the curse, one for each, and says:

> To sweep in, to cover up, kill and bury them;
> For thy power in war, thy strength and anger,
> And for thy prowess and also thy words;
> By thy thrill of fear in the battle front,
> Thou art struck down to the depth of Nuku,
> Even to the root of the world thou art sent,
> As food for the hosts there; thy powerless incantation also,
> Thy ancestors and their power is gone with thee:
> They are now weak and cannot kill.
> We sweep them and thee into this pit,
> And hide you altogether with this shell,
> The shells of these sons and emblems.

This is repeated over every stone, and each time he comes to the name „Nuku", he strikes into the pit each stone to which it is addressed; the twigs are now thrown likewise into the grave, then he covers it in, and pats down the hillock with his hands. The next day they come there again, and weaving a basket which is of very small size, which is called „Paro taniwha" (god's basket) the priest again repeats:

> Weave my basket for my sons to sleep in:
> My basket is for my dead sons and enemies to sleep in.
> To whom does the basket belong?
> To the gods and priests and ancestors,
> To the gods of theft. Fill up, fill up, my basket!
> It is to put you, your priests, gods and ancients in
> Your power and incantations.
> To whom does the basket belong?
> To the female ancestors and you all,
> Even the stay of all power and the gods of theft.

The bodies of their enemies were buried in the twigs; the stones represented their hearts, cold and dead as they; now their spirits are imprisoned in the basket, and being hung up on a stick above the grave, and squeezed by the hands of the priest, are thus offered to the gods, and chiefly to the goddess Raukataura, who is especially addressed to enlist the spirits of the female line of priesthood on their own side while weaving; also one of the party waves a mussel shell above her work to effect the same. On the third day at a little distance from this pit they build a hut, and make a mat, and lay it on the pit. They then make an effigy of Raupo, putting within it a stone to represent the heart, and laying it on the mat, this is called Whiro. They then address the figure:

> Sleep, oh son, sleep!
> Sleep thou on the pit of these sons of evil.
> They are gone to the long night
> The night of manifold darkness;
> They are gone to the end,
> To the thousands below.

The mat and the effigy are lastly taken up and deposited in the hut, and the priest, standing at a little distance, asks: „Are you asleep, Whiro? Awake, awake! Are you awake, Whiro?" The priest answering for Whiro, says: „Oh yes, I am awake." He again asks: „Are you in your own house?" Again answering, he says: „Yes." „No you are not: O Whiro, you are in the world! It is not your place of above. Arise, arise, go thou to the gods in the depth of „Nuku", to the worm, to the depths, to the dark world to the evil, to the gods of power, to the end of evil." This concluding ceremony is called „Whakaoho", and the curse is finally removed from them, and transferred to him or them who uttered it. Yet all this is not enough if the original imprecation have derived additional power from having been uttered by a priest. In such a case the ceremonies above related are followed till the „Marae", or consecrated area has been swept, but then the priest makes a little mat, and while working it he says:

> Weave, weave my mat,
> A mat for the gods to sleep on:
> Weave, weave my mat for this evil,
> For this darkness, for this curse!
> Weave to the boisterous sea,
> To the dark sea
> To the sacred sea of Tu,
> Of Te Nganahau, and Te Whiro;
> And to the heavens above,
> And the many above, and to death.

This, resembling in all but size a common sleeping mat, is laid upon the ground, and upon it is placed a piece of stick with leaves tied round it for head, arms and clothing: this stick stands for the representative of Raukataura; then again he says:

> Here is thy apron of war,
> Even the apron of Tu.

Then he builds over it, as it thus lies; a small house, and adds:

> Sleep, Raukataura, sleep,
> Sleepest thou?

The priests answers for the goddess as though she were speaking:

> No!
> Go then to the depths below,
> To the thousands below.

Here he listens as though expecting an answer; there being no answer, he says:

Will you not go? No.
Do you wish for companions? Yes.
Will you take them with you? Yes.
Then take with you these persons.

He then mentions the name of each one whom he intends should die by his witchcraft. Then taking in his hands a stick, he sets another against the end of the house to represent the door, and touching it with the one he holds in his hand he proceeds:

Shut in, shut in!
Art thou shut in? (Answer) No.

Then striking it a second time, he says:

Shut to the door!
Shut it to.
Go ye to the gods below,
And to the thousands below,
And if they ask thee.

Again adressing the goddess Raukataura:

Who are in the world above?
Tell them these.

And here he repeats by name the principal relations of those whom he is bewitching:

And if they ask thee
Who are my companions?
Tell them these.

Repeating here the names of the men themselves against whom his sorceries are directed. This done, he turns the little effigy on its face and says:

Sleep on, my son, sleep on,
Look to the world below,
To the darkness below.
To they power below.
Look not to the first heaven,
Nor to the second heaven,
Nor to the tenth heaven.
Tawhaki (the thunder god) is above,
And the world of light also,
The thundering world — the splitting world,
The shining world of power.

All this is done to transfer the curse not only to the priest, who uttered it, but also to his tribe; then all is left as it lies until there is a rumour of approaching war, and in the meantime, for the space of a whole year, the tribe will not cultivate the ground, but are supplied by their kindred tribes.

The curse of the second degree or „Apiti" does not necessarily require the death of the offender for its extirpation; a less punishment may often satisfy the offended party. In any case the person aggrieved goes to the priest and repeats the curse: the priest then takes as many sticks as there are words contained in it, and makes an effigy of raupo, into this he puts these sticks, and for the heart he puts into it in a sacred stone, called „Okaka" (parrot food), This stone is said to be found by the „Kaka" in the heavens, and when possessed by a flock of them is carried by one bird for the rest to whet their beaks. This effigy is placed on one side of a running stream, and beside it the priest takes up his station, on the other side stands the sufferer with a branch of Koromiko stuck in the ground beside him: when all is ready the priest bids the man spit into the stream and catch the spittle in his right hand, he strikes it upon his own right check, upon this the spirit of the enemy is seen standing at the priests left hand; he then bids the man assume a certain posture, varying according to the circumstances. If cursed by a relative and if death is exacted as the penalty, he reclines on his right side and draws up both legs; if he will be satisfied with the infliction of pain, the right leg only is thus drawn up. If his enemy be no relation, yet one whom he does not whis to kill, he lies outstretched upon his back and folds his hands across his breast; but for the doom of death, he assumes the posture of a corpse with his arms laid straight beside him; then the priest repeats this incantation (while the spirit leaves his side and takes his station on a stick pitched in the middle of the stream):

    Blow on us thou gentle breeze
    Perchance it is I whom they are cursing
    As recompense for evil.
    Perchance the treacherous one
    In his canoe of leaves will not hearken.
    Come, assemble in the house.
    The birds nestle, the soul shrinks,
    My parent is slain by me,
    But thou stranger will be given to death
    For thy evil deads, fall thou into the water.

The priest now strikes the spirit down the stick with his hand into the water, and continues:

    Let the stone of deceit be given,
    Quiet be thy feet.
    I will lay down in this house;
    Stretch out thine arm as a leg,
    And thy leg as an arm:
    Thus by the fish of the earth,
Looking upwards to heaven, panting for breath, „O woe is me!"

Then the man leaves the stream, and roasting a fern root in a fire kindled by the priest, he touches the priest on the head and shoulders, and then gives it to him to eat. The tapu is thus broken and both are polluted and unfit for further rites of sorcery; this is done lest any others should be bewitched by their encounter, and lest the secrets of the craft should be divulged,

Another „karakia" accompanies the resumption of their garments; for had they touched cooked foot without this precaution, the incantations of the priest would return upon his own head. So ends the ceremony, which must be concluded before day dawns or closes upon it. For three days afterwards they both must eat only the pohue (the root of the wild convulvulus) to ensure its complete success. Nor is this succes in the least doubtful if they be left to their uninterrupted operations; but if the offended man relent, and would avert the death thus menaced, it is still in the power of the priest to undo his work, and to effect cure on the bewitched man by this „karakia" repeated over him:

> As the sounds of music from the Koauau,
> Such shall be thy returning soul
> To this world of health
> To this world of light.

So saying he spits on the sick man's forehead, and laying his hand upon him, says:

> Evil man, great sinner
> Thou art of Maui.

These words complete the cure; to understand them we must refer to the legend referring to the sin of Maui in catching and beating the sun, and in his insult offered to Hinenuitepo which occasioned his own death. If a curse were uttered against a priest, he woud not speak at the time, but silently repeat the following incantation:

> Tu baptize the night
> Tu baptize the day,
> Go thou beneath, I go above,
> Send the power below
> To the night below, to the worm below,
> To the evil one below, go to death,
> And thy spirit for ever to darkness.

Then returning home he fasts three days in order to ensure that the offender shall have eaten food, which will enhance the effect of his incantation. When he is certain of this, he has food cooked for himself, and taking part of it he wraps it in a Nikau leaf (New Zealand Palm) with some hairs from his own forehead, and taking it to a running stream he throws it in, saying:

> My fire is burning,
> To the big sea, to the long sea,
> To the boisterus sea.

Then he returns, and while eating, lest he who cursed him should have bewitched his food, he repeats silently:

> Stand erect before the world of spirits
> That the soul of food may be eaten,
> And the essence of food — the food of the gods.

This completes the charm against the offender; he is now doomed to certain death, and that the cause of it may be known, the spirit of the sorcerer will appear bodily at his funeral; the relatives then seeing and recognising it will go to a running stream, and, sitting on its brink, repeat this incantation:

> Our protector will destroy his power
> He will protect from death,
> Go thou evil one, to the heaven above,
> Go thou to the earth beneath,

This charm precludes any future sorcery being exercised against the remainder of the family. Occasionally, however, instead of all these ceremonies, the priest; when cursed, will lay his left hand on the right side of his breast, and with the right hand catch the curse, saying aloud, „Aue taku upoko" (O, my head!), for on the head dwell the principal gods; and they are thus called to punish the offender with death (und Schwur der Ashantie beim Kopf des Königs).

Before we give any specimens of the Native Doctor's craft[1]) we may be allowed to remark, that he has more to encounter than falls to the share of any European Physician: he not only requires a larger amount of faith in the efficacy of his own incantations, but he has to contend in every instance with that which an European doctor would pronounce not only the cause of sickness but sure to result in death. A New Zealand patient will not remain in a house in the settlement; he will reside in a shed by himself in the scrub, a shed that cannot shelter him from the evening breeze much less keep out the dew of night or the rain; he will also (if he eats at all, which is not often the case) have whatever he may wish, in fact he is led by his appetite alone, if he has a fever he will go and bathe, if he is consumptive he will do the same. In many cases the Maori Doctor had recurse to certain leaves, and the bark of trees, to assist his incantations; for a burn he used the inner bark of the Rimu bruised into a pulp, or the ashes of the Tussac gras, sprinkled on the burn; for dysentery the Kawakawa root was chewed. About six years ago, when the influenza was very rife in the North, one of the Maori doctors gave out that he had found a cure for the headsplitting disease as it was called: it was a compound of roots, bark, and leaves of trees, with certain shrubs burnt together, the ashes of which were kneaded into a paste with hogs lard; this he sold to his countrymen in balls the size of a common marble, charging Lst. 1 10 sh. for each. They were bought with avidity by timid persons, who, when they felt the least pain, in whatever part of the body it might be, made an incision in that part and rubbed a portion of the compound into it. It was astonishing to see how many cures were effected by it amongst those in whose imagination alone the disease had existed. After a Maori doctor has made himself acquainted with the complaint of his patient, he decides as to the remedy; if he is suffering from the effects of witchcraft, he takes him to stream, and sprinkles his naked body with water, repeating the following incantation over him:

> Rise all ye powers of this earth,
> And let me see the gods,
> Now I am roaming o'er the earth,
> May the gods be prevented
> From cutting and mayming this man;

---

1) Das Meda oder (in Ottowa) Meta (medical influences, supposed to be exercised by certain mineral or animal matter, as small bits of metals, bones, feathers, and other objects kept in the arcanum of the sacred Gush-ke-pe-tagun or medicine-sack) gehört dem Medawininee (Magician), distinct from the Muskekewininee or medical practioner. Neben dem Jessukawin or „the art of prophecy (practised alone, by distinct and solitary individuals) findet sich dann das Wabeno (a kind of midnight orgies, which is regarded as a corruption of the Meda). Admissions to the Society of Meda are always made in public, with every ceremonial demonstration (s. Schoolcraft). Mit dem heiligen Geist fing man an, mit dem Geiste hörte man auf (s. Reuter). Spiritus sanctus in nobis quotidie incarnatur (unter den Amalricanern).

O thou god of the wizard.
When thou descendes to the world below
To thy many, to thy thousands
And they ask who required thee there
Say Whiro the chief, come back then;
And we shall find thee, we shall see thee
When thou goest inland,
Or to the ocean, or above;
And the thousands there ask thee
Tell them the same
Go thou even at day down
When the night's last darkness is
Hide thyself in it, and go
Go thou, but the skull of the wizard shall be mine
To cut and to tear it,
To destroy its power and its sacredness
Cut off the head of the god [1]).

They then return to the settlement; the patient, now being more sacred than ever, is not to eat for three days, at the expiration of which he is supposed to be cured,

The following is to give sight to the blind: The priestly physician ties around his own waist the twigs of the Kawakawa and Karamu as an apron, and standing in front of his patient, who is sitting up, he waves a branch of one or other of the same shrubs before the man's face, saying:

Thou sun now coming
Red in thy coming — give light here,
Thou moon, how coming
In they flight look on this man,
Now dimly seeing the gods are moving
Welcome come ye forth,
From thy eye-balls the red waters come
Give light, give strenght;
Give life, — life now come.

The following is to cure any casual disease: If the priest has satisfied himself, after looking at the patient, that his sickness is no attributable to the influence of Makutu, he merely repeats this incantations with certain contortions of his body, clawing the air with his hands over the patient, sometimes standing, sometimes sitting; but no certain rules can be given, for the ceremonies in this case are quite arbitrary on the part of the priest; some of them never come near the patient, merely repeating the incantation while they are standing on the top of their own house, which is as follows:

Breathe thou, breathe the breath, O Rangi,
And thou Tu, give the living spirit,
To create life that the body and soul may live in this world,

---

1) Die Juden haben unsern Heiland gehängt, schadt ihm sein Hängen nichts, schadt dir dein Verrenken nichts (in Württemberg), bei Verrenkung zu sprechen (s. Wuttke). Ich habe mich verbrennt, Christum den Herrn hat man gehängt, schadet ihm sein Hängen nichts, so schadet mir mein Verbrennen nichts (in Franken).

Beat with life thou heart
The tree falleth, the tree of Atutahi,
Here the blow was given, the wind blew there,
There is the tree of enchantment.

While repeating this he sticks a twig of Karamu in the ground before the sick man, which he had previously held in his hand, and continues:

It is welcome, it is good,
The land, the sea, the day, the night,
All are good.
Be propitious, O! ye gods.

The following is to cure a burn[1]) or scald: — When the priest is putting on the pulp made as before mentioned he says: —

Return, O ye gods of the land,
And ye gods of the sea,
Come and save. that this man
May work for us, oh Tiki!
For you and me.
Heal him, oh heal!
If it had been fire kindled by me on Hawaiki,
It might have been extinguished.
O thou skin, be not diseased by this evil,
Cease thou heat, be cured thy burn,
Be thou extinguished, thou fire
Of the god of Hawaiki;
Ye lakes in the heavens give coolness to his skin,
Thou rain, thou hail, come to this skin:
Ye shells and cool stones come to this skin,
Ye springs of Hawaiki, Rarotonga, and Aotea,
Come to this skin and cause it to be damp;
Be, healed thou skin, be healed.

When a limb is broken, as in war, the priestly Doctor makes splints, and, while binding them on the broken limb, he says: —

O thou Tiki, give me thy girdle,
As a bandage for this limb!
Come thou, bind it up,
Tie around it thy cords and make it right.
O thou flesh, be thou straight;
And ye, sinews, be ye right,
And ye bones join ye, join ye.

---

1) Gott, der Herr, ging übers Land, hat ein feurigen Brand in seiner Hand, Brand, brenn aus und nicht ein, das soll ein Brand sein (im Vogtland), mal feu arde (Tristr.). Luxum si quod est, hac cantione sanum fiet (statt Cato's): Petrus und Maria ritten zusammen auf einem Pferd und ritten über eine Brücke, da vertrat das Pferd den einen Fuss, Petrus sprang herunter und bat zu Gott dem Vater, dass er möchte geben, dass alle Litt bei Litt, Sehnen bei Sehnen, Aders bei Aders, Knochen bei Knochen, dasselbige begehre ich auch (s. Strackerjan). Als Phohl's Pferd den Fuss ausrenkt, vermag ihn weder Sindgund und Sunna, noch Frua und Folla zu heilen, sondern nur Wodan (der Zauberkundige).

Maori doctors do not exactly profess to be able to raise the dead, but they do profess to restore to life those who may be in the last agony; but then many concurrent omens and propitious circumstances must occur all at the same time ere such a miracle can be wrought; it must take place near dawn; the dying man must have a shivering fit; also, Matariki (the Pleiades) must be high in the Heavens, a power from which stars is supposed to cause the fit; also, the Toutouwai (the New Zealand robin) must sing for the first time, at one and the same time that Tawers (the Morning Star) is seen; then the priestly doctor will engage to revive him who is in his last moments by saying:

> Spread thy breath, O Rangi
> Stay, thou breath, oh stay,
> Be full of breath, be full;
> Ere this my son fall silently away,
> Dive to the depths of ocean darkness,
> And dive in the ocean light and rest in the heav'ns,
> Let life be given to thee
> Eat thou of life in the heavens,
> Let life revive thee,
> On thy sacred garments is thy sin
> Thy food was mixed and eaten,
> The food which is in thee,
> Light of the heavens rise
> That Wiro may at a distance stand.
> That death may flee and life be given to thee.

Unter den mancherlei Versionen der Mythe vom Feuerbringer in Polynesien giebt Folgendes die der Maori (bei White):

The servants of his parents were in the habit of going to Hinenuitepo every morning to procure fire, but at lenght refused to go any more. Maui went in their stead, ad seeing the old woman take fire from the ends of her fingers to supply him, he brought it a little distance ad having extinguished it, returned for more. Maui being a funny fellow, wished to amuse himself at her expense, but the old woman finding he was ridiculing her, threw the fire after him, ad as it kindled behind him, he turned into a pigeon, ad flew on to a number of trees, called Pate, Kaikomako, Mahoe, Totara and Pukatea, where the fire followed him, hence these trees, on being briskly rubbed by the Maori produce fire. He resumed his human form and calling the gods Rain, Hail and Sleet[1]) to his aid, they came and assisted him in putting out the fire.

In einer ähnlichen Erzählung (bei *Grey*) spricht Maui zu seiner Mutter: „Wohlan, so will ich Feuer für die Welt herunterholen, doch welches ist der Weg, den ich ziehen muss?" Und seine Eltern, welche

---

1) Uanui, Uanganga und Uawhata, als Söhne Tawhirimatea's, bei seinem Vater Rangi (im Himmel). In dem Wharekura genannten Tempel Whanganui's bewahrte der Paraoa (Hohepriester) „the staff of life (belonging to Rangitawhaki, called Tongitongi (durch Kauika oder durch Tawhaki zerbrochen). Tawhaki (auf dessen Gebete Donner und Blitz folgen), taken up to heaven alive (bei den Maori), sometimes descends by a spiders thread (s. White), wie an der Westküste Afrika's oder Tezcatlipoca (Mexico's). Manibozho (der Algonkins) lernt die Verfertigung der Netze von denen der Spinne (zum Fischen).

das Land wohl kannten, sagten zu ihm: „Wenn du gehen willst, so verfolge den breiten Pfad, der dort gerade vor dir liegt; und du wirst zuletzt an die Wohnung einer Urahnin von dir kommen; und wenn sie dich fragt, wer du bist, so thust du gut ihr deinen Namen zu sagen, dann wird sie dich als ihren Nachkommen erkennen; doch sei vorsichtig und spiele ihr keine Possen, denn wir haben gehört, dass deine Thaten grösser sind, als die Thaten der Menschen, und dass du es liebst, andere zu täuschen und zu quälen, und vielleicht sinnst du jetzt schon darauf, diese alte Urahne von dir zu betrügen, doch sei vorsichtig und unterlasse solches."

Doch Maui sprach: „Nein, ich will Nichts, als für die Menschen Feuer herbeibringen, das ist Alles, und ich werde zurückkehren, sobald ich kann." Darauf ging er und kam zur Wohnung der Göttin des Feuers; und was er sah erfüllte ihn mit solchem Staunen, dass er lange Zeit sprachlos war. Zuletzt sagte er: „O Herrin, willst du dich erheben? Wo befindet sich dein Feuer? Ich bin gekommen, um dich um etwas davon zu bitten."

Da richtete sich die alte Göttin gerade auf und sagte: „Au-e! Wer kann dieser Sterbliche sein?" und er antwortete „ich bin's." „Von woher kommst du?" fragte sie, und er antwortete „ich gehöre zu diesem Lande." „Du bist nicht aus diesem Lande", sagte sie, „dein Aussehen gleicht nicht dem der Bewohner dieses Landes. Kommst du aus Nordost?" er erwiederte „nein". „Kommst du aus Südost?" er erwiederte „nein". „Kommst du aus Süden?" er erwiederte „nein". „Kommst du aus Westen?" er antwortete „nein". „Kommst du denn aus der Richtung des Windes, der gerade auf mich zuweht?" und er sagte „ich komme." „O dann", rief sie, „bist du mein Grosskind, was begehrst du hier?" Er antwortete: „ich bin gekommen, um dich um Feuer zu bitten." Sie erwiederte: „Willkommen, willkommen, hier ist Feuer für dich."

Dann zog die Alte ihren Nagel aus und beim Ausziehen flammte Feuer von ihm aus, und sie gab es ihm. Und als Maui sah, dass sie ihren Nagel ausgezogen hatte, um ihm Feuer zu schaffen, dünkte ihm das sehr wunderbar. Dann ging er eine kurze Strecke weiter, und nicht sehr weit von ihr löschte er das Feuer aus, ganz aus. Und er kehrte zu ihr zurück und sagte: „Das Licht, das du mir gabst, ist ausgegangen. Gieb mir anderes." Da fasste sie einen anderen Nagel und riss ihn aus als Licht für ihn. Und er verliess sie und ging ein wenig beiseite und löschte das Licht wieder aus; dann kehrte er zu ihr zurück und sagte: O Göttin, gieb mir, ich bitte dich, ein anderes Licht, denn das letzte ist wieder ausgegangen. Und so ging er hin und her, bis sie alle Nägel von den Fingern der einen Hand ausgezogen hatte, und dann begann sie mit der andern Hand, bis sie auch aus dieser alle Fingernägel gezogen hatte; und dann fing sie mit den Nägeln ihrer Füsse an und zog sie in derselben Weise aus, nur den Nagel einer ihrer grossen Zehen nicht. Und zuletzt sprach die alte Frau bei sich selbst: „Dieser Bursche spielt mir sicher einen Streich."

Darauf zog sie sich den letzten Fussnagel, den sie noch gelassen hatte, ebenfalls und auch er wurde zu Feuer, und als sie ihn auf die Erde warf, fing der ganze Platz Feuer. Und sie rief Maui zu: „So, nun hast du Alles." Und Maui lief davon und eilte zu entkommen, aber das Feuer eilte ihm dicht nach und war hart hinter ihm; da verwandelte er sich in einen leichtbeschwingten Adler und flog mit rasender Schnelle dahin, aber das Feuer folgte ihm und hätte ihn fast eingeholt. Nun stiess der Adler in einen Teich hinunter, doch er fand, dass auch das Wasser beinahe siedend war; und die Wälder wurden eben vom Feuer ergriffen, so dass er sich nirgends niederlassen konnte und Erde wie Meer standen in Flammen, und Maui war nahe daran, im Feuer umzukommen.

Da rief er seine Vorfahren Tawhiri-ma-tea und Whatitiri-matakataka an, dass sie ihm Wasserströme zu Hülfe senden möchten, und er schrie laut: „O, gebt mir Wasser, um dieses Feuer zu löschen, das mich verfolgt." Und siehe, Sturm und Wind erhob sich, und Tawhirima-tea sendete starken langen Regen und das Feuer wurde gelöscht; und bevor Mahuika ihr sicheres Obdach erreichte, wäre sie beinahe in dem Regen umgekommen, und ihr Rufen und Schreien wurde so laut, wie das Manis gewesen war, als er von der verfolgenden Flamme gesengt wurde. So endete Maui dieses Abenteuer. In solcher Weise wurde das Feuer Mahuika's, der Göttin des Feuers, ausgelöscht; doch bevor es ganz aus war, rettete sie einige Funken und barg sie im Kaikomaka und einigen anderen Bäumen, wo sie noch jetzt gehütet werden; daher brauchen die Menschen Theile vom Holze dieser Bäume, wenn sie Feuer wollen. So bei Maori, wogegen bei Mangaia (bei Gill):

In der Unterwelt (Avaiki) wurde dem Ro und der Buataranga ein berühmter Sohn — Maui — geboren. In seiner frühen Jugend wurde Maui zu einem der Wächter unserer Oberwelt, wo die Sterblichen leben, eingesetzt. Gleich den übrigen Bewohnern der Welt lebte er von ungekochter Nahrung. Einst besuchte die Mutter, Buataranga, ihren Sohn; doch ass sie immer für sich allein, aus einem Korbe, den sie aus der Unterwelt mitgebracht hatte. Als sie eines Tages im Schlaf lag, guckte Maui in ihren Korb und entdeckte gekochtes Essen. Beim Kosten fand er es der rohen Nahrung, an die er gewöhnt war, weit überlegen. Dieses Essen kam aus der Unterwelt, folglich musste das Geheimniss des Feuers dort sein. Zur Unterwelt, der Heimath seiner Eltern, wollte er hinuntersteigen und diese Kunde gewinnen, so dass er fortan stets den Luxus des gekochten Essens geniessen könnte. Als am nächsten Tage Buataranga sich aufmachte, um nach Avaiki (der Unterwelt) hinabzusteigen, folgte Maui ihr unbemerkt durch das Buschwerk. Dies war nicht schwer, denn sie kam und ging immer auf demselben Wege. Durch das hohe Röhricht lauschend, sah er seine Mutter vor einem schwarzen Felsen stehend, den sie also anrief:

Buataranga, steige mit deinem Leibe durch diese Kluft
Der Regenbogengleichen muss Gehorsam werden.
Wie zwei dunkle Wolken vor der Morgendämmerung entweichen
Oeffnet, öffnet meinen Weg zur Unterwelt, ihr Grimmigen.

Bei diesen Worten theilte sich der Fels und Buataranga stieg hinab. Maui merkte sich diese magischen Worte sorgfältig und machte sich ohne Verzug auf den Weg zu Tane, dem Besitzer einiger wunderbarer Tauben. Er bat dringend, ihm eine davon zu leihen; aber die angebotene Taube gefiel Maui nicht und wurde ihrem Eigenthümer sogleich zurückgegeben. Eine bessere Taube wurde dem anspruchsvollen Borger gegeben, allein auch diese ausgeschlagen. Keine andere konnte Maui zufriedenstellen, als Akaotu oder „Furchtlos", eine rothe und von Tane ganz besonders geschätzte Taube. Sie war so zahm, dass sie ihren Namen kannte und, wohin sie auch ziehen mochte, sicher zu ihrem Herrn zurückkehrte. Tane, der sich nur ungern von seinem Liebling trennte, nahm Maui das Versprechen ab, dass er die Taube unbeschädigt zurückerhalten solle. Maui schwang sich nun, seine rothe Taube mit sich nehmend, durch die Lüfte zu der Stelle, wo seine Mutter hinabgestiegen war. Auf die magischen Worte, die er erlauscht hatte, öffnete sich zu seiner grossen Freude der Fels und, die Taube hineinlassend, stieg er hinunter. Einige versichern, dass Maui sich in eine Stechfliege verwandelt, sich auf den Rücken der Taube gesetzt habe und so hineingekommen wäre. Als die beiden grimmen Wächter-Dämonen der Kluft sich von einem Fremden überlistet sahen, griffen sie wüthend nach der Taube, um sie zu verschlingen. Zum Glück für den Borger bekamen sie nur den Schwanz in ihre Gewalt, während die Taube, ohne ihren schönen Schwanz, ihren Weg zu den Schatten fortsetzte. Maui war über das Missgeschick, welches den Lieblingsvogel seines Freundes Tane betroffen hatte, sehr betrübt.

In der Unterwelt angelangt, suchte Maui das Haus seiner Mutter. Es war das erste Haus, welches er erblickte und er wurde zu ihm durch den Schall des Kleider-Klopfens geleitet. Die rothe Taube liess sich auf einem Backhaus, gegenüber der offenen Hütte, nieder, in welcher Buataranga mit Klopfen der Rindenzeuge beschäftigt war. Sie hielt inne und sah staunend zu dem rothen Vogel, von dem sie errieth, dass es ein Besucher aus der Oberwelt sei, da keine der Tauben im Reich der Schatten roth war. Buataranga sagte zu dem Vogel: „Bist du nicht vom Licht des Tages hierhergekommen?" Die Taube nickte Bejahung. „Bist du nicht mein Sohn Maui?" fragte die alte Frau weiter. Wieder nickte die Taube. Hierauf trat Buataranga in ihre Wohnung und der Vogel flog zu einem Brodfruchtbaum. Maui nahm wieder seine eigene, menschliche Gestalt an und ging, seine Mutter zu umarmen, die ihn fragte, wie er zur Unterwelt herabgestiegen wäre und welches der Grund seines Besuches sei. Maui gestand, dass er gekommen sei, das Geheimniss des Feuers zu erforschen. Buataranga sagte: „Dieses Geheimniss hütet der Feuergott Mauike. Wenn ich kochen will, sage ich deinem Vater Bu, dass er ein brennendes Holzstück von Mauike erbittet." Maui fragte, wo der Feuergott wäre. Seine Mutter bezeichnete ihm die Richtung und sagte ihm, der Ort hiesse Are-aoa oder Haus der Bananen-Stöcke. Sie bat Maui, vorsichtig zu sein, „denn der Feuergott ist ein furchtbarer Geselle, von sehr leicht reizbarer Gemüthsart."

Maui ging furchtlos zum Hause des Feuergottes, durch eine sich emporkräuselnde Rauchsäule geleitet. Mauike, der gerade damit beschäftigt war, Essen zu kochen, unterbrach seine Arbeit und fragte, was der Fremde wollte. Maui erwiederte: „einen Feuerbrand." Der Feuerbrand wurde gegeben. Maui trug ihn zu einem Fluss, der am Brodfruchtbaum vorüberfloss, und löschte ihn dort aus. Dann kehrte er zu Mauike zurück und erhielt einen zweiten Feuerbrand, den er ebenfalls im Fluss auslöschte. Als der Feuerbrand zum dritten Mal vom Feuergott gefordert wurde, war dieser ausser sich vor Wuth. Er scharrte die Asche seines Ofens zusammen und gab etwas davon dem kühnen Maui auf einem Stück trocknen Holzes. Diese glühenden Kohlen wanderten in den Strom, wie vorher die brennenden Scheite.

Maui dachte ganz richtig, dass ein Feuerbrand ihm von geringem Nutzen wäre, wenn er nicht das Geheimniss der Feuerbereitung erlangen könnte. Der Brand konnte einmal erlöschen, aber wie dann wieder Feuer machen? Seine Absicht war daher, Streit mit dem Feuergott anzufangen und ihn durch überlegene Kraft zu zwingen, das unschätzbare Geheimniss zu offenbaren, welches bis jetzt nur ihm allein bekannt war. Andererseits beschloss der Feuergott, im Vertrauen auf seine eigene wunderbare Stärke, den Frechen zu vernichten, der in sein Geheimniss dringen wollte. Maui forderte zum vierten Male Feuer von dem wüthenden Feuergott. Mauike befahl ihm, sich fortzumachen, sonst würde er zur Strafe in die Luft geworfen; denn Maui war klein von Gestalt. Aber der Besucher sagte, Nichts würde ihm mehr Freude machen, als seine Kräfte mit denen des Feuergottes zu messen. Mauike ging in seine Wohnung, um seinen Kriegsgürtel (ume i tona maro) anzulegen, doch bei seiner Rückkehr sah er, dass Maui sich zu enormer Grösse ausgedehnt hatte. Doch dadurch nicht entmuthigt, ergriff Mauike ihn kühn mit beiden Händen und schleuderte ihn bis zur Höhe eines Kokosnussbaums. Maui brauchte die List, sich beim Fallen so leicht zu machen, dass er durch den Sturz durchaus nicht verletzt werden konnte. Rasend darüber, dass sein Gegner noch athmete, nahm Mauike alle seine Kräfte zusammen und schleuderte ihn weit höher als der höchste Kokosnussbaum, der je gewachsen ist. Doch Maui blieb von seinem Falle unverletzt, während Mauike nach Luft schnappend dalag.

Jetzt war die Reihe an Maui. Den Feuergott ergreifend, warf er ihn zu schwindelnder Höhe und fing ihn, wie einen Ball, in seinen Händen wieder auf. Ohne Mauike den Boden berühren zu lassen, warf er ihn zum zweiten Mal in die Luft und fing ihn mit den Händen wieder auf. Versichert, dass dies nur eine Vorbereitung zu einem letzten Wurf sei, der sein Schicksal besiegeln würde, bat der athemlose und völlig erschöpfte Mauike Maui innezuhalten und sein Leben zu schonen. Was er nur begehren würde, solle ihm gehören.

Der Feuergott, nunmehr in einem erbarmungswürdigen Zustande, durfte sich jetzt verschnaufen. Maui sagte: „Nur unter einer Bedingung will ich dich verschonen; — enthülle mir das Geheimniss des Feuers. Worin liegt es verborgen? Wie wird es hervorgebracht?" Froh versprach Mauike, ihm Alles zu sagen, was er selbst wüsste, und führte ihn in das Innere seiner wundervollen Wohnung. Hier lag in einem Winkel ein Haufe Kokosnussfasern, in einem andern lagen Bündel Stäbe von feuergebendem Holz, dem au, oronga, tauinu und besonders der aoa oder Banane. Diese Stäbe waren sämmtlich trocken und zum Gebrauch fertig. In der Mitte des Raumes lagen zwei kleinere Stäbe beieinander. Einen derselben gab der Feuergott Maui, liess ihn denselben festhalten, während er selbst den andern stark dagegen rieb. Und so ging

des Feuergottes Sang:

Gieb, o gieb mir dein verborgenes Feuer,
Du Bananen-Baum!
Vollbringe den Zauber;
Richte ein Gebet an den (Geist vom)
Bananenbaum!
Entzünde ein Feuer für Mauike
Aus dem Splitter des Bananenbaums!

Während dieses Gesanges sah Maui zu seiner grossen Freude, wie sich aus dem feinen Staub, der durch die Reibung des einen Stabes an dem andern gebildet wurde, ein leichter Rauch erhob. Als sie in ihrer Arbeit fortfuhren, wurde der Rauch stärker, und, von des Feuergottes Athem angefacht, brach eine schwache Flamme aus, worauf die feine Kokosnussfaser dieselbe festhalten und vergrössern musste. Dann nahm

Mauike die verschiedenen Bündel Stäbe zu Hülfe und bald schlug eine leuchtende Flamme empor, zu Maui's Erstaunen.

Das grosse Geheimniss des Feuers war gesichert. Aber der Sieger beschloss, sich dafür zu rächen, dass er beunruhigt und in die Luft geworfen war, indem er seines überwundenen Gegners Wohnung in Brand setzte. In kurzer Zeit stand die ganze Unterwelt in Flammen, die den Feuergott und seine ganze Habe verzehrten. Die Felsen selbst krachten und barsten vor Hitze, und von da stammt der alte Spruch: Die Felsen in Orovaru (bei den Schatten) brennen.

Bevor Maui das Land der Geister verliess, nahm er sorgfältig die beiden Feuerstöcke an sich, die einst das Eigenthum Mauikes gewesen, und eilte zu dem Brodfruchtbaum, wo die rothe Taube „Furchtlos" ruhig seiner Rückkehr harrte. Seine Hauptsorge war, den Schwanz des Vogels wieder in Ordnung zu bringen, um Tane's Zorn zu vermeiden. Es war keine Zeit zu verlieren, denn die Flammen verbreiteten sich reissend schnell. Er bestieg wieder die Taube, welche seine Feuerstäbe, einen in jede Kralle, nahm, und flog zum untern Eingange der Felskluft. Auf nochmaliges Aussprechen der von Buataranga gelernten Worte theilten sich die Felsen und glücklich gelangte er zur Oberwelt zurück. Dank den Bemühungen seiner Mutter stiess die Taube auf keinen Widerstand bei den grimmen Wächtern des Weges zu den Schatten. Als sie wieder ans Licht kam, nahm die Taube einen langen Schwanz an, indem sie sich in ein sorgfältig abgeschlossenes Thal niederliess, welches seither Rnpe-tau oder der Taube Ruheplatz genannt wurde. Maui nahm wieder seine ursprüngliche menschliche Gestalt an und beeilte sich, die Lieblingstaube Tane's zurückzubringen.

Das Hauptthal Keia durchziehend sah er, dass die Flammen ihm vorausgeeilt waren und zu Teao einen seitdem offen gebliebenen Durchgang gefunden hatten. Die Könige Rangi und Mokoiro zitterten für ihr Land, denn es schien, als ob Alles durch die verheerenden Flammen vernichtet werden sollte. Um Mangaia vor weiterer Verwüstung zu schützen, boten sie alle ihre Kräfte auf, und es gelang ihnen schliesslich, das Feuer zu unterdrücken. Rangi nahm seit dieser Zeit den Namen „Feuchtauge" an, zur Erinnerung an seine Leiden, und Mokoiro wurde fortan stets Auai oder „Rauch" genannt.

Die Bewohner von Mangaia benutzten den Brand, um sich Feuer zu verschaffen und ihr Essen zu kochen. Doch nach einiger Zeit ging das Feuer aus und da sie nicht im Besitz des Geheimnisses waren, konnten sie kein neues Feuer hervorbringen.

Nur Maui war nie ohne Feuer in seiner Wohnung, ein Umstand, der das Erstaunen Aller erregte. Mannigfach waren die Nachforschungen nach der Ursache hiervon. Zuletzt fühlte er Mitleid mit den Bewohnern der Welt und theilte ihnen das wunderbare Geheimniss mit, dass das Feuer in dem Hibiscus, der urtica argentea, dem tauinu und der Banane verborgen wäre; dieses Feuer könnte durch den Gebrauch der Feuerstöcke, die er machte, herausgezogen werden; schliesslich liess er sie des Feuergottes Sang anstimmen, um den Gebrauch der Feuerstöcke wirksam zu machen.

Seit jenem denkwürdigen Tage benutzen alle Bewohner dieser Oberwelt mit Erfolg die Feuerstöcke und genossen den Luxus von Licht und gekochter Nahrung.

Vesta ignem significabat, hoc est vitalem illum calorem, qui per terrae viscera fusus, omnibus quae ex ea oriuntur, vitam tribuit (*Chartarius*), und so darf das Feuer nicht gescholten werden (zu Arnstad), weil sonst strafend (s. Bechstein), während auch der Feuerbringer bestraft (in Prometheus). De igne fricato (de ligno id est nodfyr) redet auch in der Mark (s. Kuhn) das Notfeuer („aus dem Holze erweckt").

Aus den Aufzeichnungen in Hawaii noch Folgendes (s. Heilige Sage der Polynesier, S. 150):

Nach Ablauf von 9 Schöpfungsperioden (seit Kumulipo) folgt die Abkommenschaft Lailai's, und (nach Makii) werden angegeben bis

  Kupololiili (der Kupo-Dynastie) . 55 Generationen,
  Polo (der Polo-Dynastie) . . . 12 „
  Holiku 35, und ferner 68, 64, 72, 76 „

das Ganze zusammengefasst unter dem (langlebenden) Kupololiilialiimuaoloipo, mit dessen Tode der Blick auf die Aussenlande verschwunden sei (in den Beziehungen zu den übrigen Inseln).

Von Wakea (68 Generationen vor Kamehameha) finden sich 14 Generationen bis Ulu, 28 bis Hema, 29 bis Puna. Von Aikanaka (Sohn Hulumanailani's) stammen (in Ulu's Linie):

  Hema (Bruder Puna's)
  Kahai (Tawhaki)   mit dem Stammbaum der
  Wahioloa (Wahieroa)   Maori entsprechend
  Laka (Raka)
  Luanuu (Vater Hamea's) u. s. w.

Aus einer Abzweigung Kupolo's herrscht (in der Seitenlinie) Opuupuu, worauf 39 Generationen folgen bis Malanaopiha unter Einführung der Zeugverfertigung (Wauke) und der Brodfrucht (Ulu) unter Olina's Nachfolger, dann 120 Generationen bis Palipalihia Durch Ololo führt Kumuhonua wieder auf die Zwillinge u. dgl. m.

Na Kuahau kalakou mau inoa (1827). Auf Lalai (nach Kumulipo und Poele bis Pokinikini und Kapomanomano) mit Keliiwahilani (dann Kii und Kane, sowie Haunawele, als Cephalopod) heisst es (nach dem Pahu, als Pfeiler):

Hanau oela ko lakou hopeo kupaloliili he kanaka ola ola, hookalii, lau alii o kona ola ana.

Hanau mai o Poelua i ke alo o Akea o Kapoino o Kapomaikai. Hanau ka moa i ke kua o Akea Alaila. Make Kupaloliili (er stirbt) Von Ololo, Vater (durch Ololo-nuu) Ololo-honua's stammt (nach 21 Generationen) O Wakea, vermählt mit Otapa (na laua mai o Haloa).

Lewa na Kao, der Luftkreis der Pfeile.

Lu ka anoano makalii anoano ka lani, Umherschleudert den Samen des Siebengestirn, umherschleudert den Samen der Himmel.

Lu ka anoano Akua he Akua ka la, Schleudert Samen der Gott, der Gott die Sonne.

Lu ka anoano a Hina he walewale o Lonomuku, Schleudert Samen der Mond betrogen durch Lonomuku (im Neumond als Mann im Mond).

Ka ai a Hinaiakamalama o Waka, Zum Essen des Monds, als Mondlicht in der Erscheinung.

I Kii a e Wakea a Kaiuli, Unter Wakea's künftiger Gestaltform in blaudunkler See.

A Kai Koakoa kai Ahuahu, der See der Korallen (Koakoa), der See der Schösslinge.

Lana Hinaaiakamalama he ka, Fluthet Hina-aia-ka-malama als Gefäss.
Kaulia ae ina Waa kapa ai Hinakeka ilaila, Aufgehangen Hinakeka als Boot am Strande dort.
Laue a uku puhaluholu ia, Am Lande zerbrochen, zerstreut, zerknickt.
Hanau Koakoa hanau kapuhi, Geboren die Corallen, geboren Fischchen.
Hanau kainaina hanau ka waua, Geboren die Würmer, geboren die See-Eier.
Hanau kaeleku hanau ke a, Geboren in Vermehrung, geboren.
Kapaai Hinahalakoa ilaila, Daher dort genannt: der in Uebertretung der Unfruchtbarkeit sündigende Mond.
Ono Hina i ka ai kii o Wakea, Als Sand Hina mit den Gestalten Wakea's.
Kukulu ii kii a paepae, Aufgestellt die Bilder auf Pfeiler.
Kukulu kalaihi a lalani, Aufgestellt die Stolzen in Säulenreihen.
Kii wakea moe ia Hina kaweoa, Die Gestalten Wakea's schlafen mit Hinakaweoa.
Hanau ka moa ka kau i ke kua o Wakea, Geboren werden die Moa (Vögel), niedersitzend auf den Rücken Wakea's.
Alina ka Moa i ke kua o Wakea, Beschmutzend die Moa auf dem Rücken Wakea's.
Lili Wakea Kahilihili, Eifersüchtig Wakea, mit Staub beworfen.
Lili Wakea inaina uluhua, Eifersüchtig ist Wakea, zornig, neidisch werdend.
Papale i ka Moa lele i Kaupaku, Verboten (fortgescheucht) die Moa, fliegen sie auf das Hausdach.
O ka moa i kaupaku, Die Moa dort auf krummen Pfosten-Enden.
O ka moa i hakee, Und der Samen des Zorns.
O ka anoano ia a Kaeoeo, Des Schmerzens Platz im Luftkreis.
Ehala kau nei i ka lewa, Der Luftkreis verschwindet im Himmel.
Ua lewa ka lani, Der Luftkreis verschwindet in der Erde.
Ua lewa ka honua.
Kamaieu makolukolu nohoia Welehainaku.
Weleapukapuka nohoia Hooikaia.
Hanau Kahoouaha, he wahine ia nohoia. Kumalaloa hanau ka ia kao lali.
Lelo i kai, kiaika manu ku Olohia iuka hanau ka ia o kapakii.
Lilo i kai kiai ka manu mauia nia iuka Nanau ka Jao Kalepepeiao.
Lilo i kai kiai kapuao keaalii nia iuka Nanau mai ko lakou hope he wahine o Hai kona inoa, oia kai moe aku ia Ole na laua mai.
O Pupue, oia ke kanaka o kaih mai o Haloa, ke kanaka.
O Kuamoo o Haloa.
Beim Tode des Langlebenden (Kupololiilialiimualoipo) kommen
O Polaa } vor dem Antlitz (zur Zeit) Wakea's, i ke alo o Wakea
O Poelua }
A Hanau mai o Kapoino, Kapomaikai.
Die Moa (Vögel) auf dem Rücken Wakea's.
ka Moa i ke kua o Wakea anila, make o Kupololiilialiimualoipo, nalowale ia honauna alii (damit geht der Stammbaum der Fürsten zu Ende) Enana maka aoao elua i ka hauna o ke kumoo ona o Laila la.
Mit dem Tode Kupolo's endet die Loipo-Dynastie, und in Abzweigung (der Seitenlinie folgt (auf Opuupuu, Gatte Laniha's) Opuupe, mit 39 Generationen bis Malanaopiha (mit Pihahae vermählt). Hanau Kihaalaupoe he Wauke, Hanau o Ulu he Ulu, Hanau ko laua mauli.
Während dieser Einführung von Zeugverfertigung und Brotfrucht herrscht Keporo (mit Halulu vermählt) und ihm folgt Olina, dann 120 Generationen bis Palipalihia (unter Paliomahilo u. s. w.).
Die Abstammung von Kamahaina (Sohn Lailai's) kommt (nach Papio mit Loiloi, Maukele, Kaununku, Makii, Kupololiili auf Loipo (mit Pilika), Polua (ike alo a Wakea), Kapoino, Kapomoikai: Na Moa i ke kua o Wakea.
In der Abstammung von Loaa, als Sohn Kamahaina's (Sohn der Lailai) folgt auf Makii (mit Auhee) Kupololiili (mit Haihae) in der Kupo-Dynastie, dann Polo (mit Nolu) in der Polo-Dynastie, Liilii (mit Auau) in der Liilii-

Dynastie, A (mit Lii) in der (mit Alii, Vater Aliiloa's beginnenden) Alii-Dynastie (in der Alii-honupuu, Zwillingsbruder Opuupuu's, sich mit Kaeohonu vermählt), Mua (mit Wanaku) in der Mua-Dynastie, Loimio (mit Nanio) in der Loi-Dynastie, später Muaokalani (mit Leleamio), dann Loimua bis Loipu, Vater (durch Kilika) Polaa's (zur Zeit Wakea's [1]).

In der Abstammung von Paliku (nach dem Pulu Haiau):

O Haumea (Haumea) kino pahaohao (wunderbaren Körpers), O Haumea kino papawalu achtfachen Körpers).
O Haumea kino papalehu (Körpers 400 000 fach), O Haumea kino papamano (Körpers 40 000 fach)
A Manomano (40 000 mal 40 000) i ka lehulehu (40 000 000 000) o kino (Körper).
Ja Hikapuanaila pa Umauma (Brüste) ka lani (Himmel), als der aufwärts emporwachsende Fisch die Brüste des Himmels berührte.
Pa (berühren) ilio ia wahine (Frau) o Nuumea, zu Nuumea
O Nuumea ka aina o Nuupapakini ka honua, Nuumea das Inselland, Numapapakini das Flachland.
Laha Haumea ina Moo-puna, ausgebreitet Hina zur Nachkommenschaft.
Jo Kio pale ka mai, kaa ka lolo, die Excremente (Bubonen) verhindern dorthin, es rollt zum Gehirn (lolo).
Oia wahine hanau manawa i na keiki, Sie die Frau gebärt Zuneigung in den Kindern.
Hanau keiki puka ma ka lolo, Geboren die Kinder in Reihen aus dem Gehirn.
Oia wahine noo Jili po o Nuumea, Sie die Frau suchend umher, Nacht in Nuumea.
I noho io Mulinaha, So wohnt sie in Mulinaha.
Hanau Laumihae, hanau ma ka lolo, Geboren Laumihae, geboren aus dem Hirn.
O Kahaula wahine, hanau ma ka lolo, Geboren die Frau Kahaula aus dem Gehirn (Kahaula: sinnlich-geiler Traum).
O Kahakauakoho hanau ma ka lolo, Geboren Kahakauakoho aus dem Gehirn.
O Haumea o ua wahine la noia, Haumea zur Frau geworden, wird umworben.
Noho ia Kanaloaakua, Wohnt dem Gott Kanaloa bei.
O Kauakahiakua no a ka lolo, der Gott Kauakahi wahrlich als Gehirn.
Hoolole ka hanauna aia wahine, es erneut sich dann die Geschlechtsfolge als weiblich.
Haae wale ka hanau nalolo, Aufsteigend walten die Geburten im Hirn [2]).
O Papahuli honua, Papahuli das Land.
O Papahuli lani, Papahuli der Himmel.
O Papanui hanau Moku, Papanui (der grosse Fels des Papa) gebärt Inseln.
O Papa i noho io Wakea, Papa wohnt Wakea bei.
Hanau Haa-lolo ka wahine, Geboren Haa-lolo, die Frau.
Hanau inaina ke keu, Geboren der Aerger im Uebermass
Hoopuuini ia Papa e Wakea, Vermehrung aus Papa und Wakea.
Kanoha i ka la i ka malama, Befehligt Sonne und Mond.
O ka po io kane no Muli nei, die Nacht, als Kane, in diesem nächsten.
O ka po io Hilo mo mua ia, die Nacht, als Hilo (Neumond), in dem Ersten.
Kapu kipaepae ka haunu, Kupu die Stufensteine.
Ka Hale io Wakea i nohoai, des Hauses, wo Wakea wohnt
Kapu ka ai lani makua, Kapu (tabu) die himmlischen Verwandten.
Kapu ka ape ka maneinei, Kapu die Ape-Pflanze, die Mainainai.
Kapu ka akia ka awa awa, Kapu der Akia (-Busch), die Awa-Wurzel.

---

[1]) Im Fortblühen (Pua) des aus der Schöpfung weiter sich entfaltenden Stammbaum des Fürsten, heisst dieser (auf Samoa) Tupu (croitre).
[2]) Von Ulu (Kopf) heisst (in Samoa) der Erstgeborene Ulu-Matua (matua, Verwandter), und (auf Fiji) als aus dem Kopf gereift (Ulumatua). In Mikronesien ist Ulifat hirngeboren. Phanes (bei den Orphikern) wird Ericapéos ou par une abstraction plus haute „Metis", pensée, l'intelligence universelle (s. Darmstetter). Tangaroa came right up through Papa's head (in Mangaia) bei der Geburt (s. Gill). Bei Theilung des Weltei's bildet Poon-koo Wong Himmel und Erde (in China), und in Hawaii verknüpft sich das auf das Wasser gelegte Ei mit dem Schöpfervogel (der Athabasken).

Kapu ka auhuhu ka mulemulea, Kapu der Auhuhu (-Busch), der Bittere.
Kapu ka Uhaloa no ke olaloa, Kapu der Uhaloa -Busch) zum Gurgeln.
Kapu ka laalo Kamanewanewa, Kapu die heilige Stirn der umhertaumelnden Kinder (in Betrunkenheit).
Kapu ka Ualoa ku ma ka pea, Kapu der Lange, aufrechtstehend im Kreuz.
Kanu ia Haloa ulu hahaloa, Gepflanzt Haloa, als langspriessender Brotfruchtbaum.
O ka lau o Haloa i ke ao la, Als das Sehnen Haloa's zum Licht der Sonne.
Von Puanue, Vater (durch Lalomai) Kipoo's, stammt (nach 93 Generationen) Paiaalani (Gatte Kumukumukekaa's).
Hanau: Kumuhonua laua, Vater (durch Puukahonua) Kamoleikama's.
Dann (nach 68 Generationen) folgt:
Kaluanuuponiolonoenohoanaikeahiliwa. Gatte Haumakaeele's.
Na laua hanau mai Kukuluokahonua (mit Kukuluokalani vermählt). Nach 4 Generationen folgt:
Jaiala, vermählt mit Hakuhai, nalaua mai o Hui.
Jaiala, vermählt mit Kahonuanei nalaua mai.
Nach 39 Generationen folgt Kaluunuumokuhaliikaulikahalau, vermählt mit Hikimalino, nalaua mai.
Kukuihaa kekahuna lapaau, hanau mai.
Kekukuialii i kanu ia i kealo o Papa hanau mai.
Ka Ja o kapakukui lilo i kai, kiai Kukui iuka, hanau hou mai.
Ka Ja o kanaka huakukuililo i kai kiai kukui ikauka hanau hou mai.
Ke ki hanau hou mai.
Ka Lama hanau hou mai.
Haapuaianea.
Ahuli kaaala hewahine Oia kai moeaku ia Kane o Hinamailalii, a mae ia Kaualoa hanau o Wekewekewaleaku,
          Wekewekewalemai,
          Unahikawaleaku,
          Unahikawalemai,
          Holoholoolelo,
          Hololiaponalo na wahine.
Nuku oka po hanau kalelevi kawahine weawea hanau Mohikianaloa.
O Mahikianaloa nohoia O Kukeopu kana wahine.
Kupumauu nohoia Kamakuloa.
O Kupulanakehau wahine, die zum Himmel aufsteigende Nebelfrau
i noho ia Kahiko, o Kahiko luamea, vermählt sich mit Kahiko (dem Alten) als Kahiko lua mea (in doppelter Person) und
Hanau o Paupaniaka, geboren wird Paupaniakea (das All einsetzend in die Weite) oder der Raum.
O Wakea no ia, O Lehuula, O Makulukulukalai, der Zwischenraum in sich, die rothfeurig Unzählige, das vom Himmel herabtröpfelnde.
O ko laua hope, O Kanaka, Opeopenui, dann die zwei nächsten, der Mensch und der grosse Eingewickelte (unter dii involuti).
Huihui a kau io Makalii Pa-a, Kalt die Zeit (der Zeitraum) im Siebengestirn, (Pa-a).
Paa na hoku kau i ka lewa, befestigt der Sterne Sphäre im Luftkreis.
Lewa kaawela, Lewa Kupoilanuia, der rollend brennende Luftkreis, der Luftkreis im Undeutlichen der im Stillstand gebrochenen Sonne.
Lewa haiaku, Lewa haimai, der Luftkreis des hierhin Gelegten, der Luftkreis des dorthin Gelegten.
Lewa kahai, Lewa kahaihai, der Luftkreis des Umgürtens, der Luftkreis des Gurtanlegens.
Lewa kaua kapuu hoku wahilaninui, der Luftkreis des Heeres der Sternmengen am grossen Himmelsplatz.
Lewa ka puaokalani Kauluaihaimohai, der Luftkreis im Zusammenstoss des Himmels, als Kauluaihaimohai.
Lewa puanene ka hoku hai hake, der Luftkreis Puanene (des ewig ruhenden Alters) in den entgegengestellten Sternen.

Lewa nuu, lewa kahailono, der Luftkreis im Aufschwellen, der Luftkreis mit Lono's Gürtel.
Lewa Wainaku, lewa i ka paa, der Luftkreis zerstörenden Wasser's, der Luftkreis gekoppelt.
Lewa kikuila, lewa kehooea.
„ pouhonuu, lewa kailiula.
„ kapakapaka, lewa Mananalo.
„ kona, lewa Waileia.
„ ke Auhaku, lewa kamakaunulau.
„ Hinalani, lewa kooea.
„ kaaka, lewa Poloula.
„ kanikaniaula, lewa kanamea.
„ kalalani, lewa kekepu.
„ kaalolo, lewa kaulanaakala.
„ Hua, lewa Oua u. s. w.

Auf Puukahonu alani (nach 16 Generationen von Paliku bis Pohahonala, Gatte Hanaua's) folgt (in 7 Generationen) Mulinaha (mit Ilipoi vermählt).
Hanau Laumiha (he wahine) mit Kekahakuaokalani (kana kane) und (nach Hahaula und Kalakauhoko):
Hanau Haumea (he wahine) mit kanaloa kua (kana koa),
Hanau Kukaukahi (he kane) mit Kauaimehani (kana wahine). Dann (nach Kauhuhu) folgt:
Haloa (Vater Waia's) und (nach 9 Generationen) Kii, vermählt mit Hina koula, hanau mai na laua. Dann
Ulu, Ka mua (Gatte Kapunuu's),
Nananaula, kona hope (e nana ma ka aoao no ka Nanaulu puka ana),
Nana (kane) ⎱ pio laua, hanau mai o Nanaie (kane),
Kapulani (wahine) ⎰
Dann (nach 5 Generationen) folgt Akalana (Vater der Maui-Gebrüder) und (nach 5 Generationen) Aikanaka, als Vater von Puna-imua, Ka-mua und Hema (mai kona hope).
Pua Kuahau o ka hanau etc. (von Kumulipo und Poele bis kapohaneeaku und kapohaneemai),
Lalai, he wahine,
Kii (Mahoe),
Kane (Kane),
Hanau mai o Kuhuhaunawele (he ia), als Octopus,
Hanau mai o Moanaliho ⎱ he mau pahu (als Grundpfeiler),
Hanau mai o Kawaomaaukele ⎰
Hanau mai o Kupololiilialiimuaoloipo, und
der langlebende Mensch (Kanaka), als ein Blatt am Stamm der Fürsten (Alii),
— He kanaka ololoa a he mau laualii, —
Er stirbt (make):
Make o Kupololiilialiimualoipo.

Der Commentar der Mele oder Gesänge, die verschiedene Abstammung (okoa) annehmen, erklärt sich für Mau-lau (Gebrüdersblätter) am gleichen Stamm (Hanauna).

O Liaikuhonua he kane,		o Keakahulihonua ka wahine	
O Laka	„	Kapapaialaka	„
O Kamooalewa	„	Lepuukahonua	„
O Maluape	„	Laweakeao	„
O Kinilauemano	„	Upalu	„
O Halo	„	Kinilauewalu	„
O Kamanookalani	„	Kahuaokalani	„
O Keohookalani	„	Kamaookalani	„
O Kaleiokalani	„	Kapuohiki	„
O Kalalii	„	Keaomele	„
O Malakupua	„	Keaoaoalani	„
O Haule	„	Loaa	„
O Namea	„	Walea	„

O Nananu	he kane, o	Lalohana
O Lalokona	,,	Lalohooaniaani
O Honu apoi luna	,,	Honuailalo
O Pokinikini	,,	Polelehu
O Pomanamano	,,	Pohakoikoi
O Kupukupuanuu	,,	Kupukupualani
O Kamaleokohonua	,,	Keaa o Kahonua
O Paiaalani	,,	Kanikekoa
O Hemoku	,,	Panainai
O Makulu	,,	Heona
O Milipomea	,,	Hauahanaiau
O Hookumukapo	,,	Hoao.

Bei der Erklärung, wie die Mahoe (Zwillinge) in den Stammbaum Opuupuu's gehören (Eia malalo iho ka hoike ia ana o ka Mahoe hou ana o ke kuamoo ma o Opuupuu he kane. A ma ona la i moe hou aku ai ke kuamoo o Kumalipo), in der Herleitung von Kumulipo (kuamoo) folgen nach Puupe (Sohn Opuupuu's) 20 Generationen bis Puanue (Vater Kepoo's), dann 18 Generationen bis Malana opihae (Sohn Malana opiopi's) und von seinen Söhnen (durch Pi-hae-hae geboren) lehrt Kihaalaupoe die Zeugverfertigung (Wauke), während Ulu die Brotfrucht (Ulu) bringt, und auf Kepoo's Sohn (Elina) folgen 86 Generationen bis Paiaalani u. s. w. Nach Kaluanuuponiolonoenohoanaikeahihiwa (nach 161 Generationen) folgt (in 9 Generationen) Hopupali (Vater Jaiala-mui's und Jaiala-muli's), dann (nach 41 Generationen) Kaluanuumokuhaliikaneikahalau's (Vater Hinaku's).

Kuuihaa ke kahuna lapaau, Kekukuialii i kanu ia ke alo o Papa. Hanai lawe moi a hoohola i ka Ja he pakukui i kai. Kanu i kukui ha nau i uka. Hanai ka ia o ka Naka. Hua ku kui holo i kai i kanu i ke kukui iuka, kanu i ke ki.

Aus „Ka Moolelo Hawaii" (Geschichte Hawaii's) na Davida Malo i kakau (von David Malo geschrieben[1]) Nachstehendes:
Nach den von
Kealiiwahilani (Himmelsbrecher) und seiner Frau Lailai (schweigende Ruhe) abstammenden Generationen folgen die von

---

1) Was bei dem ersten Bekanntwerden mit der Schrift von den damaligen Schülern der Missionäre niedergeschrieben wurde, fixirte, wenn auch Traditionen bezüglich, diese noch in ihrer Ursprünglichkeit, worin sie bis dahin durch das Gedächtniss allein erhalten waren, da Schriftsubstitute sich in Oceanien auf das Minimalste reduciren (von den auf Rapanui seit 1870 entdeckten Tafeln abgesehen). Ambassadors to each government were sent to invite them to visit Nateva in so many days for that purpose and likewise to discuss national affairs (zu Jackson's Zeit), they had each a quantity of sticks of different length's, which were taken for the purpose of assisting the memory, the number of sticks being always the number of topics they were to treat upon; and according to the importance of the subject they had the sticks long or short (s. Erskine), dazu dann australische Botenstöcke (s. Zeitschr. f. Ethn., 1868, S.). Manaboscho (der Chippewa's) drew out for them, on strips of betula bark, for the use of all good hunters ad zealous followers of the original arts and manners of their forefather the (Manaboscho's devices) pictographs (s. Schoolcraft) bei Indianern (der Prairien).

Das „diplomatische Packet" (bei den Dorfbewohnern) bestand aus mehreren Gegenständen von symbolischer Bedeutung:

Zunächst die feierliche und ceremonielle Ueberreichung der Friedenspfeife. Diese wird durch einen 5½" langen und ½" dicken Maiskolben dargestellt. Die Höhlung des Kolbens ist mit den Blättern einer Pflanze angefüllt, welche den Tabak vorstellen soll. Um das Herausfallen der Blätter zu verhindern, ist das Rohr mit den gelben Dunenfedern, die sich unter dem Gefieder einer kleinen Vogelart finden, zugestopft. Aussen, in der Mitte des Kolbens, befindet sich eine Schleife aus einem von vier Schnüren zusammengeflochtenen (nicht gesponnenen) weissen Baumwollstrick, auf dessen Ende ein kleiner Büschel der vorerwähnten gelben Dunenfedern und eine kleine Schwungfeder. (Der Aussteller hat darauf geschrieben: Pfeife, bestimmt, vom Präsidenten geraucht zu werden).

Das zweite Symbol besteht aus zwei dünnen, runden, säulenartigen Holzstücken, 4½" lang und ₇⁄₁₀" im Durchmesser, mit kegelförmiger Endung. Der Kegel ist 1½" lang und weiss bemalt, während der übrige Theil der Stäbe blau ist; wie es scheint, eine Friedensfarbe bei den nördlichen sowohl als den südlichen Indianern. Anscheinend ist diese Farbe durch eine Mischung von Kupferoxyd mit Alaunerde hergestellt, sie erinnert sehr an den blauen Thon der Dacotah. Schneidet man in das Holz, so erweist sich dieses als weiss, fest und von besonderer Art. An dem einen Ende des einen

Kahiko (dem Alten) und seiner Frau Kupulanakahau (Verdampfung des Thau's, stammenden, u. dann die von Wakea und Papa bis auf Liloa, (Vorfahr Kamehameha's), als:
Wakea, Bruder Lihauula's (Sohnes Kahiko's),
Haloa (Sohn Wakea's),
Waia (Sohn Haloa s,
Hinanalo,
Nanakehili,
Wailoa,
Okio,
Oole,
Opupu,
Manaku,
Lukahakoa,
Oluanuu,
Hahiko,
Hii,
Ulu,
Nanaie,
Nanailani,
Waikulani,
Huhelimoana,
Konohiki,
Wanena,
Akalana,
Maui,
Nanamaoa,
Nanahulei,
Nanakaoko,
Nanakuae,
Kapawa,

geboren in Kukaniloko (Oahu), gestorben in Lahaina (Maui), begraben im Flusse Jao (in Maui).

Heleipawa,	geb. in Lelekea (Maui),	gest. in Poukela,	begr. in Akulili
Aikanaka	„ Holonokiu (Maui)	„ Oneuli	„ Jao
Hema (Punalaua)	„ Hawaiikuauli	„ Hahiki	„ Ulupaupau
Hahai	„ Halalukahi	„ Hailikii	„ Jao
Wahieloa	„ Wailau Hawai)	„ Holoa	„ Alae
Laka	„ Hailinia „	„ Hualoa (Oahu)	„ Jao
Luamuu	„ Peekauai „	„ Honolulu „	„ Nuuanu

Stockes ist ein Kerb eingeschnitten und gelb bemalt. Eine Maishülse, deren eines Ende kegelförmig zusammengerollt ist, ist durch baumwollene Schnüre mit kleiner Vogelfeder, ähnlich wie bei der symbolischen Pfeife, darangebunden. Ebenso ist auch eine Feder der zweiten Art und etwas Flaum von einem grau-schmutzigen Vogel mit den symbolischen Stäben zusammengebunden. Ausserdem enthält das Bündel noch ein Paar Halme einer einheimischen Pflanze, oder vielleicht kleinen Prairiegrassamen. Dies mag, zusammen mit der Maishülse, ein Sinnbild ihres Ackerbau's sein: das ganze Bündel stellt die Moquis dar.

Der dritte Gegenstand gleicht in jeder Hinsicht dem vorigen und stellt den Präsidenten der Vereinigten Staaten dar. Ein 4' langer bunter Baumwollstrick verbindet diese Symbole. 6" lang ist der Strick dünn und weiss. An der Stelle, wo er in den langen, farbigen Theil übergeht, befindet sich ein Büschel kleiner Federn — dieses Büschel, welches die geographische Lage der Navajoes zu Washington andeutet, besteht aus sechserlei Federn, welche rein weiss, blau, braun, bunt, gelb und schwarz (wie vom Taubenfalken) und weiss mit braunen Flecken sind.

Der Erklärer fügt diesen körperlichen Bildern oder Darstellungen nachfolgende Bemerkungen bei:

„Diese beiden Figuren stellen das Moqui-Volk und den Präsidenten vor; der Strick bedeutet die Entfernung zwischen ihnen; die dem Strick eingeknüpfte Feder ist der Vereinigungspunkt. Der weisse Theil des Strickes soll die Entfernung des Präsidenten vom Vereinigungspunkt, und der farbige Theil die der Moqui von demselben Punkt bedeuten."

Der letzte Gegenstand dieser Sendung aus den Hochebenen Neu-Mexico's ist der merkwürdigste und zugleich das stärkste Anzeichen des wilden, abergläubischen Sinnes der Moqui. Er besteht aus einer kleinen Quantität wilden Honigs, die in einen Umschlag oder eine Hülle aus Maishülse gepackt ist. Dies ist mit folgenden Bemerkungen versehen:

„Ein Zauber, um Regen vom Himmel herabzubeschwören. Um die gewünschte Wirkung zu erzielen, muss der Präsident ein Stück von dem Päckchen, welches wilden Honig enthält, nehmen, dasselbe kauen und dann auf den Boden, der des Regens bedarf, spucken; und die Moquis geben ihm die Versicherung, dass er nicht ausbleiben wird" (s. Ten Broek)." Und symbolische Botschaften bei den Scythen sowohl (s. Herodot), wie in Hinterindien (und vielfach sonst).

Mit der Buchstabenschrift folgt dann der Buchstabenglaube. Restat ergo, ut sicut ministerio angelico voz articulata formata est in ore asinae, ita dicatis formari in ore prophetarum, meint (gegen Fredagises) der heilige Agobard (in Lyon). Die Ulitaos (auf den Marianen) bewahrten ihre Lieder in geheimer Sprache, die tina (bei Freycinet) oder tuna (bei le Gobien) genannten Stäbe führend (wie die Priester der Maori im Wharekura-Tempel Hawaiiki's). Zum Schutz vor der Bude Connaill genannten Seuche dichtete Colman die ersten Langzeilen seines Hymnus, die übrigen Verse sollen seine Schüler gedichtet haben, und zwar jeder eine Langzeile (s. Windisch), und zauberkräftig, wie das heilige Wort, war auch die Schrift. In Senegambien verschluckt man das von Marabut geschriebene Recept (statt die bittere Medicin, worauf es lautet).

Pohukaina	geb. in	Hahakahake	gest. in	Waimea (Hawai) begr. in	Mahiki
Hua	„	Hahoma (Maui)	„	Hehoni (Maui)	„ Jao
Pou (Poukamahua)		Hahua (Oahu)	„	Molokai	„ Jao
Hua (Huakamapau)		Ohikilolo „	„	Lanai	„ Jao
Pau (Paumakua)		Huaaohe „	„	Oahukone	„ Jao
Haho,				Kamuhi (Hani-uhi),	
Palena,				Kanipapu (Kanipahu),	
Halaanui,				Kalapana,	
Lanakawai (Lonokawai) bei Ankunft Paao's,				Kahaimoeliu. Kalau,	
Laau,				Knauwa,	
Pili,				Kuhoukapu,	
Hoa,				Kauhola,	
Loe,				Kiha,	
Hukohou,				Liloa (Vater Umi's).	

Von Umi wurde Kealiiokalao (Bruder Keawenuiami's) gezeugt und dann folgte dessen Sohn Kukailani, dieses Sohn Kukailani, sein Sohn Makakaualii (Vater Iwikauikaua's, der Grossonkel Keawenuiaumi, sein Sohn Kanaloakuaana, dessen Sohn Keakealanikane, der Grossonkel Iwikauikaua, darauf Kanaloakapulehu (Vater Keawe's), sodann Kaneikauaiwilani, ferner Keawe, sein Sohn Keeaumoku, sein Bruder Kekela (Vater Kekuiapoiaa) und nach ihm herrschte Kamehameha.

Nach dem Tode Kahiko's, der seinen ältesten Sohn Lihauula zum Erben eingesetzt, gerieth dieser in Krieg mit seinem Bruder Wakea und wurde (da er die Warnungen des Kilo oder Propheten wegen ungünstiger Omen missachtete) besiegt und erschlagen, so dass die Herrschaft an Wakea fiel (über Hikiku oder Hihiku, als Kahikiku in Tahiti), bis auch dieser bei dem Angriff des Häuptlings Kameia-Kumuhonua nach Kaula zu flüchten hatte. Dort nochmals verfolgt, musste er sich mit seinem Begleiter ins Meer stürzen, um sich durch Schwimmen zu retten. Mit den Wogen kämpfend, fragte er seinen Priester (Kahuna) Komoawa, wie Hülfe zu erlangen sei, und dieser nannte als Mittel die Erbauung eines Tempels (Heiau) für die Götter (Akua). Auf die Frage, wo Holz, und wo das Schwein für das Opfer zu erlangen sei, liess der Priester ihn erst die flache Hand zum Himmel heben (womit der Tempel gebaut sei), und dann die linke Hand geballt in die rechte legen (als das niedergesetzte Schwein), unter Sprechen des Gebets (durch den Priester). Dann trieben sie nach der Küste von Hawaii (Hawaii nei, dieses Hawaii), und alle Mannen (sowie die Familienglieder) landeten dort, mit Ausnahme eines Einzigen, der noch heute im Meere schwimmt, als Ke kanaka i koe (der zurückgebliebene Mensch). In seine Tochter Hoohokukalani verliebt, sucht Wakea seine Frau Papa durch Veränderung der Tabu-Nächte zu täuschen, überhörte aber einst das (eala au aku, eala au mai, „auf erwache, auf erhebe dich" beginnende) Morgengebet seines Priesters und schlief bis zum Sonnenaufgang. Obwohl sein Gesicht verhüllend, wurde er durch Papa erkannt, und um sie zu versöhnen, galt von dann an Hoohokukalani, als Tochter des Priesters Komoawa mit der Frau Popokolonuha. Aus Wakea's Ehebruch wurde als knochenlose Fleischmasse der (älteste) Sohn Haloa-maka (Auge des Stengel's) geboren, der kurz nach der Geburt neben dem Hause begraben wurde, und die Taro-Pflanze hervorwachsen liess, der ihm folgende Bruder wurde deshalb Haloa (Stengel) genannt. Dessen Sohn Waia, ohne Haipule (Prediger), ohne Kahuna (Priester) und ohne Kilo (Prophet) lebend, bedrückte das Volk durch schlechte Regierung, und so wurde es dem aus den Wolken hervorschauend erscheinenden Kopf mitgetheilt (dem auf seine Frage nach einem guten Fürst, Kahiko als solcher genannt wurde). Zur Strafe verheerte die Oikipuahola genannte Krankheit das Land, die alle Bewohner (bis auf 26, denen die Medicin Pilikai bekannt war) fortraffte, und so auch Waia, von dessen Nachfolgern keine Berichte bekannt geworden sind, bis auf Maui, und die eigenen Ueberlieferungen dieses sind als lügnerische zu unterdrücken und dürfen nicht veröffentlicht werden (Aole i loheia ka moolelo o nalii mai a Waia mai a hiki mai ia Maui, aka, o ko Maui mau olelo hai lohe ia, he olelo wahahee maoli noia, aole e hai ia ka wahahee), was auch für seine Nachfolger gilt, bis auf Kapawa, als dessen Geburtsplatz Kukaniloko (in Oahu) genannt wird, als Sterbeplatz Laheina (in Maui) und als Verbergungsplatz der Knochen (im Begräbniss) Jao (auf Maui).

Palena (Sohn Haho's) wurde durch seinen Sohn Hanalaa-nui Vorfahr der Häuptlinge von Hawaii und durch seinen Sohn Hanalaa-aiki Vorfahr der Häuptlinge von Maui (dem Puoaimua in Oahu, sowie Hanai und Hema in Hawai).

Unter Palena's Nachkommen musste Kanipahu bei dem Aufstand des Häuptlings Kamaiole aus Hawaii flüchten und verbarg sich unerkannt in Molokai, wo er, Kalae eine Frau aus dem Volke heirathend, von seinem Schwiegervater zu Dienstarbeiten verwendet wurde. Als das Volk in Hawaii, der Bedrückungen Kamaiole's (der jede schöne Frau für sich und seine Freunde fortführen liess) überdrüssig, sich an den Priester Paao zur Organisirung eines Aufstandes wandte, rieth dieser, sich zunächst nach einem Häuptling umzusehen, und sandte einen Boten nach Molokai, um Kanipahu zurückzurufen. Dieser zeigte indess seine durch harte Arbeit schwieligen Schultern (in Folge des Lasttragens) und wies die Abgesandten an seinen Sohn Kalapana (Bruder Kalehumoku's), als ein Stück seines eigenen Selbst's. Paao begab sich deshalb von seinem Wohnort Kohala nach Waimanu, wo die Mutter Alaikauokoko ihre Kinder versteckt hielt und bewog sie, ihm Kalapana zu überlassen, den er (nachdem die Gelegenheit eines Canoe-Festes zur Ermordung des Häuptlings benutzt war) als Fürsten weihte (in der von ihm datirenden Reform).

Die Uebersetzung aus Malo's Geschichtswerk ist einer englischen entnommen, die ich auf dem Kultusministerium (in Honolulu) zu zeitweiliger Benutzung erhielt (und die veröffentlicht zu werden verdiente), während für die andere, aus den Genealogien, dieselben Cautelen gelten, auf welche ich bei dem Tempelgedicht hingewiesen habe (s. Heilige Sage der Polynesier S. 103), indem die pure Noth zur Uebersetzung aus einer Sprache zwang, die ich selbst damals erst zu erlernen hatte. Da sich mein Aufenthalt in Hawaii ohnedem auf etwa vier Wochen zu beschränken hatte, innerhalb welcher Zeit die in den „Inselgruppen Oceanien's" und der „Heiligen Sage" veröffentlichten Materialien sowohl, wie die des vorliegenden Buches gesammelt werden mussten, so wird bei solcher Kürze des Aufenthaltes in Oceanien (mit Einschluss von 4—5 Wochen in Neuseeland, 2—3 Tage je in Fiji, Cooktown, Brisbane, Port Darwin, ungefähr 3 Monate im Ganzen) einige Nachsicht beansprucht werden dürfen, für vielerlei Mängel, welche die Nachkommenden zu verbessern in günstigerer Lage sein mögen. Mit welchem Reichthum müssten die Quellen, hundert Jahre früher, bei den damaligen Entdeckungsreisen geflossen sein, und welche Schätze würden sich angehäuft haben, wenn man sie seitdem Jahr für Jahr und Monat für Monat ausgebeutet hätte, im Leben solcher, die 20, 30 Jahre, oder den ganzen Verlauf auf den Inseln zugebracht, unter bevorzugten Verhältnissen der Beobachtung, wie Ellis, Turner, Prichard, Williams, Dibble u. s. w., von denen allerdings manch' wichtigste Kenntniss uns erhalten ist, in Betreff psychologischen Einblicks[1]) in den ethnisch-religiösen Character aber nicht eben viel (fast liesse sich sagen: so gut wie Nichts). Hier nun tadeln zu wollen, würde allerdings andererseits wieder ungerecht sein, da diesen verdienstvollen Männern andere Pflichten auflagen, aber, weil vorhanden, wird das Factum, deshalb eben, nur mit schmerzlichstem Bedauern als solches entgegengenommen werden können, denn was dahin, ist hin — unwiderbringlich verloren für immer! Eine prächtige Rettung ist noch Gill zu danken, als Frucht eines lebenslangen Aufenthaltes in Polynesien, und dass neben ihm die Namen Mariner, Moerenhout, Taylor, Grey, Polack, Remy, Semper, Kubary in der Ethnologie nicht vergessen sein werden, bedarf keiner Bemerkung. Wenn wir freilich im Ueberblick der gesammten Literatur das Facit ziehen, von dem was in Wirklichkeit wir wissen und was wir wissen sollten, vom Geistesleben[1]) dieser Menschenwelt auf einem Landindividuum (s. Ritter) von 70 Breiten- und mehr noch Längengraden, dann wird es bange beim Gedanken an statistische Unterlagen, wie sie die Induction verlangt (und also auch für die Psychologie, wenn eine Naturwissenschaft je).

1) In fact, a good Indian, in the native acceptation of the term, would be restrained from discoursing freely on the subject, by the secrecy, which his religion imposes, and a bad Indian, that is to say, one who had given but little head to the Medas and prophets of his tribe, would know but little worth revealing (s. Schoolcraft), und so der Schwierigkeiten noch manche (Heilige Sage der Polynesier, S. 9). Gill erlangte die Kenntniss der „Mysteries" (possessed only by the priests and „wise men"), besonders from Tereavai, the last priest of the Shark-god Tiaio. Some links in the system were irrecoverably lost by the slaughter of his father Tuka, at the battle of Araeva (Nothing but the cordial reception of the new faith could have induced Tereavai to yield up to the stranger the esoteric teachings of the priestly clan). Das Pule Heiau wurde (zu Liholiho's Zeit) copirt aus einer 1803 erfolgten Abfassung, nach Mittheilungen Auwai's in Maui, dem Barden (oder Archivar) König Kamehameha's (in Hawaii). The people are extremely unwilling to speak of what is mysterious or akin to the spiritual in their ideas (s. Sproat). They generally begin by saying that not white man is able to understand the mysteries, of which they will speak (die Aht in Vancouver). „Your religion, added he, ad dressing a Christian missionary, is of to-day, ours from remote antiquity," bemerkt Swainson von „one of the most powerful of the heathen chiefs" (unter den Maori). „Stolz lieb ich den Spanier." Jede Nation hat ihren Mittelpunkt der Glückseligkeit in sich (s. Herder). Der Kanga (an actual wish, that the devoted man may be eaten) trifft als schwerster Fluch, aber nicht, „wo man singt" u. s. w. („Uns ist ganz kannibalisch wohl," auch wohl). Non es bel so qu'es bel, mas es bel so qu'agrada (im Prov.).

— 114 —

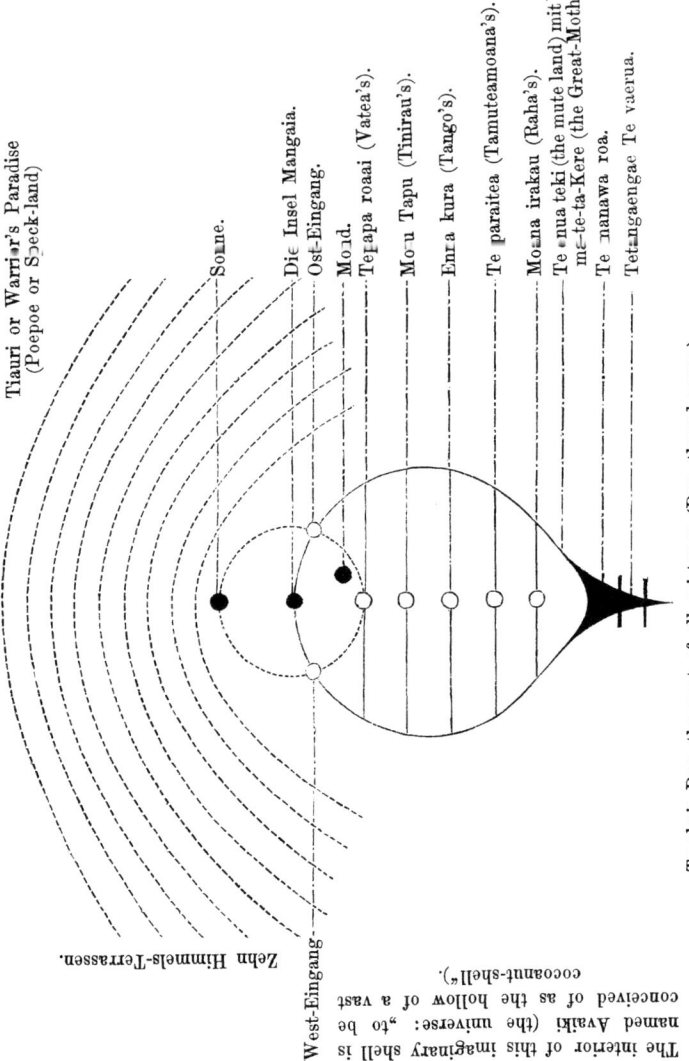

— 115 —

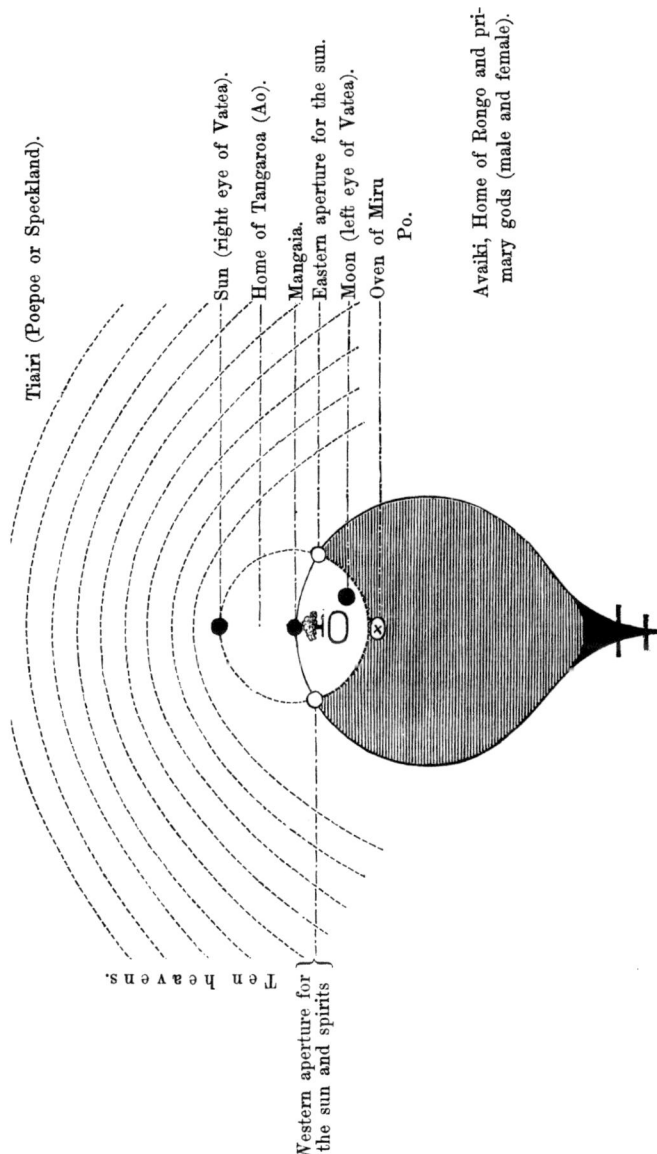

Tiairi (Poepoe or Speckland).
Sun (right eye of Vatea).
Home of Tangaroa (Ao).
Mangaia.
Eastern aperture for the sun.
Moon (left eye of Vatea).
Oven of Miru
Po.
Avaiki, Home of Rongo and primary gods (male and female).

Ten heavens.
Western aperture for the sun and spirits

The root of all existence.

Entnommen aus:
Gill: Myths and Songs from the South Pacific (London 1876).
cfr.: Heilige Sage der Polynesier, S. 266 u. a. O.

8*

Nachwort.

Gerade bei Abschluss des Buches geht mir die soeben erfolgte Ausgabe des Geographischen Jahrbuches zu, und wie das Vorwort benutzt ist zu einer Auseinandersetzung mit der Besprechung der im Vorliegenden ergänzten Schrift, bietet sich dort, gelegentlich einer früheren, erwünschte Gelegenheit zum Meinungsaustausch. Durch derartigen directen Anschluss in Beantwortung von Gegenvorstellungen lässt sich am besten wechselsweise Klärung der Gesichtspunkte erzielen, und mich über Polynesien auseinanderzusetzen, könnte mir mit Niemanden willkommen sein, als mit demjenigen, den seine Forschungen auf diesem Gebiet am Besten vertraut gemacht haben.

Aus Neuseeland scheint ihm die „Heilige Sage" Nichts Neues zu bringen, und bei der im Vergleich zu anderen Literaturen leichten Uebersichtlichkeit der polynesischen können keine Schwierigkeiten entgegenstehen, über diese Ansicht zu einem Verständniss zu kommen.

Obwohl Manches des aus den Händen meiner „Vorarbeiter" (wie S. 18 H. S. aufgeführt), oder direct aus dem Munde der Rangatira (unter Davis' zuverlässiger Dolmetschung) in Neuseeland Erlangte erst unter dem betreffenden Capitel der „Inselgruppen in Oceanien" wiedergegeben ist, findet sich doch auch in der „Heiligen Sage" schon Allerlei davon (ausser dem Citat S. 17—60, dann S. 241, 280 u. a. a. O.), und hier, — was neu in neuer, (in vollständiger oder veränderter), Version, was neu an sich —, hier dies herauszufinden[1]) durch den Kennerblick eines

---

[1]) Damit möchte es sich ungefähr verhalten, wie in einem gewissen Museum, in den guten, alten (und in ihrer Art, für die Verwaltung besonders, auch ganz bequemen) Zeiten bisheriger Ethnologie, wo bei dem Anerbieten peruanischer Alterthümer der Einwand erhoben wurde, dass ja bereits Manches Derartige aus Mexico vorhanden sei. Amerikanisches, so zu sagen, war „längst bekannt" und vertreten in den Sammlungen, wozu bedurfte es dessen noch mehr (in einem Curiositäten-Kabinet)? Ignoti nulla cupido (bei Ovid). Seitdem hat für dies Museum schon die Bezeichnung des Peruanischen allmählig aufgehört, einen wissenschaftlich ausreichenden Begriff zu decken (so wenig etwa im Catalog der archäologischen Sammlung die Rubrik griechischer Gefässe ihrer Detaillirungen nach Ort und Zeit entbehren dürfte), und mit diesen Differenzirungen erst, beginnt, in kaum eingeleitet ersten Schritten, die noch ganz unübersehbare Inductionsarbeit der Ethnologie. Dass ähnlicherweis nach bescheidenen Ansprüchen, im selbstgenügsamen Besitzesstand alt-kluger Ethnologie, die Mythologie der Maori „längst bekannt" gewesen, das allerdings ist wohl, und längst, bekannt. In der neuen Ethnologie dagegen denken wir über diese Dingelchen freilich ein klein wenig

Recensenten, das eben dürfte es doch gerade sein, was seine Aufgabe bildet, um das darüber befragende Leserpublikum zu orientiren. Durch

anders, innerhalb des täglich erweiterten Forscherkreis anthropologischer Gesellschafts-Studien. Anders im vollsaftigen Leben activen Zusammenarbeiten's, als auf dem Isolirschemel dürrer Theorie. Für Lösung der hier herantretenden Aufgaben hatte ich versucht, aus verschiedenen Theilen der Erde primäres Material zusammenzuschleppen, und in Erwiderung auf diese (jedenfalls gut gemeinten) Dienste, die ich den systematischer geschulten Gelehrten der Heimath anzubieten wagte, wurde mir das Verdict zuerkannt, dass meine Materialbeschaffung eine „nur secundäre" sei. „Extrema una habitant," und unter solcher Provocation erweist sich das primäre Material, als umfangreichstes unter dem der ethnologischen Reisegefährten (über den Globus), wie es bei der längeren Dauer der Reisen schliesslich nur Pflicht und Schuldigkeit erscheint (auch in unseres Berliner „Bär" verstärkter Revision, aus dem Jahre 1744, gerne acceptirt), ohne anderes Verdienst, als das des Alters, das als Gewinn oder als Verlust zu rechnen. Dies factisch-objectiv der Thatbestand, an dem sich, beim besten Willen selbst, Nichts (auch meinerseits nicht) ändern liesse, und ihm gegenüber die subjective Betonung des „nur secundären" Materials. Was würde also herauskommen, wenn bei derartig im Gegensatze der Wahrheit spielenden Wort-Ausdrücken, unter den sprachlich dafür verwendbaren Worten ihre Antwort gewählt würde? (in der Hitze der Polemik). Nichts als unliebsame Störung unserer wissenschaftlichen Arbeiten, (wofür jede Minute erforderlich). Und ihrerwegen allein, habe ich die neuen Materialien aus Neuseeland zu beschaffen mir angelegen sein lassen, so dass es mir im Uebrigen gleichgültig bleibt, unter welcher Firma sie zur Verwendung kommen (vorbehaltlich des „Suum cuique" in der meinen Gewährsmännern abzutragenden Dankesschuld). Was fernerhin (um dies beiläufig zuzufügen) die Nothwendigkeit betrifft, bei der psychologischen Umschau (über den Raum hinweg und durch die Zeit hindurch) beständig auch mit secundären, (doch kaum tertiären je oder gar quaternären), Material zu arbeiten, so liegt sie mir um so beschwerlicher auf, weil bei dem Bewusstsein eigener Schwächen sich am lebhaftesten die Unmöglichkeit fühlt, in allen Sätteln gleich gerecht zu sein. Wie an anderen Stellen habe ich mich darüber in einer indirecten Antwort auf die, im Besonderen herangezogene, Anzeige im Th. L. ausgesprochen, unter Einschiebung in dem damals gerade fertig gestellten „Völkergedanken" (S 118 u flg.). Da bei der bunten Verschiedenheit des zur Benutzung drängenden Materials Unrichtigkeiten in Einzelfällen leicht genug zu vermuthen stehen, wird es stets dankend anerkannt werden, wenn Fachmänner, die dieses besser wissen müssen, ihre Rectificationen gewähren wollen. Anders verhält es sich dagegen, wenn gegen diese Annäherungsmethode, die im gegenwärtigen Stadium der ethnologischen Studien unumgänglich ist, ein von vornherein ablehnender Protest einzulegen versucht wird. Das könnte fast den Anschein wecken, als ob die neuen Arbeitswege, die sich damit zu öffnen beginnen, vielleicht auch in den Richtungen anderer Wissenschaften, diesen unbequem wären. Trotzdem wird keine Ausflucht bleiben, sich denjenigen Ansprüchen zu entziehen, die für Beantwortung der aus der Zeit geborenen Fragen sich uns stellen müssen, ob früher oder später. — Je mehr Opposition, desto besser. „Militia vita hominis." Im Feuer des Hasses und

eine übereilig kurz hingeschriebene Zeile könnte nicht nur der, bisher wohl bewährte, Ruf polynesischer Sachkenntniss bedenklich auf das Spiel gesetzt werden, sondern daneben noch Schädigung drohen dem, ebenfalls bestbegründetem, Rufe eines empfehlenswerthen Buches, worin sich von dem „längst Bekannten" (auf S. 49—50, S. 52—54, H. S.) nur dasjenige findet (S. 299—300, S. 305, W. G. VI.), was allerdings auch vormals seit Länger benutzt war. Gerne hätte ich grössere Resultate zurückgebracht, aber mehr, als das Gebotene, war in der Kürze der Zeit nicht zu erlangen, und so sieht es auch heute noch ärmlich[1]) genug aus. Aermlicher freilich, (zum Erbarmen fast), in vorangegangener Periode, da die Berichterstatter selbst das bei Seite liegen liessen, woruber sie Bericht erstatten sollten, betreffs der Vorstellungen der Eingeborenen, denn „what their opinions were", fügt Ellis zu (bei der hier in Frage kommenden Stelle). „I could never learn." Und auch Taylor, obwohl (wie meistens) am tiefsten schöpfend, bleibt aphoristisch genug an seiner Parallelstelle (S. 17). Jarves weiss nur von „contradictory ideas", und ähnlich Ellis (IV, 365): „all they said upon the subject was so contradictory and mixed with fiction, that it could not be discovered, whether they had any definitive idea" (IV, 365). Wenn sich statt dessen jetzt ein deutlicheres Bild abzurunden beginnt, so müsste, besonders noch mit Hinblick auf die zugleich durch Gill aus Mangaia gelieferten Parallelen, die Bedeutung der neuen Aufklärungen, die hier zu erwarten stehen, einem auf dem Gebiete Polynesiens bewandertem Auge doch wahrlich schlagend genug entgegentreten.

Indem wir jetzt die mythologischen Schöpfungen, hier im Inselreich, ebensoweit verstehen können, wie solcherart Geistesproducte überhaupt im Reiche geistiger Schöpfungen, indem im (psycho-)logisch sich hindurchziehender Faden kenntlich wird, so bedingt sich darin eben der ganze Unterschied des bisherigen Noch-Nicht-Wissens und eines allmähligen Wissens-Anfang. Wie ohnedem übrigens mit Anderen, z. B. auf S. 58—61 (H. S.)? Ob auch das bereits überflüssig gemacht war durch

---

Neides („κατὰ τὴν παροιμίαν" des cholerischen Orientalen) werden manche Essenzen frei (zu Allah's Ehren), und der Unterschied läge nur darin, ob es Weihrauch ist, der brennt, oder etwa Asa-foetida (Teufelsdreck zu deutsch). Aus dem Reibholz Aunaki (Rehua's) ein πυρ, als στοιχειον (sei Heraklit geschürt), und so manch zündender Funke aus Reibereien (aus persönlichen auch, im Kreuzen der Klingen, aber dann ohne Leuchtkraft für öffentliche Besprechungen). On ne peut désirer ce qu'on ne connait pas (b. Voltaire), doch docendo discimus (Les sages vont chercher de la lumière, et les fous leur en donnent).

1) Bettelarm hier noch, wie überall bis jetzt, in der Ethnologie, und wer z. B. beim Vergleich der Sammlungen mit ihrem Stand vor zehn Jahren etwa, hier mit Schätzen prahlen wollte, vergisst über die relative Abschätzung des Einzelnen den Gesammtumfang der Aufgabe.

früheren Besitz in damaliger Ethnologie, wie (S. 32) bei Taylor (bei ihm auch diesmal wieder dankenswerth am ausführlichsten) oder Shortland's ¹) Resultaten mehrjährigen Aufenthalts (in constant intercourse with the native inhabitants) 1854 (S. 41)?²) Was bisher von ihm, von Swainson, Pococke, Taylor u. s. w. mitgetheilt war, habe ich mehrfach herangezogen und steht zum Theil auch in der H. S. (im letzten Falle, der Vergleichung wegen, in seiner ganzen Ausführlichkeit S. 271). Die gegenwärtige Version dagegen giebt, neben dem bisher Zerstreuten oder Auseinandergerissenen, die Gesammt-Anschauung aus einem Guss. Als „Quintilianus prius lacer atque discerptus" durch Petrarca aus dem Ergastulum St. Gallen's hervorgezogen war, wusste Bruni der Freude kein Ende, und warum (si parva licet componere magnis) sollten wir uns in der Ethnologie nicht freuen über solch' willkommenes Geschenk? Ob nun aber vorher schon bekannt oder nicht, jedenfalls sind diese Meditations-Ergebnisse des polynesischen Menschengeistes bisher nicht derartig gewürdigt, wie ihre psychologische Bedeutung verlangt, und auch in Gerland's sorgsamst ausgeführter Behandlung Oceanien's (Waitz: Anthropologie der Naturvölker, Bd. VI) kaum in der Kürze angestreift³), ganz beiläufig nur

---

1) Seine letzten Beiträge (1882) datiren später und bringen noch nachträglich manche Rettung (aus der Zertrümmerung). In those old narrations we get to know, what they really were (the ancient New-Zealanders). But then such must have been related by the ancient men themselves, chiefs and priests (tohungas) of the olden time, and not by the present loquacions and mendacious generation (s. Colenso).

2) The Missionaries, who from their knowledge of the language had it in their power for many years to converse freely with the native race, seem to have avoided all inquiries on such subjects (auf Neuseeland), wie auch selbst mitunter erklärend (ihrerseits im vollen Recht).

3) Es wird die Bemerkung zugefügt, dass diese Mythen „einer späteren Zeit" angehören, zum Theil einer schon reflectirenden, künstlerisch oder philosophisch alles zurecht legenden Zeit." (W.-G., VI, 247.) Abgesehen davon, dass sich ein Urtheil über „später" oder früher nicht recht einsehen lässt bei dem aus Schriftlosigkeit nicht zu ergänzenden Mangel relativ vergleichbarer Stadien, würde es doch, meiner Ansicht nach, um so mehr angezeigt sein, diesen einer „künstlerisch oder philosophisch Alles zurechtlegenden Zeit" angehörigen Mythen eine möglichst erschöpfende Betrachtung zu widmen, denn wenn bei den Culturvölkern schon der Schwerpunkt der Behandlung in ihre Cultur fällt, dürfte es als doppeltes Unrecht gegen die armen Naturvölker gelten, das Scherflein Cultur, das sie zu bieten wagen, verächtlich bei Seite zu schieben. Nur mittelst der hier etwa noch erlangbaren Hülfen werden wir uns in den Gedankengang der Wilden hineinzudenken vermögen, und diesen aus seinen eigenen Wachsthumsgesetzen verstehen lernen. Was, beiläufig gesagt, für den Ethnologen doch ebenso interessant sein müsste, wie für den Botaniker ein Einblick in das Zellenleben der Flechte, oder für den Zoologen die Tracheenverzweigungen der Insecten u. dgl. m. Auch können hier allein prak-

(wie aus damals mangelhafteren Vorlagen erklärbar), zwischen den, sonst mit Umsicht und Bedacht (wenn reicheres Material zur Verfügung stand)

tische Resultate für die Wissenschaft (und in ferneren Reifestadien vielleicht selbst für die sociale) erhofft werden, wogegen das Zurechtlegen polynesischer oder indianischer Götterhimmel, nach den Modellen der uns aus klassischen Reminiscenzen vertrauten, kaum anders als müssige (mehr weniger geistreiche) Spielereien erscheinen würde, und um so greller in solchem Licht, wenn noch die Solar-Hypothese mit hineinfällt, wobei am meisten wohl der etwas eulenspiegelerische Maui über seine Apotheose geschäkert haben möchte, wenn in die Bekanntschaft seiner gelehrten Verarbeiter persönlich introducirt. Für die Auffassung Tangaloa's in seiner schöpferischen Thätigkeit (wie Tane's, „the owner and creator of forests," von der Vermählung mit Mumuhango an) würden die Bemerkungen Power's gelten über die Gestaltung solcher Personificationen, wie Kareya (bei den Karok), Helinmaidu (bei den Maidu) und ähnliche (in Californien) aus der Wesenheit des Grossen Geistes, von früherher, wo es beim Einwerfen des Tabak's in's Feuer noch hiess: „Da hast du, nimm und rauche" (s. Loskiel). Wie ringsum bei den Wilden, wenn ihre Gedankenfäden überhaupt bis zu den Anfängen reichen, handelt es sich auch in Polynesien nicht um Schöpfung, sondern um Entstehung (im hawaiischen Evolutionsgang oder ähnlich). Von Tangaroa, der, wie ihn Mariner auf Tonga kennen lernte, überall an den Küsten der Inseln verbreitet werden musste, hiess es auch in Mangaia (s. Gill), „that he had brought the voyagers to the island" (obwohl nicht verehrt). Der Conflict Tangaroa's mit Rangi, auf der Südinsel sowohl, in des Letzteren Verwundung (b. Wohlers), wie an der Nordinsel, wo beide kämpfen (b. Shortland), vermittelt den Uebergang zu seiner Residenz als Himmelsgott. Wie rasch die Vorstellungen der Naturstämme, auch in Afrika (s. D. E. a. d. L., Bd II, 219), nach den fremden Einflüssen gefärbt wurden, ergiebt sich aus der grösseren Schwere von selbst, und nach dieser realisirt sich dann auch der Effect. Non enim numero haec judicantur, sed pondere (Cicero). Und ohnedem entscheiden in jedem einzelnen Falle einzig die Localverhältnisse allein, so dass allgemein gültige Zeitbestimmungen schon für die verschiedenen Inseln Polynesiens ganz unangebracht wären. Dass es in Tahiti am frühesten zu gähren begann, ist aus seiner Rolle in der Entdeckungsgeschichte erklärlich genug, und Wilson's mythologische Mittheilungen beweisen dies genügend. Aber selbst Moerenhout's kostbare Reliquie, obwohl im Uebrigen an bester Stelle erworben, ist bereits im Changiren begriffen. Auf Neuseeland hat der trotzige Sinn der Eingeborenen und ihre Opposition gegen die Ausländer die Traditionskette ungestörter bewahrt, und auch in Hawaii trat mit der auf Lono's Vergötterung folgenden Katastrophe ein Gegensatz hervor, der bis zum religionslosen Interregnum fortdauerte (bei Ankunft der ersten Missionäre). Dabei ist in Betreff einer spanischen Vorentdeckung die einheimische Ueberlieferung zu beachten, schon in Betreff der bereits erwähnten Steinfiguren (s. H. S. d P. S. 302). Dass bei dem Einbegreifen alles Gethier, auch Ziegen oder Schafe (auf Atui) unter Manu (oder Vögel), besonders die Schweine, wenn zurückgelassen, zu den ihnen im hawaii'schen Tempelgedicht gezollten Ehren fortschritten, ist erklärlich genug, da jedes dieser neu auftauchenden Wunder bleibenden Eindruck (gleich Cook's oder „Tute's" Axt in Mangaia) hinterlassen

durchgearbeiteten, Capiteln vorhandener Gesichtspunkte. Was wir bisher Mythologie oder Religion der Polynesier zu nennen pflegen, kann in der Hauptsache für nichts Anderes gelten, als ein „haphazard" zusammengestoppelter Krimskram populärer Erzählungen und Volks-Etymologien, hier und da auf der einen oder anderen Insel des weiten Oceans durch gelegentliche Besucher (für Handels- oder Schifffahrtszwecke) aufgerafft, und wenn etwa in den Missionen durch längeren Aufenthalt vervollständigt, gleichzeitig doch durch den hier (gerade den Gewissenhaften) an sich aufgedrungenem Parteistandpunkt (s. H. S. S. 9, 135 u. a. O.) mehrfach verschoben. Wie wichtig und werthvoll allerdings, jede Aeusserung des Tageslebens auch, wo sie sich bietet, zu erhaschen und sichern, das zu betonen, wäre Eulen nach Athen tragen, in gegenwärtiger Zeitrichtung, da für die Germanisten schon der Erfolg vor Augen steht, nachdem „derartige Quellen in ein Bett geleitet" (s. Mannhardt). Wenn nun aber hier, was vorher als Ammenmärchen belächelt war, zum ernsten Thema strenger Forschungsmethode geworden, so bedurfte es dafür (zum Abheben davon) jenes mythologisch-religiösen Hintergrundes, wie z. B. durch die Edda geboten, oder für puranische Bilder durch die Veda. In der Classicität beginnen jetzt ebenfalls die volksthümlichen Beimischungen der Mythologie ihre vollberechtigte Beachtung zu gewinnen; wenn wir jedoch den Abdruck des griechischen Geistes zu der ihm gebührenden Anerkennung zu bringen beabsichtigen, dann wenden wir uns eher dem Religiös-Philosophischen zu, oder dem Gedankengang[1]) derer, die man einst θεολογοι[2])

musste, als aus dem durch Tangaroa gesendeten Schiff der Papalangi stammend, no Tangaroa te vaka, kua tere i te aka i te rangi ê (Tangaroa has sent a ship, which has burst through the solid blue vault). Blieb nun ein derartig electrischer Schlag ein gleichsam isolirter, und hatte die insulare Geistesthätigkeit genügende Lebenskraft, ihn nach den eingeborenen Denkgesetzen selbstständig zu verarbeiten und assimiliren, so mochte das Ganze der Weltanschauung dennoch im einheitlichen Gusse verbleiben und beim Wiederbekanntwerden das Gepräge unverfälschter Aechtheit tragen. Dafür liefert Gill ein instructives Beispiel in dem Pee Manuiri (the visitor's song), einem auf Anlass von Cook's Anlaufen in Mangaia (1777) dort verfassten und aufgeführten Drama (composed by a warrior named Tioi). It is complete and is now written for the first time, an interesting proof of the power of memory in this retaining a song during a period of three generations (1880). Auf die tahitischen Missionäre (1823) folgten (1845) europäische (in Mangaia).

1) Der Völkergedanken, obwohl nach den Principien der genetischen Methode (mit ihren Parallelreihen innerhalb der comparativen) mit den einfachsten Organismen im Reiche der Gedankenwelt beginnend, hat unter den organischen Entwickelungsgesetzen durch alle Stufen emporzusteigen, so dass, obwohl gegenwärtig noch die Naturstämme das eigentliche Thema der Ethnologie bilden, doch in den kommenden Zeiten fernerer Zukunft, einstens vielleicht einmal die Kraft sich genugsam gewachsen fühlbar machen mag, um auch den Blüthen der Cultur die ihnen gebührende Huldigung darzubringen.

nannte. Warum sollen wir nun dem polynesischen Geist nicht ein gleiches Recht zugestehen? und seine würdige Vertretung nicht ebenfalls aus den Vertiefungen der Begabteren (der durch ihre Lebensstellung zu ungestörter Meditation Befähigten, gleich den Atua-Ariki) hervorschöpfen, statt uns mit oberflächlichen Zerrbildern[1]) genügen zu lassen. Die Schwierigkeiten, die hier in Betreff der Materialbeschaffung vorliegen, sind vielfach erörtert, auch in Betreff der Indianer (bei Schoolcraft u. A. m.). Bei schriftlosen Stämmen bleibt keine Aussicht, esoterische Bücher, die (abgesehen von den Indiscretionen, wogegen in pythagoräischen Schulen geeifert wurde) dem Uneingeweihten vorenthalten waren, etwa nachträglich noch aufzustöbern. Es hängt also von einem glücklichen Zufall ab, die Tradition, worin die Resultate der Vergangenheit aufgespeichert sind, noch möglichst intact zu überraschen, ehe ihre letzten Träger in das Grab[2]) steigen, um, mit sich, dann auch ihre Bibliothek zu begraben (s. H. S. S. 10). Ueber das Geringfügige dessen, was uns aus dem weitumfassenden Gedankenkreis Polynesiens

---

The phenomena which early societies present us with are not easy to understand, but the difficulty of grappling with them bears no proportion to the perplexities, which beset us in considering the baffling entanglement of modern social organisation (Maine). Unter solchen Gesichtspunkten ungefähr, auf Arbeitserleichterung hoffend, war ich, durch Einflüsterungen aus der Geschichte der Zellenlehre, in vollster Unschuld dazu verführt worden, für die Naturstämme das Gleichniss der Kryptogamen auf eigene Hand hin zu entlehnen, habe indess für die Ungebührlichkeit „schiefer" Verkehrtheit mich ernstlichster Verwarnung zu versehen gehabt, in so unwilliger Entrüstung ausgesprochen, dass nichts übrig bleibt, als die subjectiv gegentheilige Ansicht unter Verbeug ad notam entgegen zu nehmen, bis sich das Schiefe zurechtschieben mag (da ein Strabismus divergens mitunter heilbar). „Beim einseitigen Schielen steht die Schwächung des Accommodationsvermögens und namentlich der Sehkraft stets im geraden Verhältniss zu der Stärke des Schielen's" (s. Ruete). Da dergleichen constitutionell sein kann, wie Akyanopsie oder Anerythropsie, so liegt beim Mangel naturwissenschaftlicher Methode in principiellen Fragen, eine weitere Frage nahe, (so oft man es knattern hört mit sentenziösen Schlagwörtern kurzgesprochener Aburtheilung): diejenige nämlich, welche (über das „Wägen der Wörte auf der Goldwage") Jesus Sirach nicht an die „unnützen Wäscher", sondern an die mit deren Gewäsch nicht Befriedigten gerichtet hat.

2) Tales fuere Orpheus, Homerus, Musaeus, Linus, Hesiodus, Pherecydes et alii hymnorum in Deos et Theogoniae scriptores antiquissimi (s. Fabr.).

1) Als solche besonders dann, wenn ihnen der „kritische Kanon" aufgezwängt wird, der bereits der gnostischen Literatur gegenüber „nicht Stand hält" (wie Lipsius bemerkt), also noch weit weniger sich den aus den Naturvölkern zugehenden Denkerzeugnissen als ein angemessener würde erweisen können.

2) Most of their old chiefs, and even some of the middle-aged ones who aided me in my researches, have already passed to the tomb, bemerkt (1855) Sir George Grey (in Neu-Seeland).

brauchbar erhalten ist, habe ich bereits zu oft geklagt, um nochmals dies Jammerlied[1]) anzustimmen. Diese schmerzliche Lücke kennt Gerland ohnedem so gut wie ich, oder besser noch, bei seinen, langdauernd diesem Theil der Erde zugewandten, Forschungen.

Unbeschadet also aller der Verdienste, für welche mit aufrichtigem Dank die Namen derjenigen gefeiert werden, welche unsere ethnologischen Kenntnisse wirksam gefördert haben, die Namen Ellis, Williams, Prichard, Turner, Förster, Hochstetter, Semper, Williams, Calvert, Wilson, Seemann, Brown, Dieffenbach, Langsdorff, Shortland, Swainson, Beechey, Chamisso, Belcher, Dumoulin, Lesson, Cruise, Cheyne, Jarves, Hale, Oxley, Collins, Angas, Eyre, Grey, Strzelecki, Wilhelmi, Taplin, Howitt, Fison, Dawson, Anderson, Bingham, Erskine, Gracia, Nicholas, West, Keate, Labillardière, King, Lang, Lisiansky, Reina, Polack, Quoy, Gaymard, Tyermann, Bennett, Reina, Arbousset, Radiguet, Rietmann, Whitmee, Hazlewood, Colenso, Travers, Davis, Thomson, Maning, Wohlers, dann Mariner vor Allem, Taylor, Kubary, und wer etwa vergessen sein sollte, — unbeschadet, wie gesagt, aller der hier zu zollenden Danksagungen für die, von Niemandem bereitwilliger, als von mir gerade, anerkannten Verdienste um Rettungen aus einer hinschwindenden (und grösstentheils bereits hingeschwundenen) Vergangenheit, (unbeschadet der bei jedesmaliger Gelegenheit jedem Einzelnen abzuzahlenden Schuld für das, was er gethan), glaube ich es dennoch dem Urtheil Jedes der zum Mitsprechen in Polynesien Berechtigten (also dem Gerland's unter den Ersten) überlassen zu können, ob zu viel gesagt sei mit der Behauptung, dass aus dieser esoterisch abgeschlossenen Literatur Nichts bekannt[2]) geworden seit den Bruchstücken bei Moerenhout (und den aus Neuseeland bereits erwähnten), bis auf Lawson's Mittheilung aus den Marquesas durch Fornander (den Ansätzen etwa noch bei Remy) und ungefähr gleichzeitig den preislosen Documenten, welche Gill, noch eben zu richtiger Zeit, im Druck fixirte, „anxious to put these things on permanent record, as the correct knowledge of the past is rapidly fading away, and will probably soon become extinct." Dazu[3])

---

1) Von der Hervey-Gruppe, deren Eingeborene, („allgemein europäisch bekleidet") „civilisirten Menschen fast gleich" erscheinen, bemerkt Meinicke zugleich: „Ein wissenschaftlich gebildeter Reisender hat sie nie besucht" (1876). Und auch für die anderen Gruppen der Südsee liessen sich die, für ethnologische Zwecke sachlich vorbereiteten Reisenden an den Fingern aufzählen, — bis heutzutage noch, (und wenn sie kommen werden, in späteren Tagen, dann vielleicht: „Zu spät!").

2) Das „justly may be regarded as one of the curiosities of modern literature" (s. Swainson)

3) Vielleicht darf noch fernerer Nachschuss erwartet werden, da seit dem unverhofften Fund in Hawaii einige der gegenwärtig in Polynesien ethnologisch Thätigen ersucht worden sind, ihre Nachforschungen hierauf zu con-

käme dann White mit seinen hoffentlich nicht mehr allzu lange zögernden Veröffentlichungen, und bin ich meinen Herren Recensenten verbunden, dass er die, gleich nach der Rückkehr ausgesprochene, Bitte, auch seine Ansicht für die Empfehlung in die Wagschale zu werfen, jetzt erfüllt hat. Daneben kann sich Neuseeland noch eines in hoher Vorzüglichkeit isolirt hervorragenden Literaturwerkes[1]) aus seiner Alterthumskunde rühmen, in dem durch den damaligen Gouverneur, Sir George Grey, zusammengestellten, indessen mehr das heroische Zeitalter spiegelnd, und wenn aus ihm auch Reflexe werfend auf die Atua fanau po, doch in solcher Beziehung etwa eher Homer parallelisirbar, im Verhältniss zu Hesiod (wenn auch diesmal: mihi fas est etc.).

So weit nun hierüber.

Eine andere, ebenfalls etwas umständliche, Auseinandersetzung wird sich erfordern, um den Stein aus dem Wege zu räumen, wodurch die „uralten Klänge" einen Anstoss gegeben haben. Mein Referent hat augenscheinlich die Chronologie des Geschichtsschreibers im Auge getragen, aber für sprachliche Odysseen auf den Fluthen des Grossen Ocean bis auf 1000 a. d. „ohne Uebertreibung", und dann „noch 1000 Jahre weiter zurück", (W. A., V. 215), fehlt es mir offen gestanden, an Verständniss und auch an Geschmack. Cui bono? Der Historiker, wie es mir scheint, wird mit alledem nichts anfangen können, und es liegt auch hier (wie in so manchen anderen Fällen) in der Ethnologie eine Täuschung vor, wenn sie meint die Methoden anderer Wissenschaften, die für ganz verschiedene Verhältnisse angelegt, sich bei diesen probat erwiesen, deshalb auch auf die Ihrigen übertragen zu können, statt sich ihre eigenen zu bilden, als den eigenen Verhältnissen adäquate. Als erste ist hier die Frage zu stellen, wie weit ein geschichtlicher Gesichtspunkt in die Ethnologie überhaupt hineingetragen werden darf, oder wie weit er für dieselbe zulässig. Jedenfalls doch so weit nur, wie eine geschichtlich gesicherte Basis gebreitet ist, als an sich erforderliche Unterlage, um überhaupt festen Fuss zu fassen. Die Geschichte hat aus den verschiedenen Epochen ihrer Geschichtsvölker die Documente vor sich lie-

---

centriren. Noch mögen Rettungen möglich sein in demjenigen wenigstens, was aus dem Schiffbruch umherfluthen mag, ehe es ebenfalls versinkt.

1 Auch liegen die Gründe solcher Seltenheit auf der Hand, aus den an sich gegebenen Schwierigkeiten (wie wieder von Shortland bestätigt): My informant had been educated to become a tohunga, but had afterwards become a professing Christian. The narrative took place at night, unknown to any of his people, and under promise, that I would not read what I wrote to any of his people. When after some years I revisited New-Zealand, I learnt, that he had died soon after I left, and that his death was attributed to the anger of the Atuas of his family due to his having, as they expressed it, trampled on the tapu, by making noa or public things sacred, he having himself confessed what he no doubt believed to be the cause of his illness (in Neuseeland).

gen, und ihre Kunst erweist sich darin, den hier historisch verbindenden Faden für belebrende Aufklärungen weiter zu weben. Dieser ganze Apparat fällt von vornherein aus, wenn es sich um schriftlose Naturstämme handelt. Wir treffen sie so, wie sie beim Auftauchen in der Entdeckung sich für die Darstellung gestaltet, vielleicht noch mit dem schwachen Nachhall einiger Traditionen, in die letztvergangenen Jahrhunderte zurück. Darüber hinaus: Alles dunkele Nacht, das Rollen der Po, im polynesischen Ausdruck. Was kann also hier geschehen? Für den geschichtlichen Webestuhl fehlt, (wie gesagt), schon der erste Einschlag, und von ihm (für die ihm vertraute, und, am rechten Orte reich productive, Arbeit) ist also nichts zu erwarten. Ganz rathlos ist die Ethnologie freilich nicht, nur muss sie sich für ihre Hülfsmitteln dahin wenden, wo solche geliefert werden können, und dann mögen sich craniologische Werkzeuge aus der Anthropologie entlehnen lassen, prähistorische u. A. m., auch linguistische recht gern, (nur hier mit einiger Vorsicht, denn nicht für alle Fälle gilt: nomen atque omen). Was also wäre hier alt? was jung? im Ewig-Alten oder Ewig-Jungen der Natur? und wenn Aenesidemus schon, die Welt nicht aus der Zeit, sondern im Gedanken entstanden sein lässt, so liegt solcher Gedanke um so näher bei Ewigkeit und Unendlichkeit, seit gäocentrischen Zusammensturzes. „Uralt" klingt meinem Ohre das, worin Ursprüngliches[2]) noch tönt,

---

1) So auch für die Ankunft der Maori in Neuseeland, worüber sich nun gar Vielerlei freilich hin- und herreden liesse, wenn man sich auf den Wellen der Vermuthungen schaukeln zu lassen liebt. Gelingt es auf den Boden irgend welcher fest gesicherten Unterlage zu kommen, ein thatsächliches Factum zu constatiren, so klein es auch sei, dann à la bonheur, aber vorher lieber kein Wort umsonst. Das Einzige, was sich bis jetzt etwa (neben einigen der mehrfach erwähnten Synchronismen) schärfer verwerthen liesse, wäre die Notiz über Taui und Tekaraka in Mangaia (bei Gill), aber freilich nur „250 years ago", also etwas sehr bescheiden. Und dann jene Hypothesen-Wandlungen über den Ausgangspunkt in Hawaii, auch mit gänzlicher Umdrehung (zur andern Probe einmal) durch Lesson, und sonstiges mehr, können schliesslich bei der Jugend dieser Forschungen nichts Auffälliges haben, wenn man sich mit den in classischer Gelehrsamkeit noch heute herrschenden Schwankungen betreffs Wanderungsrichtungen der Etrusker, Joner, (oder Pelasger gar), trösten wollte. Immerhin würde gerade Neuseeland, bei einer Gesammt-Revision der im Laufe der letzten Jahre addirten Andeutungen (wie aus den verschiedenen Berichten aufzulesen), sich für den Versuch einer systematischen Betrachtung vielleicht noch am ehesten empfehlen, (zumal schon aus Schirren's und Anderer verdienstlichen Arbeiten, bei Abgiessen der Hypothesen-Sauce, manch substantieller Brocken übrig bleiben müsste). Colenso (1881) rechnet von Uenuku und Paikea rückwärts auf 25—27 generations, the time of Houmea (as derived from their genealogical rolls) goes back to nearly 50 generations" (und dann die Berührungspunkte Humea's mit Papa in Hawaii).

2) Auch Gerland kommt zu dem Schluss, dass gerade die Polynesier (aus

und uralt deshalb jene Liederklänge Hawaii's, wenn vor Liholiho's Tabnbruch[1]), gleich uralt vielleicht mit denen Hesiod's oder anderer Rishi, (mit Popul-Vuh und Veda), soweit auch zeitlich geschieden. Bei den Naturvölkern mag in jetziger Krisis, wie traurige Beispiele leider genugsam beweisen, ein einzig kurzes Jahr[2]) den Unterschied machen, zwischen urältest ächt, und halbwerthlos modern. Welche Geschicke, Mischungen und Veränderungen die Völker, vor ihrem Bekanntwerden in der Entdeckung bereits durchgemacht haben mögen, bleibt für die Hauptaufgabe der Ethnologie zunächst gleichgültiger, so lange sie sich im Ausdruck der geographischen Wandlungswelt bewähren, unter hergestelltem Abgleich mit derselben, als Product der anthropologischen Provinz. Sie besitzen dann für ihre psychische[3]) Organi-

---

den dargelegten Verhältnissen) „mythologisch den Urtypus der Menschheit" (S. 331) zeigen, und ordnete sich das damals zugängliche Material, bei seiner Behandlung der religiösen Darstellungswelt, in übersichtlicher Weise. Mit neu hinzutretenden Bausteinen (der Beweisstücke) werden, (wie es nicht anders geht), auch neue Combinationen zu versuchen sein, von mehr weniger temporärer Richtigkeit, obwohl bis zur Feststellung von „Entwicklungsstufen" (W.-G., VI. 336), wohl noch gar manche Zwischenstation vorher zu absolviren sein dürfte.

1) Ob 100 Jahre früher oder 500 würde für die nächste Aufgabe kaum einen Unterschied machen, wogegen bei einem Jahr später, bis 50 Jahre, die Entwehrtung in Quadraten stiege, so dass, ausser durch glückbegünstigte Ausnahmsfälle, nichts mehr zu erhoffen wäre, (da man den Rettungsruf um energischen Eingriff, zu kühlen, für dringlicher hält, als beim Löschen des Brandes selbst, zu helfen).

2) So darf leider kein Moment gerastet werden, die ethnologischen Museen, und Aufzeichnungen, so rasch als möglich zu vervollständigen, so sehr sonst die Ungunst äusserer Verhältnisse zum umsichtig langsameren Vorgehen riethe. Sed fugit interea, fugit irreparabile tempus.

3) Um solche ätherischen Psyche-Gebilde unbeschädigt einzuheimsen, dafür würde es vorher erst einer Weihe der Hände, im Tabu gleichsam, bedürfen, damit nicht durch Tappigkeit, im Sammeln schon, verstört werde, wie es mit den Beobachtungsobjecten der Psycho-pysik, obwohl sie verhältnissmässig resistenzfähiger zu achten wären, dennoch geschehen ist. Die so (z. B. auf optischen Gebiet) hergestellte Eintönigkeit zu decken, diente displausible Fiction von Achromatopsie, für Augen, die in einer, über die Blindheit der unsrigen hinaus, erweiterten Welt lebten, schon im scharfsichtigen Durchdringen des Sternenhimmel's, bis „seeing with the unassisted eye Jupiter's satellites (the seven stars in the cluster of Pleiades, even more, eight, nine or ten). Their fine discrimination of the various shades and hues of colours, particularly of blacks, browns, reds, greens etc. was truly wonderful (bei den Maori). Colenso spricht dabei ferner, bei den hellen Farben für Weiss von 9 Unterscheidungen unter den in der Naturumgebung gegebenen (neben den künstlich hergestellten Tinten), sowie für Schattirungen des Gelb u. s. w. Unter den dunkeln Farben bei Grün von den vielfachen Scalen desselben nach den Pflanzen der Insel

sation dieselbe Bedeutung (psycho-physisch und psycho-logisch) als ob wir in der botanischen Provinz dort eine neue Pflanzenspecies angetroffen hätten, oder ähnliche Bereicherung der Sammlungen in der zoologischen. Die Ethnologie hat nun aber, um ihre naturwissenschaftliche Behandlung durch die Induction zu ermöglichen, solche ethnischen Geistes-Organismen zu sammeln, möglichst typisch originell in sämmtlichen Variationen, um dann, mit den Differenzen, ihre Differentialgleichungen anzusetzen. Das Entscheidende über die Originalität des Typus liegt dabei für uns klarverständlich darin, das Bild des Naturstammes ungetrübt zu gewinnen, vor dem Contacte mit unserer Civilisation, oder, da dies eben unthunlich, in diesem Moment des Contactes selbst, (indem solcher bereits die Reihe der folgenden Veränderungen einzuleiten hat). Für Chinesen oder Japaner würde dies Kriterium anderswo liegen, aber das wird ihre Sache sein, wenn sie dort erst ethnologische Museen bauen sollten. Bis dahin ἡμεῖς ἐγγυτέροι ἑαυτοῖς, und für uns kommt derjenige Culturkreis in Frage, unter welchem das eigene Volk, als seinem (subjectiv) weltgeschichtlichen, emporgewachsen ist. Für ihn bedürfen wir der Differenzen, der objectiv comparativen Berechnungen wegen, und sind diese nicht möglich, weil jene nicht mehr in genügender Zahl zu erlangen, so fiele damit das der Ethnologie gesteckte Ziel, in Begründung einer natur-

---

(z. B. für die 50 Arten von Phormium tenax allein, jede nach den Blättern zu erkennen, und in jeder wieder die Wechsel der Wachsthumsstadien), „the ever varying storm-clouds, for which they had more than 40 names," u. dgl. m. Dann betreffs der schwarzen Farbe (being strikingly deep, pure, brillant and lasting) „they have never been surpassed," besonders feinsinnig zugleich in der Auffassung des Braun und sonst „neutral colours," — auch für das Blaue gemäss den auf englischen oder auf americanischen Schiffen eingeführten (sowie durch das Waschen der einen oder anderen Sorte weiter hervorgerufenen) Nüancirungen sogleich in sprachlichen Beziehungen den neu sich stellenden Anforderungen entsprechend —, und für das Rothe, das hier (wie überall) in Heiligkeit religiösen Cult's verlief, fanden sich bei dem neben kura, kurakura, ngangara, pakurakura, ura u. s. w.) am gewöhnlichsten gebrauchten Ausdruck Whero, für sich allein schon, als Variationen (der Färbung):

ca. 38 an Zahl: Ascending, intensifying (indicating, pure, clear, strong, brilliant and lasting red colours),
„ 13 „ „ Descending lessening (lighter, but, fair reds).
„ 21 „ „ „ „ (fainter, but having more and less of red and pink hues),
„ 15 „ „ „ „ (dark-red, red-brown etc.),
„ 5 „ „ „ „ (faded red colour),
„ 6 „ „ „ „ (ugly, disagreeable, bad, red colours)
etc. etc., und dann noch die weiteren Specialisirungen „with the comparative particle „me" (like, just as).

wissenschaftlichen Psychologie[1]) auf ethnischen Grundlagen (s. Nordwestküste America's, S. 6).

Andrerseits dagegen, wenn es gelingt[2]), in Zeiten noch das für eine Gedankenstatistik erforderliche Material zu schaffen, dann (sofern mir mein werther Herr College die Wiederholung gestatten will), — dann eröffnet sich: „ein unermesslich unübersehbares Feld neuer Entdeckungen im Geistesreich", weil dann überhaupt erst, eine inductive Behandlung der Psychologie ernstlich wird in Angriff genommen werden können, und es der Wohnungen gar viele bedarf in ihrem der „Wissenschaft vom Menschen" geweihten Tempel.

Und für Polynesien hat Niemand so wirksam mitgeholfen, als der, dem in der Fortsetzung von Waitz' Anthropologie ein unentbehrliches Handbuch zu verdanken ist, dessen Empfehlung auch bei dieser Gelegenheit auf das Wärmste wiederholt werden mag.

Mai 1883.

---

1) Il n'est pas un seul des problémes philosophiques, de ceux à la solution desquels nous pouvons sans folle témérité prétendre, qui ne trouve dans la psychologie sa clef (s. Gilardin). So bereits die Aspirationen in metaphysischen Luftschlössern (also Glückauf für den Bau naturwissenschaftlich gegründeter Festen).

2) „As the traditional lore of the Hawaiians is rapidly dying out and printing is taking the place of memory, it is probable, that little more of such transmitted information will be procuree from native bard or eld," und in solcher Ansicht wurde Hopkins durch den alterfahrenen Ellis (wie er es in seinen Worten aufführt) doppelt bestärkt im Jahre 1860, so dass jeder spätere Glücksfall den sich günstiger gestaltenden Constellationen der Ethnologie zuzuschreiben sein würde.

Druckfehler-Berichtigung.

Seite	40,	Zeile	36 v. o.	lies	*καλουμένας*	statt	*Καλουμένας*.
„	45,	„	15 v. o.	„	Utah	„	Uteh.
„	45,	„	18 v. o.	„	Nukahiva	„	Nakahiva.
„	47,	„	23 v. o.	„	father	„	feather.
„	49,	„	30 v. o.	„	Azara	„	Azora
„	53,	„	5 v. o.	„	wie	„	als.
„	65,	„	40 v o.	„	Neokoroi	„	Neckerei.
„	75,	„	13 v. o.	„	hier	„	war wie.
„	75,	„	31 v. o.	„	sacred	„	saered.
„	116,	„	9 v o	„	willkommner	„	willkommen.
„	119,	„	24 v. o.	„	loquacious	„	loquacions.
„	128,	„	22 v. o	„	procured	„	procuree.